Blumen
Sträuße & Gestecke

Blumen
Sträuße & Gestecke

Das Handbuch der modernen Floristik

Text von Fiona Barnett
und Roger Egerickx
Fotos von Debbie Patterson

Christian Verlag

Aus dem Englischen übersetzt von
Franca Fritz und Heinrich Koop
Redaktion: Inken Kloppenburg Verlags-Service, München
Korrektur: Herbert Scheubner
Umschlaggestaltung: Horst Bätz
Herstellung: Dieter Lidl
Satz: Fotosatz Völkl, Puchheim

Die Originalausgabe mit dem Titel *The New Flower Arranger*
wurde erstmals 1995 von Lorenz Books, einem Imprint von Anness Publishing Limited, London, veröffentlicht

Text: Fiona Barnett und Roger Egerickx
Fotos: Debbie Patterson
Design: Nigel Partridge

Produktion: Tat Wei
Printed in Singapore

ISBN 3-88472-696-X

DANKSAGUNG DER AUTORIN

Die Autorin möchte Roger Egerickx und Richard Kiss von Design and Display (Sales LTD) für die Benutzung ihrer Einrichtungen danken. Ein besonderer Dank gilt Jenny Bennett für ihre harte Arbeit.

HINWEIS

Alle Informationen und Hinweise, die in diesem Buch enthalten sind, wurden von der Autorin nach bestem Wissen erarbeitet und von ihr und dem Verlag mit größtmöglicher Sorgfalt überprüft. Unter Berücksichtigung des Produkthaftungsrechts müssen wir allerdings darauf hinweisen, daß inhaltliche Fehler oder Auslassungen nicht völlig auszuschließen sind. Für etwaige fehlerhafte Angaben können Autorin, Verlag und Verlagsmitarbeiter keinerlei Verpflichtung und Haftung übernehmen.

Korrekturhinweise sind jederzeit willkommen und werden gerne berücksichtigt.

INHALT

EINFÜHRUNG

Ob zartes Ansteckbouquet oder einfaches gebundenes Sträußchen – jedes Blumenarrangement verlangt Sorgfalt und Überlegung. Auf den folgenden Seiten finden Sie Ratschläge zu Farben, Ausgewogenheit, Maßstab und Proportion, Blumenpflege, Ausrüstung, Gefäßen sowie zur Verwendung von Früchten und Gemüse. Darüber hinaus werden die Techniken des Andrahtens erläutert, so daß Sie in der Lage sind, problemlos wunderschöne Blumenarrangements anzufertigen.

Rechts: Diese Tulpen bilden eine wunderschöne Kuppel, die von allen Seiten betrachtet werden kann.

Unten: Eine Banksia coccinea *bildet den optischen Mittelpunkt dieses Trockenblumenarrangements.*

AUSGEWOGENHEIT

Die harmonische Zusammenstellung des Materials und das optische Gleichgewicht sind für ein Blumenarrangement von größter Bedeutung. Zuallererst ist der sichere Stand wichtig. Dazu gehören neben einem Verständnis für den Aufbau sowie die Größe und Art der verwendeten Pflanzen auch ihre richtige Plazierung sowie die Auswahl des geeigneten Gefäßes. Um genügend Stabilität zu erzielen, erfordern die verschiedenen Arten von Blumenarrangements unterschiedliche Vorgehensweisen.

So benötigt ein großes Blumengesteck auf einem Sockel oder Säulenfuß ein schweres, standfestes Gefäß. Außerdem muß das Pflanzenmaterial gleichmäßig verteilt werden, wobei der Schwerpunkt so tief wie möglich liegen muß. Achten Sie darauf, daß die längeren Blumen und Zweige das Gesteck nicht zu kopflastig machen.

Bei einem Arrangement auf dem Kaminsims ist ein sicherer Stand häufig nur schwer zu erreichen, da das über den Sims hängende Pflanzenmaterial das Gesteck nach vorn zieht. Deshalb verwendet man am besten ein schweres Gefäß und plaziert die Blumen und Blätter soweit wie möglich nach hinten. Während der Gestaltung des Arrangements sollten Sie daher regelmäßig dessen Stabilität überprüfen.

Zur optischen Ausgewogenheit gehören Maßstab, Proportion und Farbe ebenso wie der Aufbau des optischen Mittelpunkts. Das ist der Bereich, der das Auge als erstes anzieht und zu dem alle anderen Pflanzen hinzuweisen scheinen. Obwohl sich die Position des optischen Mittelpunkts ändern kann, geht man im allgemeinen von einem Punkt nahe der Mitte aus. In diesem Bereich sollten die kräftigsten Farben und Formen konzentriert werden, während die blasseren Farbtöne außen gruppiert sind.

Stellen Sie sich Ihr Arrangement immer dreidimensional vor, es besitzt eine Vorderseite, zwei Seiten und eine Rückseite. Dieser Aspekt liegt bei einem Strauß oder einem freistehenden Arrangement auf der Hand, wird aber leicht außer acht gelassen, wenn es vor einer Wand stehen soll. Selbst ein Gesteck mit abgeflachter Rückseite benötigt Tiefe und Form, es erhält durch das um den optischen Mittelpunkt angeordnete Pflanzenmaterial zusätzliche Tiefe und Ausdruckskraft.

Die Ausgewogenheit eines Blumenarrangements entsteht aus der gelungenen Kombination aller visuellen Faktoren und führt zu einem harmonischen Erscheinungsbild. Mit etwas Übung werden Sie bald in der Lage sein, dies auch bei Ihren Kreationen zu erreichen.

Unten: Ein Hochzeitsbouquet sollte in der Größe zu seiner Trägerin passen.

MASSTAB UND PROPORTION

Auch der Maßstab spielt bei der Planung eines Blumenarrangements eine wichtige Rolle.

Um ein für das Auge attraktives Arrangement zu gestalten, dürfen die verwendeten Blumenarten nicht völlig unterschiedlich sein. Es wäre zum Beispiel äußerst schwierig, Belladonnalilien und Maiglöckchen maßstabgetreu miteinander kombinieren zu wollen.

Die Größe des verwendeten Blattlaubs sollte ebenfalls der der Blumen entsprechen, das fertige Arrangement muß mit seinem Gefäß harmonieren, und Arrangement und Gefäß wiederum sollten in ihre Umgebung passen. Ein Blumengesteck in einem großen Raum muß groß genug sein, um eine eigenständige Wirkung zu erzielen; im Gegensatz dazu benötigt ein Nachttisch kaum mehr als ein Sträußchen in einer kleinen Vase.

Der Begriff Proportion kennzeichnet das Verhältnis von Breite, Höhe und Tiefe. Es gibt einige Faustregeln, an die Sie in dieser Hinsicht immer denken sollten:

- In einem gebundenen Strauß sollte die Länge der Stiele unterhalb des Bindepunkts ein Drittel der Gesamthöhe betragen.
- Bei einem rankenden Hochzeitsbouquet sollte der optische Mittelpunkt am oberen Ende des unteren Drittels liegen.
- Für ein Arrangement auf einem Sockel oder einer Säule sollte der optische Mittelpunkt zwei Drittel unterhalb des höchsten Punkts des Arrangements liegen.
- Eine Vase mit langstieligen Blumen sollte ein Drittel der Gesamthöhe besitzen.
- Der optische Mittelpunkt eines Ansteckbouquets befindet sich etwa am oberen Ende des unteren Drittels.

Maßstab und Proportion eines Blumenarrangements sind allerdings immer Ausdruck des persönlichen Geschmacks und können daher von Person zu Person unterschiedlich ausfallen. Deshalb sollten Sie nicht einfach eine Anzahl von Regeln zu Maßstab und Proportion als gegeben hinnehmen, sondern sich mit diesen Empfehlungen kritisch auseinandersetzen und Ihre eigene Urteilsfähigkeit entwickeln.

Oben: Ein gekrümmter Ast ergab den ungewöhnlichen »Stamm« für dieses getrocknete Formbäumchen.

Oben links: Die schweren Blüten des weißen Flieders erzeugen einen reizvollen Kontrast zu den dunkleren Weidenkätzchen- und Kirschbaumzweigen.

FARBE

Die richtige Farbwahl ist entscheidend für den Erfolg oder Mißerfolg eines Arrangements. Bei der Zusammenstellung der Farben muß daher einiges bedacht werden.

Obwohl die meisten Menschen ein gutes Auge für Farben haben, ist ein grundlegendes Verständnis der Farbenlehre sehr nützlich. Rot, Blau und Gelb sind die Primärfarben, aus denen sich alle anderen Farben mischen lassen. Rot, Orange und Gelb sind warme Farben mit einem aufregenden visuellen Effekt, während Grün, Blau und Violett kühler und optisch ruhiger wirken.

Im allgemeinen gilt: Je heller, leuchtender und wärmer eine Farbe ist, desto stärker wird sie dominieren. Auch Weiß (technisch gesehen die Abwesenheit jeglicher Farbe) wirkt in einer Komposition immer sehr auffällig. Je dunkler und kühler eine Farbe ist, desto mehr tritt sie optisch zurück. Dies ist vor allem bei der Gestaltung großer Blumenarrangements, die aus einiger Entfernung betrachtet werden, zu bedenken. Vor allem Blau und Violett können in diesem Fall optisch völlig untergehen.

Im allgemeinen erzielt man ein ansprechendes optisches Gleichgewicht, wenn die Blumen mit leuchtenden, kräftigen Farben mehr zur Mitte hin und die mit helleren, blasseren Farben außen plaziert werden.

Nachdem Sie nun in die Grundkenntnisse der Farbenlehre eingeweiht sind, können Sie in Ihrer Farbwahl ruhig etwas mutiger werden. »Sichere« Farbkombinationen wie Cremetöne mit Weiß oder Rosa mit einem hellen Violett besitzen natürlich ihren eigenen Reiz. Wenn Sie aber mit Orange- und Violettönen, Gelb und Blau oder sogar Rosa und Gelb experimentieren, erweitern Sie Ihre Blumenarrangements um eine kraftvolle, dynamische Dimension.

Oben: Die leuchtendgelben Sonnenblumen werden von braunen Korkenzieherhaselzweigen umrahmt.

Links: Die natürlichen Grün-, Gelb- und hellen Violettöne dieser Kräuter harmonieren perfekt miteinander.

GEFÄSSE

Im Handel wird eine große Vielfalt geeigneter, praktischer und zweckmäßiger Gefäße angeboten. Mit ein wenig Phantasie findet man zahlreiche Alternativen – häufig in Form von Gegenständen, an die man auf den ersten Blick gar nicht gedacht hat. Ein alter Krug oder eine Teekanne, ein hübscher Becher mit abgebrochenem Griff, eine ungewöhnlich geformte Blechdose, ein Eimer, ein Marmeladenglas – all dies bietet eine Vielzahl interessanter Möglichkeiten.

Achten Sie darauf, daß ein Gefäß für Schnittblumen wasserdicht sein oder entsprechend mit Folie ausgelegt werden muß. Maßstab und Proportion des Gefäßes sollten sowohl zu den gewählten Blumen als auch zu der Art des Arrangements passen.

Und vergessen Sie nicht: Ein Gefäß kann »stiller« Bestandteil eines Arrangements sein und einfach nur das Pflanzenmaterial aufnehmen; oder es ist gleichwertiges, charakteristisches Element des Gesamtentwurfs.

BACKFORMEN

Neben den üblichen runden, vier- oder rechteckigen Backformen sind mittlerweile eine Vielzahl außergewöhnlicher Stern-, Herz-, Kreuz-, Pik- oder Karoformen erhältlich, in denen besondere Kuchen gebacken werden. Diese Formen eignen sich aber auch hervorragend als Gefäße für ein reizvolles Blumenarrangement.

Sie kommen als Behälter für Gruppen dicht angeordneter getrockneter oder frischer Blüten besonders gut zur Geltung; allerdings kann es – gerade bei Schnittblumen – nötig sein, die Backform mit einer stabilen Folie auszulegen.

KÖRBE

Körbe aus Naturmaterialien sind die naheliegende Wahl für rustikale, zwanglose Arrangements. Die zahlreichen Korbformen lassen sich für die verschiedensten Stilrichtungen einsetzen.

Große Körbe eignen sich besonders für Tisch- oder feststehende Arrangements. Kleinere Körbe mit Handgriffen können

Diese in einer Backform dicht angeordneten Blütenköpfe ergeben ein eindrucksvolles Arrangement.

von Brautjungfern getragen werden; mit Blumen und Pflanzen gefüllt, ergeben sie herrliche Geschenke. Man bekommt auch traditionelle Weidenkörbe, in deren Flechtwerk Kräuter oder Lavendel eingearbeitet wurden.

Als Alternative zu Körben aus Weide oder Trieben bieten sich Draht- oder Metallkörbe an, die durch den kunstvoll geformten Draht besonders dekorativ und teilweise sehr modern wirken.

GUSSEISERNE URNENVASEN

Gußeiserne Urnenvasen sind sehr viel teurer als die meisten anderen Behälter, aber die Ausgabe lohnt sich, da Blumen in diesem klassischen Gefäß wunderschön zur Geltung kommen. Egal, ob es sich um ein großes, blühendes oder um ein modernes, lineares Arrangement handelt: die visuelle Kraft einer klassischen Urnenform sorgt immer für einen passenden Unterbau.

Natürlich ist das Eigengewicht einer gußeisernen Urnenvase bei der Gestaltung eines Arrangements zu bedenken – ein gewaltiger Vorteil bei großen, ausladenden Gebinden, aber ein »schwerwiegender« Nachteil, wenn man diese bewegen muß!

EMAILLIERTE GEFÄSSE

Emaillierte Gefäße bieten den besonderen Vorteil, daß sie in vielen verschiedenen Farben erhältlich sind. Blumen in leuchtenden Farben kommen in Behältern mit ähnlich kräftigen Primärfarben besonders gut zur Geltung und ergeben lebendige Arrangements.

EIMER UND TÖPFE AUS ZINK

Verzinkte Metallgefäße besitzen die praktische Eigenschaft, gegen Rost unempfindlich zu sein. Darüber hinaus eignet sich ihre attraktive silbrig glänzende Oberfläche besonders gut für moderne Arrangements aus Trocken- oder Schnittblumen.

Heute sind verzinkte Behälter in vielen verschiedenen Formen und Größen erhältlich. Doch selbst ein altmodischer Eimer kommt als Gefäß für einen Blumenstrauß gut zur Geltung.

GLASVASEN

Häufig ist eine Glasvase das erste Gefäß, an das man im Zusammenhang mit einem Blumenarrangement denkt. Das liegt nicht

Die Proportionen dieses Arrangements betonen die Form der klassischen Urnenvase.

zuletzt daran, daß heutzutage ein enormes Angebot an Blumenvasen zur Verfügung steht.

Besonders interessant sind schlichte, klare Glasvasen, die man in jeder nur erdenklichen Größe und Form erhält. Da ihnen jegliche Verzierung fehlt, kann der Betrachter durch nichts vom eigentlichen Arrangement abgelenkt werden. Allerdings muß man bei klaren Glasvasen das Blumenwasser regelmäßig erneuern und die Vase peinlich sauber halten, da auch der Bereich unterhalb der Wasseroberfläche zum Arrangement gehört.

Darüber hinaus gibt es eine ganze Reihe von Oberflächenstrukturen – Mattglas, gefärbtes Glas, strukturiertes Glas –, die sich für sehr unterschiedliche Arrangements eignen.

KRÜGE

Krüge sind ideale Pflanzenbehälter. Ob aus Keramik, Glas, Emaille oder Zink, ob niedrig, hoch, schlank oder bauchig – Krüge in jeder Form, Farbe oder Größe bieten dem Floristen eine nahezu unendliche Bandbreite an Möglichkeiten.

Dabei können die Arrangements – je nach Wahl des Krugs und des Pflanzen-

Eine kleine Auswahl aus dem riesigen Angebot an Gefäßen, die sich zum Arrangieren von Blumen und Pflanzenteilen eignen.

materials – von rustikal und zwanglos bis hin zu erhaben oder extravagant ausfallen.

VORGEFORMTE STECKMASSE

Vorgeformte Steckmasse ist leicht zu bearbeiten, einfach zu handhaben und in einer Vielzahl von Größen und Formen erhältlich – als Kreis, Kreuz, Rechteck oder sogar in Form von Sternen, Zahlen, Herzen oder Teddybären. Jede dieser Formen besteht aus feuchtigkeitsspeichernder Steckmasse mit einer wasserundurchlässigen Unterseite. Ähnliche Steckmasseformen sind auch für Trockenblumen erhältlich.

Obwohl man sie häufig mit Friedhofsgestecken in Verbindung bringt, bieten sich Steckmasseformen auch als Unterlage für viele andere Blumenarrangements an.

BLUMENTÖPFE AUS TERRAKOTTA

Ob traditionell oder modern – ein Blumentopf aus Terrakotta eignet sich nicht nur zum Pflanzen, sondern ist auch für Blumenarrangements geeignet. Haben Sie Ihr Gesteck auf einer Steckunterlage aus Steckmasse angefertigt, sollten Sie den Topf zunächst mit einer stabilen Folie auslegen. Statt dessen können Sie aber auch ein Marmeladenglas oder eine Schale in den Topf stellen und mit Wasser füllen.

Das äußere Erscheinungsbild eines Terrakottatopfs läßt sich mit Hilfe bestimmter Techniken sehr stark verändern – man kann den Topf mit verschiedenfarbiger Kreide einreiben, mit Blattgold belegen oder mit organischen Materialien wie saurer Milch bestreichen, was zu einem Bewuchs der Oberfläche führt.

KISTEN UND TRÖGE AUS HOLZ

Altmodische Holztröge und Pflanzkisten ergeben bezaubernde und sehr praktische Gefäße für Blumenarrangements. Ihr rustikales Äußeres macht sie besonders geeignet für zwanglose Designs im bäuerlichen Stil, bei denen der Behälter das Pflanzenmaterial zusätzlich betont. Wenn Sie die Holzkiste mit farbiger Kreide einreiben, erzielen Sie eine völlig andere Wirkung.

Wollen Sie allerdings ein Arrangement aus Schnittblumen anfertigen, müssen Sie die Kiste vorher wasserdicht auslegen.

AUSRÜSTUNG

Wer zum ersten Mal Blumen arrangiert, dem genügt ein Minimum an Ausrüstung. Mit zunehmender Abenteuerlust sollten jedoch die folgenden Ausrüstungsgegenstände vorhanden sein.

BLUMENIGEL

Der Blumenigel (Steckigel) besteht aus einer etwa 2 cm dicken, schweren Metallscheibe, auf der in regelmäßigen Abständen etwa 3 cm lange, spitze Metallstifte angebracht sind. Blumenigel sind in einer großen Auswahl verschiedener Durchmesser und auch als Vierecke erhältlich. Man legt sie unter die Wasseroberfläche und drückt die Enden der Blütenstiele auf die Stifte, so daß das Gewicht des Igels den Auftrieb der Stengel ausgleicht. Blumenigel eignen sich hervorragend für Gestecke im *Ikebana*-Stil oder für zarte, lineare Arrangements.

FLORISTENKLEBEBAND

Mit diesem kräftigen Klebeband wird Steckmasse in Gefäßen fixiert. Obwohl es unter fast allen Bedingungen haftet, darf es nicht feucht werden, da sonst seine Klebefähigkeit nachläßt. (Alternativ schmales Paketklebeband verwenden.)

FLORISTENSCHERE

Eine kräftige, scharfe Schere ist das wichtigste Werkzeug jedes Floristen. Mit ihr schneidet man sämtliches Pflanzenmaterial und auch holzige Äste. Zum Schneiden von Draht sollte möglichst eine eigene Drahtschere vorhanden sein.

FOLIE

Als Verpackung eines Bouquets kann Klarsichtfolie einen simplen Blumenstrauß in ein wunderhübsches Geschenk verwandeln. Zum Auslegen nicht wasserdichter Gefäße ist eine stabile Folie erforderlich, die von Stengeln und Draht nicht durchgestochen wird. Man kann aber zusammengedrückte Klarsichtfolie sehr effektiv dazu verwenden, Blumenstielen in einer durchsichtigen Vase Halt zu geben.

Bevor Sie mit der Gestaltung eines Arrangements beginnen, sollten alle Materialien griffbereit sein.

GARTENSCHERE (ROSEN- ODER REBSCHERE)

Mit einer Gartenschere schneidet man zähere, dickere Zweige oder Äste. Bei einer guten Gartenschere erübrigt sich die Floristenschere.

GUTTACOLL-BAND (BLUMENBAND)

Dieses Band ist nicht selbstklebend. Es ist ein Kautschukband und zieht sich dank der Wärme Ihrer Hände selbst fest.

Blumenband wird hauptsächlich zum Umwickeln angedrahteter Stiele und zum Verschließen der Enden benutzt. Das leicht dehnbare Band liefert eine dünne Schutzschicht. Es ist in den Farben Grün, Braun und Weiß erhältlich.

HANDSCHUHE

Handschuhe erfüllen beim Umgang mit spitzem oder dornigem Pflanzenmaterial oder als Schutz gegen Hautreizungen durch Pflanzensäfte ihren Zweck. Sie sollten immer ein Paar Haushalts-Gummihandschuhe und Gartenhandschuhe bereithalten.

KLEBEPISTOLE

Bei der Klebepistole handelt es sich um eine elektrisch betriebene Pistole, die mit Klebstoffstäben bestückt ist. Diese Stäbe werden im Inneren der Pistole geschmolzen, so daß der Kleber durch Betätigung des Abzugs aufgetragen werden kann. Diese in der Floristik relativ neue Entwicklung ermöglicht es, getrocknetes Pflanzenmaterial sicher, sauber und schnell an Kränzen, Girlanden oder Ringen zu befestigen.

Da der Klebstoff und die Spitze der Pistole sehr heiß werden (200 °C), sollten Sie beim Umgang mit einer Klebepistole besonders vorsichtig sein und das Gerät nie unbeaufsichtigt herumliegen lassen. Im Floristen-Fachhandel gibt es inzwischen auch eine Niedertemperatur-Klebepistole mit nur 80 °C.

MASCHENDRAHT

Obwohl Steckmasse sehr viel variabler ist, besitzt der feine Maschendraht (auch Kükendraht oder Hasengitter genannt) immer noch seinen festen Platz in der Ausrüstung jedes Floristen. Maschendraht verstärkt die Steckmasse und verhindert, daß sie zerbricht, wenn man eine größere Anzahl von Stielen hineinsteckt. Er wird in passender Länge von der Rolle abgeschnitten, leicht zusammengedrückt, über die Steckmasse gelegt und zwischen Steckmasse und Gefäß festgeklemmt. Man umwickelt ihn mit Wickeldraht.

NATURBAST

Bast ist eine natürliche Alternative zu Schnur oder Bändern. Mit einzelnen Baststrängen werden Sträuße zusammengebunden oder Büschel frischer und getrockneter Blüten an Kränzen und Girlanden befestigt. Schleifen aus dicken Baststrängen verzieren Bouquets und Blumenarrangements. Wichtig: Den Bast vor dem Binden anfeuchten, er ist sonst zu brüchig.

OASIS-KLEBER

Dieser sehr starke, in kleinen Töpfen erhältliche Klebstoff ist der Vorgänger des heutigen Heißpunktklebers (siehe Klebepistole). Er dient zum Befestigen synthetischer Bänder oder anderer Materialien, die durch die Hitze der Klebepistole beschädigt werden könnten.

PAPIERBAND

Papierband, eine Alternative zu Seiden- oder Synthetikbändern, ist in einer breiten Auswahl meist gedämpfter, weicher Farbtöne und bereits auf Rollen erhältlich. Wenn Sie die benötigte Bandlänge abgeschnitten haben, streifen Sie das mehrlagige Band auseinander und glätten es für eine Schleife aus der vollen Breite des Bandes.

ROSENENTDORNER

Wer häufig mit dornigen Rosen arbeitet, sollte sich dieses geniale kleine Gerät unbedingt anschaffen. Drücken Sie einfach die Metallbacken zusammen, ziehen Sie den Rosenstiel durch den Entdorner, und alle Dornen und Blätter sind entfernt.

SCHNUR

Schnur oder Kordel benötigt man zum Zusammenbinden gebundener Büschel, bei der Herstellung von Girlanden oder zum Anbringen von Blattwerk an Toren.

SEIDENBAND

Seidenband ist in zahlreichen Breiten und Farben erhältlich und für den Floristen unverzichtbar – insbesondere für eine festliche Gestaltung. Bänder aus Seide sind für Gestecke besser geeignet als Synthetikbänder, sie sehen feiner aus und fühlen sich wesentlich weicher an. Der einzige Nachteil: Seidenband franst beim Schneiden aus.

STECKDRAHT

Steckdraht dient zur Verstärkung, Unterstützung und besseren Handhabung von Pflanzenmaterial sowie zum Verlängern oder Ersetzen von Stielen. Dieser Draht ist blau geglüht oder grün lackiert und in verschiedenen Stärken und Längen erhältlich. Stets einen ausreichend starken, aber möglichst leichten Steckdraht wählen, der die Blüten sicher trägt.

Am häufigsten verwendet werden:

Stärke	*Länge*	
0,8 mm	25 cm	
1,0 mm	30 cm	
1,2 mm	35 cm	Steckdraht
1,4 mm	40 cm	
1,6 mm	45 cm	
1,8 mm	50 cm	
0,8 mm	35 cm	Stützdraht
1,0 mm	50 cm	

Beginnen Sie mit einer Grundausstattung, und erweitern Sie diese mit zunehmendem Können.

Darüber hinaus gibt es den sehr feinen Silber- oder Rosendraht.
Steckdraht sollte an einem trockenen Ort gelagert werden, damit er nicht rostet.

STECKMASSE

Steckmasse gibt es in einer großen Auswahl an Formen, Größen und Stärken, sowohl für Trocken- als auch für Schnittblumen. Obwohl der rechteckige Steckmasseblock am häufigsten Verwendung findet, sind im Handel auch andere Formen für bestimmte Zwecke erhältlich.

Steckmasse ist relativ leicht, einfach zu bearbeiten und problemlos mit einem Messer zu schneiden. Ein Steckmasseblock für Schnittblumen nimmt sehr schnell Wasser auf (nur aufs Wasser legen und vollsaugen lassen), sollte danach aber nicht im Wasser bleiben, da sich dadurch seine Struktur verändert und seine Zuverlässigkeit nachläßt. Steckmasse für Trockenblumen kann manchmal zu hart sein für die zarten Stiele einiger Blumen; eine weichere Version ist ebenfalls im Handel erhältlich. Überlegen Sie also vorher, welche Sorte Sie benötigen.

TECHNIKEN

UMWICKELN (KAUTSCHUKIEREN)

Stiele und Draht werden aus drei Gründen mit Blumenband umwickelt: erstens, weil angedrahtete Blumen – zum Beispiel für Haarschmuck oder Anstecker – kein Wasser mehr aufnehmen und das Umwickeln die in der Pflanze gespeicherte Feuchtigkeit kurzfristig hält; zweitens, weil das Band den für die Stabilität des Stiels notwendigen Draht verbirgt und dem falschen Stiel ein natürliches Aussehen verleiht; und drittens, um zu verhindern, daß das Pflanzenmaterial aus der Drahtverstärkung herausrutscht.

Den angedrahteten Stiel, zusammen mit dem Ende des Blumenbands, kurz unterhalb der Blüte mit Daumen und Zeigefinger festhalten. Mit der anderen Hand das Band im Winkel von 45 Grad straff gegen den Draht spannen. Nun die Blume vorsichtig drehen, so daß sich das Band, oben am Stiel über dem Draht beginnend, langsam auf der ganzen Länge um Draht und Stiel legt. Das Band straff gespannt halten, damit es sich möglichst dünn um Draht und Stiel wickelt; die Ränder des Bandes müssen einander überlappen. Für Stiele mit mehreren Blüten binden Sie in verschiedenen Abständen Blütenköpfe ein. Zum Schluß das Band etwas über den Draht hinausstehen lassen, fest zusammenpressen und abschneiden.

DRAHTUNTERLAGE

Vier Steckdrähte (1,0 mm) so nebeneinanderlegen, daß jeweils nach 3 cm der nächste Draht folgt. An einem Ende beginnend, die Drähte mit Blumenband zu umwickeln. Wenn das Band das Ende des ersten Drahts erreicht, den restlichen drei Drähten einen neuen Steckdraht hinzufügen und weiterwickeln, bis die Drahtunterlage die gewünschte Länge erreicht hat.

ANDRAHTEN

Diese Methode wird für Blumen (vor allem Trockenblumen) mit einem kräftigen Stiel angewendet oder für leichtes Pflanzenmaterial, das keinen zweiten Draht als Stütze benötigt. Andrahten dient auch als zusätzliche Verankerung in Steckschwämmen.

Die Blumen oder Blätter zwischen Daumen und Zeigefinger einer Hand halten, wobei das Gewicht des Materials auf dem Mittel- und Zeigefinger liegt. Auf Höhe des unteren Drittels einen in Gewicht und Länge passenden Steckdraht horizontal hinter den Stiel legen. Den Draht haarnadelförmig zusammenbiegen, wobei ein Ende kürzer ist als das andere. Das kürzere Ende parallel zum Stiel legen und das längere Ende mehrfach fest um den Stiel und das kurze Drahtende wikkeln. Das längere Drahtende geradebiegen; es bildet den verlängerten Stiel. Zum Schluß Stiel und Draht mit Blumenband umwickeln.

GABELN

Diese Methode wird zum Verlängern von zu kurzen oder abgeschnittenen Stielen verwendet und arbeitet mit zwei gleich langen Drahtenden.

Die Blume oder Blätter zwischen Daumen und Zeigefinger einer Hand halten, wobei das Gewicht des Materials auf dem Mittel- und Zeigefinger liegt. Auf Höhe des unteren Drittels einen in Stärke und Länge passenden Steckdraht horizontal hinter den Stiel legen, wobei sich ein Drittel des Drahts auf einer und die anderen zwei Drittel auf der anderen Seite des Stiels befinden. Den Draht parallel zum Stiel haarnadelförmig umbiegen; ein Ende sollte etwa doppelt so lang sein wie das andere.

Das kürzere Drahtende parallel zum Stiel halten und das lange Drahtende mehrfach um den Blütenstiel und den kurzen Draht wickeln. Die beiden Drahtenden sind jetzt etwa gleich lang und können anschließend sorgfältig geradegebogen werden.

BLÜTEN ANDRAHTEN

Mit dieser Methode lassen sich kleine Blüten andrahten für kunstvolle Arrangements. Bei frischen Blüten gilt dies nur für Haarschmuck und Anstecker, da keine Wasserversorgung mehr gegeben ist.

1 Einen dünnen Silberdraht in der Mitte zu einer Haarnadel umbiegen und mehrfach drehen, so daß über den langen Enden eine kleine Öse entsteht.

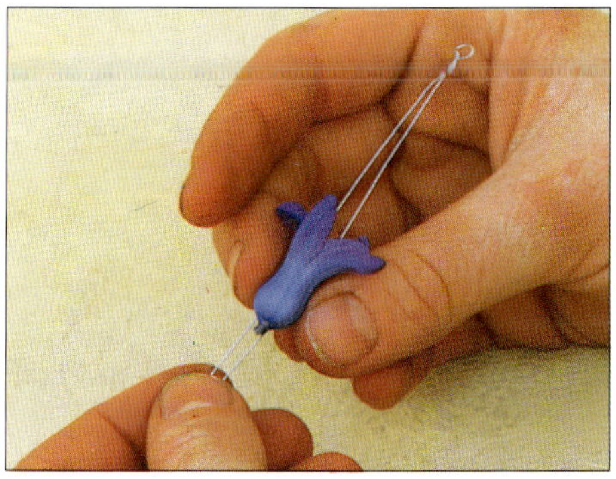

2 Die Drahtenden von oben durch den Blütenkopf schieben, bis sie wie ein Stiel aus dem Blütenboden herausragen.

3 Den falschen Stiel mit weiterem Silberdraht gabeln und nach Belieben anschließend umwickeln.

ELEMENTE

Der Ausdruck »Element« bezeichnet einen zusammengesetzten Stiel, der aus zwei oder mehr Pflanzenteilen besteht. Elemente aus kleinen Blüten eignen sich vor allem für Anstecker oder Haarschmuck, während Elemente aus großen Blüten in angedrahteten Hochzeitssträußen verwendet werden.

Ein Element sollte nur aus einer Sorte Pflanzenmaterial bestehen. Bei kleinen Elementen müssen die einzelnen Blütenköpfe, Knospen oder Blätter zuvor angedrahtet und umwickelt werden.

Beginnen Sie mit der kleinsten Blüte, und befestigen Sie eine etwas größere Blüte an deren Stiel, indem Sie die Drähte mit Blumenband umwickeln. Dabei muß der größere Blütenkopf in einer Linie mit dem Blütenboden der ersten Blüte liegen. Je weiter Sie sich nach unten vorarbeiten, desto größer sollten die Blüten sein.

Die Stiele größerer Blumen müssen vor dem Zusammenfügen gegebenenfalls mit einem in der Stärke passenden Draht gegabelt und umwickelt werden.

STIELE VERLÄNGERN

Blütenköpfe mit kurzen oder Blumen mit empfindlichen Stielen müssen mit Draht verlängert und gestützt werden. Dafür gibt es zwei Methoden.

Erste Methode: Den Blütenkopf mit einem im Gewicht passenden Draht, wie oben beschrieben, andrahten, anschließend mit Steckdraht (1,2 mm) andrahten und den gesamten Drahtstiel mit Blumenband umwickeln.

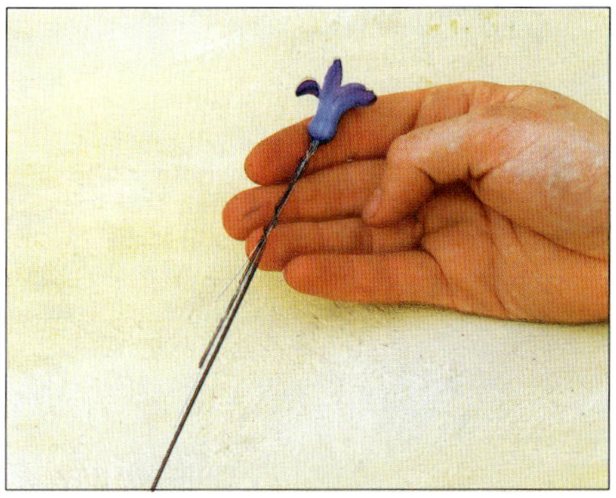

Zweite Methode: Einen Steckdraht (1,2 mm) von unten in den Blütenboden stecken; danach Silberdraht im rechten Winkel dazu durch den Blütenboden schieben, bis er an beiden Seiten gleichmäßig herausragt. Den Silberdraht so biegen, daß beide Enden parallel zum Steckdraht liegen. Ein Ende des Silberdrahts fest um den Steckdraht und das andere Ende des Silberdrahts wickeln. Den fertigen Drahtstiel mit Blumenband umwickeln.

OFFENE BLÜTENKÖPFE ANDRAHTEN

Diese Methode eignet sich für einzelne Lilien-, Amaryllis- oder Tulpenblüten ebenso wie für kleine, weiche Blütenköpfe und Blüten mit hohlen Stengeln wie Anemonen oder Ranunkeln.

Den Stiel etwa 4 cm unterhalb des Blütenkopfs abschneiden. Einen Steckdraht

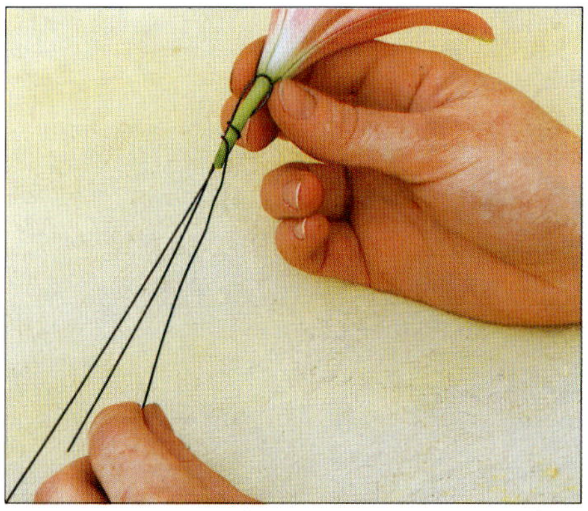

(1,4 mm) durch den Stiel bis in den Blütenboden schieben. Stengel und Draht mit einem weiteren Steckdraht (1,4 mm) gabeln und das Ganze umwickeln.

Der innere Draht verstärkt den natürlichen Blütenstiel, und das Gabeln liefert eine ausreichende Stütze für das Gewicht des Blütenkopfs.

ANDRAHTEN EINER ROSENBLÜTE

Rosen besitzen relativ dicke, holzige Stiele, die bei komplizierten Arbeiten wie Knopflochsträußchen, Ansteckern oder Haarschmuck durch einen Drahtstiel ersetzt werden müssen.

Den Stiel der Rose etwa 3 cm unterhalb des Blütenkopfs abschneiden.

Ein Ende eines Steckdrahts (1,4 mm) in etwa ein Drittel seiner Länge seitlich durch den Blütenboden schieben. Die Blüte vorsichtig in einer Hand halten und mit der anderen Hand das kurze Drahtende mehrfach fest um den Stiel wickeln. Den restlichen Draht nach unten geradebiegen; er bildet den verlängerten Stiel. Stiel und Drahtverlängerung mit Blumenband umwickeln.

ANDRAHTEN VON FRÜCHTEN UND GEMÜSE

Wer Früchte und Gemüse in Girlanden, Ranken, Kränzen oder einem Steckmasse-Arrangement verwenden will, muß sie zuvor andrahten. Die Methode hängt ab von der Frucht und dem Verwendungszweck.

Schwere Früchte und Gemüse wie Orangen, Zitronen oder Knoblauchknollen benötigen einen starken (1,6 mm) oder extra starken (1,8 mm) Steckdraht. Der Draht sollte kurz unterhalb des Bodens horizontal durch die Frucht gesteckt werden. Im rechten Winkel zum ersten Draht wird ein weiterer Draht horizontal durch die Frucht gesteckt, und alle vier überstehenden Enden werden nach unten gebogen und unter der Frucht fest zusammengedreht. Je nach Verwendungszweck können Sie die Drähte entweder auf eine für die Steckmasse passende Länge abschneiden oder vollständig zu einem einzigen Stiel zusammendrehen.

Kleine, zierliche Früchte oder Gemüse wie Pilze oder Feigen müssen behutsam angedrahtet werden, um dem empfindlichen Fruchtfleisch nicht zu schaden. Im allgemeinen genügt *ein* Steckdraht. Den

Getrocknete Apfelscheiben müssen beim Andrahten besonders vorsichtig behandelt werden.

Draht horizontal durch den Boden der Frucht schieben und die beiden überstehenden Enden nach unten biegen. Je nach Verwendungszweck können Sie die Drähte entweder auf eine für die Steckmasse passende Länge abschneiden oder zu einem einzigen Stiel zusammendrehen.

Für weiches Pflanzenmaterial reicht ein Draht von 1,4 mm Stärke völlig aus. In manchen Fällen sollte man Früchte oder Gemüse auch mit Hilfe einer »Haarnadel« aus Draht befestigen, deren Enden durch die Frucht bis in die darunterliegende Steckmasse geschoben werden.

Früchte oder Gemüse mit einem Stiel, wie etwa kleine Büschel von Weintrauben oder Artischocken, können mit einem in der Stärke passenden Steckdraht gegabelt werden.

Ein Seestern wird verlängert durch Gabeln eines seiner Arme.

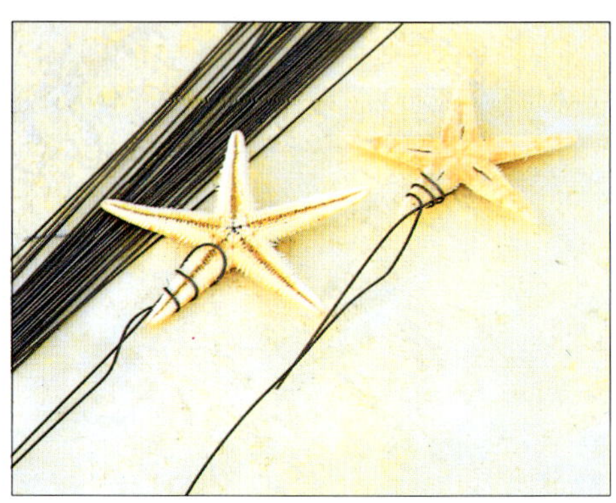

FRÜCHTE UND GEMÜSE IN BLUMENARRANGEMENTS

Die Farben und Strukturen von Früchten und Gemüse verleihen einem Blumenarrangement Harmonie oder Kontrast. Die Farben von Zitrusfrüchten und die hellen Herbsttöne von Äpfeln und Birnen stehen für jedes Gesteck in großer Auswahl zur Verfügung.

Einige Früchte wie Granatäpfel, Passionsfrüchte oder Blutorangen wirken aufgeschnitten besonders attraktiv, da dann ihr Fruchtfleisch reizvoll zur Geltung kommt. Allerdings verderben offene Früchte sehr schnell, so daß man sie nur bei Arrangements für besondere Anlässe, wie einem Fest oder Abendessen, einsetzen sollte.

Auch wenn die Verwendung von Gemüse bei der Gestaltung eines Gestecks auf den ersten Blick ungewöhnlich erscheint, können die sanften Farben und Strukturen in Kombination mit Blumen eine wunderschöne Wirkung erzielen. Purpurfarbene Artischocken, fast schwarze Auberginen, rosa und weiße Knoblauchknollen oder leuchtendrote Radieschen verleihen den verschiedensten Arrangements Tiefe, Struktur und einen optischen Mittelpunkt.

Die kräftigen Formen von Früchten und Gemüse eignen sich besonders gut für diese Wandranke (oben) oder die ungewöhnliche Pyramide (rechts). Sorgfältiges Andrahten hält die einzelnen Materialien in ihrer Position.

Getrocknete Zitrusfruchtscheiben sind ein Fest für das Auge und verströmen lange Zeit ihren aromatischen Duft.

UMWICKELN EINES DRAHTGRIFFS MIT BAND

Um ein angedrahtetes Bouquet besser tragen zu können, werden die angedrahteten Stiele zu einem Griff gestaltet.

1 Die Drahtstiele für den Griff auf eine Länge zuschneiden, die etwa 1,5 cm länger ist als die Diagonale der Handfläche; anschließend mit Blumenband umwickeln. Das Bouquet in eine Hand nehmen und mit dem Daumen ein 2,5 cm breites Band so an der Bindestelle fixieren, daß ein etwa 10 cm langes Ende über den Daumen herunterhängt.

Das lange Bandende um das untere Ende des Griffs herumlegen und auf der anderen Seite knapp bis zur Mitte hochführen; dort mit dem kleinen Finger festhalten, wobei der Daumen immer noch die Bindestelle fixiert.

2 Mit diesem Bandende den Griff umwickeln – zuerst rund um die in der Mitte gehaltene Stelle, dann nach unten bis zum Griffende und wieder nach oben bis zur Bindestelle. Dem Band beim Umwickeln eine schöne Form geben.

3 Das Ende des Wickelbands und das andere 10-cm-Bandende an der Bindestelle miteinander verknoten, eine Schleife binden und die überschüssigen Enden abschneiden.

AUSLEGEN EINES GEFÄSSES

Ein Gefäß für ein Arrangement aus Schnittblumen muß natürlich wasserdicht sein. Wenn Sie aber die Blumen in Steckmasse arrangieren, können Sie für Ihr Gesteck ein wasserdurchlässiges Gefäß benutzen, vorausgesetzt, Sie legen es vorher mit Folie aus. Diese muß stabil sein, um dem Drahtende zu widerstehen.

Ein Stück Folie etwas größer zuschneiden als das Gefäß und in das Gefäß drükken; darauf achten, daß die Folie auch alle Ecken ausfüllt und keine Löcher oder Risse entstehen.

Die getränkte Steckmasse mit einem Messer passend für den Behälter zuschneiden und fest in das Gefäß drücken. Die Folie rund um den Gefäßrand abschneiden und die Steckmasse bei Bedarf mit Floristenklebeband fixieren.

Achten Sie darauf, daß beim späteren Auffüllen kein Wasser zwischen Folie und Gefäß läuft, und schneiden Sie die Folie nicht zu kurz ab, da das Wasser über den Rand spritzen und an den Seiten entlanglaufen kann.

SPIRALFÖRMIGES BINDEN

Ein mit der Hand spiralförmig gebundener Strauß eignet sich bestens als Geschenk, da alle Blumen bereits arrangiert sind und der Strauß nur noch in eine passende Vase gestellt werden muß. Die Blumen werden durch das Band nicht »stranguliert«.

1 Alle Pflanzenmaterialien bereitlegen, so daß Sie die einzelnen Stiele sofort zur Hand haben. Einen kräftigen Blumenstiel oder einen Zweig in die Hand nehmen und im unteren Drittel halten. Einzeln immer weitere Stiele hinzugeben und dabei den Strauß langsam drehen, so daß eine Spiralform entsteht. Wurden die Materialien in einer vorher festgelegten Reihenfolge hinzugegeben, ist gewährleistet, daß die verschiedenen Stiele gleichmäßig in dem Strauß verteilt sind. Indem Sie gelegentlich beim Hinzufügen der Stiele deren Position verändern, erhält der Strauß eine leichte Kuppelform.

2 Den fertiggebundenen Strauß mit Schnur, Bast oder Band an dem Punkt umwickeln, an dem sich alle Stiele kreuzen – der Bindestelle. Festes Umwickeln gibt Halt und schadet den Blumen nicht.

3 Die Stielenden auf eine einheitliche Länge kürzen und dabei berücksichtigen, daß die Stiele unterhalb der Bindestelle etwa ein Drittel der Gesamthöhe des Straußes ausmachen sollen.

VERSTÄRKEN VON BLÄTTERN

Blätter werden mit Draht verstärkt, damit sie später im Arrangement eine »natürlich« gebogene Position beibehalten.

Das Blatt so in die Hand nehmen, daß die Blattunterseite nach oben weist. Mit einem feinen Silberdraht etwa in der Mitte des Blattes horizontal durch die Hauptblattader stechen, wobei der Stich auf der Blattoberseite kaum zu sehen sein sollte.

Den Draht haarnadelförmig umbiegen. Ein Drahtende gegen den Blattstiel halten und das andere Drahtende mehrmals um Draht und Blattstiel wickeln. Die Drahtenden geradebiegen und gegebenenfalls mit Blumenband umwickeln.

Unten: Blüten und Blätter lassen sich mit Hilfe von sehr feinem Rosendraht an Kränzen und Korbrändern befestigen.

FLORALES DESIGN MIT SCHNITT-BLUMEN

Ob es sich um die üppige Pracht voll erblühter alter Rosen in einem Krug handelt oder um die schlichte Schönheit einiger Waldbeeren in einer farbigen Glasvase – jedes Blumenarrangement ist Ausdruck der eigenen Persönlichkeit und des künstlerischen Stils. Auf den folgenden Seiten erfahren Sie, wie man Schnittblumen in klassischen oder zwanglosen Arrangements am besten zur Geltung bringen kann.

EINSTIMMUNG

Oben: Bepflanzter Korb mit Lilien und Hyazinthen (Seite 70)

Unten: Üppiger Sommerkorb (Seite 65)

Die Launen der Mode üben auch auf die Welt der Blumen einen großen Einfluß aus. Vor allem beginnt sich die sehr formelle Einstellung in bezug auf Blumenarrangements deutlich zu lockern. Noch vor 20 Jahren wirkten manche Blumen so, als seien sie mit Gewalt in einen Strauß gezwängt worden! Der heutige Stil rückt die natürliche Schönheit und Wirkung der einzelnen Blumen in den Vordergrund. Der von einem Korsett strenger Regeln befreite Florist erhält dadurch die Möglichkeit, sich von allem kreativ inspirieren zu lassen – von der Innenausstattung eines Raumes, einem bestimmten Gefäß und ebenso von der Stimmung des Augenblicks oder sogar von der Wetterlage!

Natürlich basieren auch die heutigen Blumenarrangements auf den Grundprinzipien von Farbe, Maßstab, Proportion sowie Gleichgewicht und Ausgewogenheit; aber diese Regeln werden zur Kreation extravaganter Designs in aufregenden Farb- und Strukturkombinationen eingesetzt. Außerdem legen immer mehr Floristen Wert auf Schlichtheit und sind darüber hinaus in der Lage, aus einigen Narzissen in einem Marmeladenglas ein ähnlich eindrucksvolles Arrangement zu zaubern wie aus einem üppigen Blumenstrauß auf einer Säule.

Die Kunst der Blumendekoration hat sich zu einer Kunstform entwickelt, die durch ein tiefes Verständnis der Materialien mit einem Minimum an Aufwand den größten Effekt erzielen will. Zu den bedeutendsten Faktoren, die viel zur großen kreativen Freiheit des Floristen beigetragen haben, zählen bessere Verfügbarkeit und Qualität der kommerziell gezüchteten Schnittblumen.

Oben: Frucht- und Blumenranke (Seite 44)

Links: Vase mit weißer Zimmerkalla (Seite 87)

Unten: Tulpen-Formbäumchen (Seite 68)

Als Blumenliebhaber ist man nicht mehr auf diejenigen Jahreszeiten beschränkt, in denen ein Großteil der beliebtesten Schnittblumen blüht; darüber hinaus steht heutzutage eine immer größere Auswahl von geeignetem Pflanzenmaterial zur Verfügung. Außerdem wurden dank moderner Zuchttechniken Qualität und Lebensdauer von Schnittblumen deutlich verbessert – eine frisch geschnittene Gartenwicke etwa blüht nicht nur wenige Tage, sondern eine Woche oder länger.

Die Gesamtheit dieser fortschrittlichen Entwicklungen versetzt den Floristen heute in die Lage, aus einer wesentlich größeren Fülle von Pflanzen und Farben seine Wahl optimal zu treffen und ein Arrangement mit den rationellsten Techniken anzufertigen.

Obwohl die Kunst der Blumendekoration für manche zur alles beherrschenden Leidenschaft geworden ist, bleibt sie für viele ein Rätsel. Dabei handelt es sich im Grunde um eine Tätigkeit, die die meisten von uns mehr oder weniger erfolgreich ausüben können. Alles, was Sie benötigen, sind die in diesem Buch enthaltenen Arbeitsgrundlagen sowie ein wenig guter Wille, etwas Phantasie, und viel Übung. Denken Sie einfach daran, daß es sich beim Arrangieren von Blumen nicht nur um einen rein physischen, sondern vor allem um einen kreativen Prozeß handelt.

SCHNITTBLUMENPFLEGE

VORBEREITUNG

Im folgenden finden Sie alle notwendigen Schritte zur Vorbereitung von Blumen und Pflanzen. Die Grundregeln lauten:

- Entfernen Sie alle Blätter unterhalb der Wasseroberfläche, da diese sonst verfaulen, Bakterien erzeugen und die Lebensdauer des Gestecks verkürzen.
- Schneiden Sie die Stielenden schräg an, um eine möglichst große Wasseraufnahmefläche der Pflanze zu gewährleisten.

- Stellen Sie alles Pflanzenmaterial für mehrere Stunden in kaltes Wasser, damit die Pflanzen vor der Verarbeitung möglichst viel Wasser aufnehmen.

Für einige Blumen- und Blättersorten reicht diese Behandlung bereits völlig aus; bei anderen Varietäten kann man die Lebensdauer mit besonderen Methoden zusätzlich erhöhen.

KOCHENDES WASSER

Die holzigen Stiele von Flieder, Schneeball und Rhododendron, die saftigen Stengel von Wolfsmilch und Klatschmohn und sogar Rosen- und Chrysanthemenstiele profitieren von einer »Schockbehandlung« – ihre Stielenden müssen kurz in kochendes Wasser getaucht werden.

Entfernen Sie alle unteren Blätter (bei holzigen Stielen zusätzlich etwa 6 cm Rinde vom unteren Rand abschaben). Die Stiele in einem Winkel von 45 Grad anschneiden (holzige Stiele mit einer Gartenschere, saftige Stengel mit einem Messer; holzige Stiele zusätzlich 6 cm tief einschneiden). Und schließlich die Blütenköpfe in Papier einschlagen, damit sie nicht durch den heißen Dampf Schaden nehmen.

Vorsichtig kochendes Wasser 6 cm hoch in einen Topf gießen. Die Stielenden zwei bis drei Minuten ins kochende Wasser halten und sofort danach in kaltes Wasser stellen. Die Hitze des kochenden Wassers verdrängt die Luft aus den Stielen, so daß sie anschließend um so mehr von dem kalten Wasser aufnehmen können. Darüber hinaus tötet kochendes Wasser mögliche Bakterien in den Stielen ab.

Welke Rosen werden wieder aufgefrischt, indem man ihre Stiele neu anschneidet, zwei bis drei Minuten in kochendes Wasser hält und sie danach bis zum Blütenkopf zwei Stunden in kaltes Wasser stellt.

STIELENDE ABSENGEN

Mit Hilfe dieser Methode verlängert man die Lebensdauer von Pflanzen wie Wolfsmilch oder Klatschmohn. Ihre Stiele sondern einen milchigen Saft ab, der die Qualität des Blumenwassers beeinträchtigt und

Der Rosenentdorner ist unentbehrlich für den Umgang mit sehr dornigen Stielen.

damit den Pflanzen eine wesentliche Nahrungszufuhr entzieht.

Beim Absengen wird das Stielende über eine Flamme gehalten, bis es sich schwarz verfärbt; danach stellt man die Blume in lauwarmes Wasser. Auf diese Weise bildet sich eine Holzkohlenschicht, die das Ende des Stiels versiegelt, so daß zwar Wasser in den Stiel eindringen, aber kein Pflanzensaft mehr austreten kann.

HOHLE STIELE

Pflanzen wie Rittersporn, Amaryllis und Lupinen besitzen hohle Stiele, die man am besten dadurch vorbereitet, daß man sie umdreht und mit Wasser füllt.

Damit das Wasser nicht ausläuft, muß das offene Stielende mit einem Wattebausch verschlossen werden. Anschließend wird der Stiel unten mit einem Gummiband umwickelt, damit er nicht zerfasert, und die Blume in lauwarmes Wasser gestellt. Durch das Wasser im Inneren bleibt der Stiel fest, und der Wattebausch saugt weiteres Wasser auf.

BLATTWERK

Im allgemeinen gelten für die Vorbereitung von Blattwerk dieselben Regeln wie für Blumen. Auch hier müssen die unteren Blätter entfernt und die Stiele schräg angeschnitten werden. Je nach Größe und Struktur des Stiels kann man aber auch auf andere Vorbereitungstechniken zurückgreifen. Außerdem sollte man etwa 6 cm Rinde vom unteren Ende abschaben und den Stiel etwas aufschlitzen, um die Wasseraufnahme zu verbessern und damit die Lebensdauer des Blattwerks zu verlängern.

STIELE KRÄFTIGEN DURCH EINWICKELN

Für die Kräftigung weicher, biegsamer (wie etwa der Gerbera) oder etwas welk gewordener Blumenstiele gibt es eine einfache Technik: Man nimmt eine Gruppe von Blumen und wickelt sie auf etwa drei

Viertel ihrer Länge in Papier ein. Auf diese Weise stehen sie aufrecht und können etwa zwei Stunden in kaltes Wasser gestellt werden. In dieser Zeit füllen sich die Zellen im Inneren der Stiele mit Wasser und bleiben aufrecht stehen, auch nachdem das Papier entfernt wurde.

ÄTHYLEN

Äthylen ist ein geruchloses Gas, das von Hausmüll, Auspuffgasen, Pilzen und reifenden Früchten freigesetzt wird. Es beschleunigt den Reifeprozeß einiger Pflanzen und kann dazu führen, daß deren Knospen abfallen oder die Blätter vergilben. Besonders empfänglich für Äthylen sind Nelken, Freesien, Inkalilien und Rosen. Denken Sie an dieses Phänomen, wenn Sie Früchte in einem Blumenarrangement verwenden wollen.

BLUMENVERZEICHNIS

Aus dieser Liste können Sie ersehen, welche Blumen auf den Blumenmärkten erhältlich sind. Da sich die Zuchtbedingungen einzelner Varietäten verbessern, können sich die hier angegebenen Informationen verändern.

❀❀❀ ***sehr gut erhältlich*** ❀❀ ***gut erhältlich*** ❀ ***begrenzt erhältlich***

	Jan.	Febr.	März	April	Mai	Juni	Juli	Aug.	Sept.	Okt.	Nov.	Dez.
Alpenveilchen *(Cyclamen)*	❀❀❀	❀❀❀	❀❀❀	❀❀❀	❀❀❀							❀❀❀
Amaryllis (Belladonnalilie) *(Amaryllis belladonna)*	❀❀							❀❀	❀❀	❀❀❀	❀❀❀	❀❀❀
Anemone *(Anemone)*	❀❀❀	❀❀❀	❀❀❀	❀❀❀	❀❀❀	❀❀❀	❀❀❀			❀❀❀	❀❀❀	❀❀❀
Aster *(Aster)*	❀❀❀	❀❀❀				❀❀❀	❀❀❀	❀❀❀	❀❀❀	❀❀❀	❀❀❀	❀❀❀
Bartnelke *(Dianthus barbatus)*	❀	❀	❀❀❀	❀❀❀	❀❀❀	❀❀❀	❀❀❀	❀❀❀	❀	❀	❀	❀
Blaustern *(Scilla)*			❀❀❀	❀❀❀	❀❀❀							
Bouvardie *(Bouvardia)*	❀❀❀	❀❀❀	❀❀❀	❀❀❀	❀❀❀	❀❀❀	❀❀❀	❀❀❀	❀❀❀	❀❀❀	❀❀❀	❀❀❀
Chamelaucium		❀❀	❀❀	❀❀	❀❀							
Cymbidium (Orchideenart)	❀❀❀	❀❀❀	❀❀❀	❀❀❀	❀❀❀	❀❀❀	❀❀❀	❀❀❀		❀❀❀	❀❀❀	❀❀❀
Dahlie *(Dahlia)*									❀❀❀	❀❀❀	❀❀❀	❀❀❀
Dendrobium (Orchideenart)	❀❀❀	❀❀❀	❀❀❀	❀❀❀	❀❀❀	❀❀❀	❀❀❀	❀❀❀	❀❀❀	❀❀❀	❀❀❀	❀❀❀
Dill *(Anethum graveolens)*	❀❀				❀❀		❀❀	❀❀❀	❀❀❀	❀❀❀	❀❀❀	
Dost *(Origanum)*								❀❀❀	❀❀❀	❀❀❀	❀❀❀	❀❀❀
Edeldistel *(Eryngium)*	❀❀❀	❀❀❀					❀❀❀	❀❀❀	❀❀❀	❀❀❀	❀❀❀	❀❀❀
Edelnelke *(Dianthus)*	❀❀❀	❀❀❀	❀❀❀	❀❀❀	❀❀❀	❀❀❀	❀❀❀	❀❀❀	❀❀❀	❀❀❀	❀❀❀	❀❀❀
Ehrenpreis *(Veronica)*	❀❀❀	❀❀❀	❀❀❀	❀❀❀	❀❀❀	❀❀❀	❀❀❀	❀❀❀	❀❀❀	❀❀❀	❀❀❀	❀❀❀
Eisenhut *(Aconitum)*					❀			❀❀❀	❀❀❀			
Fackellilie *(Kniphofia)*						❀❀	❀❀	❀❀	❀	❀	❀	❀❀
Färberdistel *(Carthamus)*	❀❀	❀❀	❀❀	❀❀			❀❀	❀❀❀	❀❀❀	❀❀❀	❀❀❀	❀❀❀
Felberich *(Lysimachia clethroides)*		❀❀❀	❀❀❀	❀❀❀	❀❀❀	❀❀❀	❀❀❀	❀❀❀	❀❀❀	❀❀❀	❀❀❀	❀❀❀
Fetthenne *(Sedum spectabile)*									❀❀❀	❀❀❀	❀❀❀	❀❀❀
Flamingoblume *(Anthurium)*	❀❀❀	❀❀❀	❀❀❀	❀❀❀	❀❀❀	❀❀❀	❀❀❀	❀❀❀	❀❀❀	❀❀❀	❀❀❀	❀❀❀
Flammenblume *(Phlox)*	❀❀❀	❀❀❀	❀❀❀	❀❀❀	❀❀❀	❀❀❀	❀❀❀	❀❀❀	❀❀❀	❀❀❀	❀❀❀	❀❀❀
Flieder *(Syringa vulgaris)*	❀❀❀	❀❀❀	❀❀❀	❀❀❀	❀❀❀	❀❀						❀❀❀
Flockenblume *(Centaurea macrocephala)*								❀	❀			
Forsythie *(Forsythia × intermedia)*			❀❀❀	❀❀❀	❀❀❀	❀❀❀						
Frauenmantel *(Alchemilla mollis)*							❀	❀				
Frauenschuh *(Paphiopedilum)*	❀❀❀	❀❀❀	❀❀❀	❀❀		❀❀	❀❀	❀❀	❀❀	❀❀	❀❀❀	❀❀❀
Freesie *(Freesia)*	❀❀❀	❀❀❀	❀❀❀	❀❀❀	❀❀❀	❀❀❀	❀❀❀	❀❀❀	❀❀❀	❀❀❀	❀❀❀	❀❀❀
Fuchsschwanz *(Amaranthus)*	❀❀						❀❀	❀❀❀	❀❀❀	❀❀❀	❀❀❀	❀❀❀
Gartenlöwenmaul *(Antirrhinum majus)*	❀❀❀	❀❀❀	❀	❀❀❀	❀❀❀	❀❀❀	❀❀❀	❀❀❀	❀❀❀	❀❀❀	❀❀❀	❀❀❀
Gartenrittersporn *(Delphinium ajacis)*	❀❀❀	❀❀❀	❀❀❀	❀❀❀	❀❀❀	❀❀❀	❀❀❀	❀❀❀	❀❀❀	❀❀❀	❀❀❀	❀❀❀
Gartenwicke *(Lathyrus)*			❀	❀	❀❀	❀❀	❀❀❀	❀❀❀				
Gelenkblume *(Physostegia)*								❀	❀	❀	❀	
Gemeiner Felberich *(Lysimachia vulgaris)*	❀❀	❀❀							❀❀❀	❀❀❀	❀❀	❀❀
Gerbera *(Gerbera)*	❀❀❀	❀❀❀	❀❀❀	❀❀❀	❀❀❀	❀❀❀	❀❀❀	❀❀❀	❀❀❀	❀❀❀	❀❀❀	❀❀❀
Gladiole *(Gladiolus)*								❀❀❀	❀❀❀	❀❀❀	❀❀❀	❀❀❀
Glockenblume *(Campanula)*					❀❀❀	❀❀❀	❀❀❀					
Glockenenzian *(Eustoma russellianum)*	❀❀❀	❀❀❀				❀❀❀	❀❀❀	❀❀❀	❀❀❀	❀❀❀	❀❀❀	❀❀❀
Godetie, Atlasblume *(Godetia)*	❀❀❀			❀❀❀	❀❀❀	❀❀❀	❀❀❀	❀❀❀	❀❀❀	❀❀❀	❀❀❀	❀❀❀
Goldraute *(Solidago)*	❀❀❀	❀❀❀	❀❀❀	❀❀❀	❀❀❀	❀❀❀	❀❀❀	❀❀❀	❀❀❀	❀❀❀	❀❀❀	❀❀❀
Hahnenkamm *(Celosia)*	❀❀	❀❀						❀❀	❀❀❀	❀❀❀	❀❀❀	❀❀❀
Hasenohr *(Bupleurum griffithii)*	❀❀❀	❀❀❀	❀	❀❀❀	❀❀❀	❀❀❀	❀❀❀	❀❀❀	❀❀❀	❀❀❀	❀❀❀	❀❀❀
Herbstaster (*Chrysanthemum-Indicum*-Hybriden)	❀❀❀	❀❀❀	❀❀❀	❀❀❀	❀❀❀	❀❀❀	❀❀❀	❀❀❀	❀❀❀	❀❀❀	❀❀❀	❀❀❀
Hortensie *(Hydrangea)*	❀❀	❀❀	❀❀	❀❀	❀❀	❀❀	❀❀	❀❀❀	❀❀❀	❀❀❀	❀❀❀	❀❀❀
Hyazinthe *(Hyacinthus)*		❀❀	❀❀❀	❀❀❀	❀❀❀	❀❀❀	❀❀					
Inkalilie *(Alstroemeria)*	❀❀❀	❀❀	❀❀	❀❀❀	❀❀❀	❀❀❀	❀❀❀	❀❀❀	❀❀❀	❀❀❀	❀❀❀	❀❀❀
Johanniskraut *(Hypericum)*	❀❀	❀❀					❀❀	❀❀	❀❀❀	❀❀❀	❀❀❀	❀❀❀
Känguruhblume *(Anigozanthus)*	❀❀	❀❀	❀❀	❀	❀❀❀	❀❀❀	❀❀❀	❀❀❀	❀❀	❀❀	❀❀	❀❀
Klebschwertel *(Ixia)*					❀	❀						
Kleinwüchsige Herbstaster *(Chrysanthemum santini)*	❀❀❀	❀❀❀	❀❀❀	❀❀❀	❀❀❀	❀❀❀	❀❀❀	❀❀❀	❀❀❀	❀❀❀	❀❀❀	❀❀❀
Knorpelmöhre *(Ammi majus)*	❀❀❀	❀❀❀	❀❀❀	❀❀❀	❀❀❀	❀❀❀	❀❀❀	❀❀	❀❀	❀❀❀	❀❀❀	❀❀❀
Kornblume *(Centaurea cyanus)*								❀❀❀	❀❀❀	❀❀❀	❀❀❀	

Oberes Bild: Dahlie (Dahlia)
Unten: Gerbera (Gerbera)

	Jan.	Febr.	März	April	Mai	Juni	Juli	Aug.	Sept.	Okt.	Nov.	Dez.
Kratzdistel *(Cirsium)*		❀❀	❀❀		❀❀	❀❀❀	❀❀❀	❀❀❀	❀❀❀	❀❀❀	❀❀❀	❀❀
Kugelamarant *(Gomphrena)*	❀❀	❀❀						❀❀	❀❀❀	❀❀❀	❀❀❀	❀❀❀
Kugeldistel *(Echinops)*								❀❀❀	❀❀❀	❀❀❀	❀❀❀	❀❀❀
Leberbalsam *(Ageratum)*		❀			❀			❀❀❀	❀❀❀	❀❀❀	❀❀❀	
Levkoje *(Matthiola incana)*	❀	❀	❀	❀	❀❀❀	❀❀❀	❀❀❀	❀❀❀	❀❀	❀❀	❀❀	❀
Lilie *(Lilium)*	❀❀❀	❀❀❀	❀❀❀	❀❀❀	❀❀❀	❀❀❀	❀❀❀	❀❀❀	❀❀❀	❀❀❀	❀❀❀	❀❀❀
Maiglöckchen *(Convallaria majalis)*	❀❀	❀❀	❀❀	❀❀	❀❀❀	❀❀❀	❀❀❀	❀❀❀	❀❀	❀❀	❀❀	❀❀
Margerite *(Chrysanthemum leucanthemum)*	❀❀❀	❀❀❀	❀❀❀	❀❀❀	❀❀❀	❀❀❀	❀❀❀	❀❀❀	❀❀❀	❀❀❀		❀❀❀
Melde *(Atriplex)*	❀❀	❀❀❀	❀❀❀	❀❀❀	❀❀❀	❀❀			❀❀	❀❀	❀❀	❀❀
Milchstern *(Ornithogalum arabicum)*	❀❀	❀❀	❀❀❀	❀❀❀	❀❀❀	❀❀❀	❀❀	❀❀	❀❀	❀❀	❀❀	❀❀❀
Milchstern, Chincherinchee *(Ornithogalum thyrsoides)*	❀❀❀	❀❀❀	❀❀❀	❀❀❀	❀❀❀	❀❀❀		❀❀❀	❀❀❀	❀❀❀		❀❀❀
Minze *(Mentha)*									❀❀❀	❀❀❀	❀❀❀	
Mohn *(Papaver)*								❀❀❀	❀❀❀	❀❀❀	❀❀❀	❀❀❀
Montbretie *(Crocosmia)*						❀❀❀	❀❀❀	❀❀❀				
Muschelblume *(Mollucella laevis)*	❀❀❀	❀❀❀	❀❀❀	❀❀❀	❀❀❀	❀❀❀	❀❀❀	❀❀❀	❀❀❀	❀❀❀	❀❀❀	❀❀❀
Nachtkerze *(Oenothera)*								❀❀❀				
Narzisse *(Narcissus)*		❀❀❀	❀❀❀	❀❀❀	❀❀❀	❀❀❀						
Nerine *(Nerine)*	❀❀❀	❀❀❀	❀❀❀	❀❀❀	❀❀❀	❀❀❀	❀❀❀	❀❀❀	❀❀❀	❀❀❀	❀❀❀	❀❀❀
Oncidium (Orchideenart)	❀❀❀	❀❀❀	❀❀❀	❀❀❀	❀❀❀	❀❀❀	❀❀❀	❀❀❀	❀❀❀	❀❀❀	❀❀❀	❀❀❀
Paradiesblume, Helikonie *(Heliconia)*	❀❀❀	❀❀❀	❀❀❀	❀❀❀	❀❀❀	❀❀❀	❀❀	❀❀	❀❀	❀❀	❀❀❀	❀❀❀
Pfingstrose *(Paeonia)*						❀❀❀	❀❀❀	❀❀❀				
Prachtlilie, Ruhmeskrone *(Gloriosa rothschildiana)*	❀❀❀	❀❀❀	❀❀	❀❀❀	❀❀❀	❀❀❀	❀❀❀	❀❀❀	❀❀❀	❀❀❀	❀❀❀	❀❀❀
Prachtscharte *(Liatris)*	❀❀❀	❀❀❀	❀❀❀	❀❀❀	❀❀❀	❀❀❀	❀❀❀	❀❀❀	❀❀❀	❀❀❀	❀❀❀	❀❀❀
Prachtspiere *(Astilbe)*					❀	❀	❀	❀❀❀	❀❀❀	❀❀❀	❀❀❀	❀❀❀
Protea *(Protea)*	❀❀❀	❀❀❀	❀❀❀			❀❀						❀❀❀
Ranunkel *(Ranunculus)*		❀❀	❀❀	❀❀❀	❀❀❀	❀❀❀	❀❀❀					
Rittersporn *(Delphinium)*	❀❀	❀❀	❀❀	❀❀	❀❀	❀❀❀	❀❀❀	❀❀❀	❀❀❀	❀❀❀	❀❀❀	❀❀
Ritterstern *(Hippeastrum)*	❀❀❀	❀❀❀	❀❀❀	❀❀❀	❀❀❀	❀❀❀	❀❀❀			❀❀❀	❀❀❀	❀❀❀
Rose *(Rosa)*	❀❀❀	❀❀❀	❀❀❀	❀❀❀	❀❀❀	❀❀❀	❀❀❀	❀❀❀	❀❀❀	❀❀❀	❀❀❀	❀❀❀
Schafgarbe *(Achillea)*			❀	❀	❀			❀❀❀	❀❀❀			
Schildblume *(Chelone obliqua)*					❀❀	❀❀			❀❀❀	❀❀❀	❀❀❀	
Schleierkraut *(Gypsophila)*	❀❀❀	❀❀❀	❀❀❀	❀❀❀	❀❀❀	❀❀❀	❀❀❀	❀❀❀	❀❀❀	❀❀❀	❀❀❀	❀❀❀
Schmetterlingsorchidee *(Phalaenopsis)*	❀❀❀	❀❀❀	❀❀❀	❀❀❀	❀❀❀	❀❀❀	❀❀❀	❀❀❀	❀❀❀	❀❀❀	❀❀❀	❀❀❀
Schmucklilie *(Agapanthus)*	❀	❀						❀❀❀	❀❀❀	❀	❀	❀
Schneeball *(Viburnum opulus sterile)*	❀❀	❀❀	❀❀❀	❀❀❀	❀❀❀	❀❀❀	❀❀	❀❀				
Schneebeere *(Symphoricarpos)*									❀❀❀	❀❀❀	❀❀❀	❀❀❀
Schwertlilie *(Iris)*	❀❀❀	❀❀❀	❀❀❀	❀❀❀	❀❀❀	❀❀❀	❀❀❀	❀❀❀	❀❀❀	❀❀❀	❀❀❀	❀❀❀
Seidenpflanze *(Asclepias)*	❀❀	❀❀❀	❀❀	❀❀	❀❀	❀❀❀	❀❀❀	❀❀❀	❀❀❀	❀❀❀	❀❀❀	❀❀❀
Seifenkraut *(Saponaria)*								❀❀❀	❀❀❀	❀❀❀	❀❀❀	
Skabiose *(Scabiosa)*								❀❀❀	❀❀❀	❀❀❀	❀❀❀	
Sommeraster *(Callistephus)*			❀	❀	❀				❀❀❀	❀❀❀	❀❀❀	❀❀❀
Sonnenblume *(Helianthus)*						❀❀❀	❀❀❀	❀❀❀	❀❀❀	❀❀❀	❀❀❀	❀❀
Sonnenbraut *(Helenium)*								❀❀❀	❀❀❀	❀❀❀	❀❀❀	❀❀❀
Spraynelke *(Dianthus)*	❀❀❀	❀❀❀	❀❀❀	❀❀❀	❀❀❀	❀❀❀	❀❀❀	❀❀❀	❀❀❀	❀❀❀	❀❀❀	❀❀❀
Steppenkerze *(Eremurus stenophyllus)*						❀❀❀	❀❀❀	❀❀❀	❀❀❀	❀	❀	
Sterndolde *(Astrantia)*								❀	❀	❀	❀	
Strandflieder *(Limonium)*	❀❀❀	❀❀❀	❀❀❀	❀❀❀	❀❀❀	❀❀❀	❀❀❀	❀❀❀	❀❀❀	❀❀❀	❀❀❀	❀❀❀
Strelitzie *(Strelitzia)*	❀❀❀	❀❀❀	❀❀❀	❀❀❀	❀❀❀	❀❀❀	❀❀❀	❀❀❀	❀❀❀	❀❀❀	❀❀❀	❀❀❀
Trachelie *(Trachelium)*	❀❀❀	❀❀❀	❀❀❀	❀❀❀	❀❀❀	❀❀❀	❀❀❀	❀❀❀	❀❀❀	❀❀❀	❀❀❀	❀❀❀
Traubenhyazinthe *(Muscari)*	❀❀	❀❀❀	❀❀❀	❀❀❀	❀❀❀	❀❀❀	❀❀					❀❀
Triteleia *(Triteleia)*						❀❀❀	❀❀❀	❀❀❀	❀❀❀	❀❀❀	❀❀❀	
Tulpe *(Tulipa)*	❀❀	❀❀	❀❀❀	❀❀❀	❀❀❀	❀❀❀	❀❀					❀❀
Wasserdost *(Eupatorium)*								❀❀❀	❀❀❀	❀❀❀	❀❀❀	
Wolfsmilch *(Euphorbia fulgens)*	❀❀❀	❀❀❀	❀❀❀							❀❀❀	❀❀❀	❀❀❀
Wucherblume *(Tanacetum)*	❀❀❀	❀❀❀	❀❀❀	❀❀❀	❀❀❀	❀❀❀	❀❀❀	❀❀❀	❀❀❀	❀❀❀	❀❀❀	❀❀❀
Zierkirsche *(Prunus)*	❀❀	❀❀❀	❀❀❀	❀❀❀	❀❀❀	❀❀						
Zierlauch *(Allium)*					❀			❀❀❀	❀❀❀			
Zimmerkalla, rot *(Zantedeschia rehmannii)*	❀❀❀	❀❀❀	❀❀❀	❀❀❀	❀❀❀	❀❀❀	❀❀❀	❀❀❀	❀❀❀	❀❀❀	❀❀❀	❀❀❀
Zimmerkalla, weiß *(Zantedeschia aethiopica)*	❀❀	❀❀	❀❀❀	❀❀❀	❀❀❀	❀❀❀	❀❀❀	❀❀❀	❀❀❀	❀❀❀	❀❀❀	❀❀
Zinnie *(Zinnia)*								❀❀❀	❀❀❀	❀❀		

Sonnenblume (Helianthus)

Orchideenblüten

Weiße Zimmerkalla
(Zantedeschia aethiopica)

TULPENARRANGEMENT

Pflanzen und Materialien

50 Tulpen ›Angelique‹
•
Gartenschere
•
Wasserdichtes Gefäß, z. B. ein kleiner Eimer
•
Korb

Dieses Arrangement ist in technischer Hinsicht relativ unstrukturiert, aber durch die Wiederholung der regelmäßigen Blütenformen entsteht der optische Eindruck einer formalen, von allen Seiten gleichmäßigen Kuppel.

Manchmal überzeugt ein Arrangement allein durch seine schlichte Schönheit. Dieser aufsehenerregende Blickfang basiert nur auf einer einzigen Blumensorte – Tulpen ›Angelique‹ –, deren üppige Fülle aus zartrosa Farbtönen alle Blicke auf sich zieht. Die Technik des Arrangierens ist besonders einfach.

1 Von jeder Tulpe die unteren Blätter abziehen, damit sie nicht im Wasser verfaulen. Den Eimer mit Wasser füllen, in den Korb stellen.

2 Die Tulpen auf die gewünschte Länge zuschneiden und ins Wasser stellen. Dabei das Arrangement von unten nach oben und zur Mitte hin kuppelartig aufbauen.

3 Nach und nach die Grundform mit weiteren Tulpen auffüllen, bis eine dichte und gleichmäßige Kuppelform entsteht. Das Arrangement sollte von allen Seiten gleich aussehen.

BLAUE UND WEISSE BIEDERMEIERSTRÄUSSCHEN

Diese kleinen, handgebundenen Sträußchen sind ein hübsches Geschenk und genauso – in einer entsprechenden Vase – für kleinere Tische geeignet. Die beiden abgebildeten Sträußchen enthalten eine Fülle zarter Pflanzen: das eine Herbstanemonen in Kombination mit Brombeeren, das andere Rittersporn mit Hagebutten.

1 Mit einer besonders schönen Blüte beginnen und diese mit weiteren Blüten und Blättern umgeben. Dabei das Sträußchen jeweils etwas drehen, um einen spiralförmigen Aufbau zu erzielen.

2 Sobald alle Blüten und Blätter aufgenommen sind und das Sträußchen fertig ist, die Bindestelle fest mit Schnur umwickeln. Auf die gleiche Weise das zweite Sträußchen fertigen.

3 Alle Stiele mit dem Messer gleichmäßig abschneiden und beide Biedermeiersträußchen mit einer hübschen Schleife verzieren.

Pflanzen und Materialien

Biedermeiersträusschen 1 (links im Bild)

Brombeerzweige
•
Weiße Herbstanemonen
•
1 Drachenlilie (Dracaena sanderiana)
•
Schnur
•
Seidenband
•
Gartenschere

Biedermeiersträusschen 2 (rechts im Bild)

4–5 Rittersporn ›Blue Butterfly‹
•
3 Hagebuttenzweige
•
5 kleine Blätter der Jungfernrebe
•
Schnur
•
Seidenband
•
Gartenschere

Die Sträußchen kommen mit einer Fülle von Blüten am schönsten zur Geltung. Allerdings muß man beim Binden der großen, jedoch sehr empfindlichen Blüten darauf achten, die Blütenblätter nicht zu knicken und die Stiele fest, aber vorsichtig mit Schnur zu umwickeln.

DUFTENDES FRÜHLINGSARRANGEMENT

Die in diesem Arrangement verwendeten Blumen wurden aufgrund ihres Dufts ausgewählt. Sie verströmen ein betörendes Parfum, das alle eines Besseren belehrt, die bisher behaupteten, daß handelsübliche Schnittblumen nicht den gleichen Wohlgeruch wie ihre im Garten gewachsenen Verwandten besäßen. Das Arrangement kommt am besten im Flur oder Wohnzimmer zur Geltung.

Die Konturen des Arrangements wurden mit Geflecktem Liguster, wächsernen Tuberosen und zarten Levkojen festgelegt. Diese Pflanzen bilden den gelben und cremefarbenen Hintergrund für den optischen Mittelpunkt des Gestecks, die gefüllten hellgelben Freesien, während das zartgrüne, fedrige Blattwerk und die pudergelben Blüten der Mimosen das Ganze abrunden.

Pflanzen und Materialien

1 Block Steckmasse
•
Stabile Folie
•
Holzkorb
•
Gartenschere
•
20 Zweige Gefleckter Liguster
•
10 Tuberosen
•
10 cremefarbene Levkojen
•
20 gefüllte Freesien
•
20 Mimosenzweige

Mimosen besitzen einen stabilen Haupttrieb mit zarten, biegsamen Seitenzweigen, die jedoch abgeschnitten und einzeln in die Steckmasse gesteckt werden können.

1 Den mit Wasser vollgesogenen Steckmasseblock fest in den mit Folie ausgelegten Holzkorb drücken und die überstehende Folie abschneiden. Falls das fertige Arrangement transportiert wird, empfiehlt es sich, die Steckmasse mit Floristenklebeband im Korb zu befestigen.

2 Von dem Liguster sämtliche unteren Blätter entfernen und mit den Zweigen die Konturen des Gestecks festlegen. Die schlanken Ligusterzweige eignen sich hervorragend für derartige Arrangements, da sie kleine, saubere Löcher in die Steckmasse bohren.

3 Die Konturen des Gestecks mit Tuberosen und Levkojen zusätzlich unterstreichen, angeordnet in zwei entgegengesetzten Diagonalen.

4 Die Freesien über das Arrangement verteilen, wobei noch geschlossene Blüten an den Rand, bereits geöffnete in die Mitte gesteckt werden. Anschließend die Seitenzweige der Mimosen abbrechen und das Gesteck mit den unterschiedlich langen Trieben, die das Ganze optisch zusammenhalten, verzieren.

HYAZINTHENZWIEBELN IN DER VASE

Pflanzen und Materialien

3 Vasen für Zwiebelgewächse
•
2 Marmeladengläser
•
4 dünne, kräftige Zweige
•
Naturbast
•
Gartenschere
•
5 Hyazinthenzwiebeln

Für Zwiebelgewächse gibt es spezielle Vasen, von denen vor allem die altmodischen Exemplare sehr attraktiv sein können – suchen Sie einfach bei Ihrem Trödler oder Antiquitätenhändler danach. Andererseits läßt sich auch mit einem einfachen Marmeladenglas, bei dem die Zwiebel auf einem Gitter aus Zweigen ruht, ein ähnliches Ergebnis erzielen. Das hier gezeigte Arrangement besteht aus einer Kombination beider Gefäßarten – die für die optische Wirkung des Arrangements übrigens ebenso wichtig sind wie die Blumen selbst.

Zwiebelgewächse können sowohl im Wasser als auch in Blumenerde gezogen werden. Bei Anwendung der hier beschriebenen Methode und einer langfristigen Planung erhält die altbekannte Hyazinthe völlig neuen Reiz.

1 Vasen für Zwiebelgewächse einfach mit Wasser füllen. Die Zwiebeln in die Vase stellen, so daß sich deren Wurzelbereich im Wasser befindet. Ab und zu Wasser nachfüllen, wobei die Wurzeln nicht beschädigt werden dürfen. Ansonsten müssen Sie nur darauf warten, daß die Hyazinthenzwiebeln Wurzeln schlagen, wachsen und blühen!

2 Marmeladengläser benötigen ein Gitter, das oben auf das Glas gelegt wird. Dazu dünne, aber kräftige Zweige mit Bast zu einem Gitter zusammenbinden. Auf das Glas legen, überstehende Zweigenden und Bast abschneiden. Die Zwiebel so darauflegen, daß sich der Wurzelbereich im Wasser befindet.

FRÜHLINGSDEKOR FÜR SERVIETTEN

Die raffinierte weiß-goldene Farbkombination dieses eleganten und grazilen Serviettendekors eignet sich hervorragend für ein festliches Abendessen oder einen besonderen Anlaß, wie etwa eine Hochzeit.

Neben ihrem zarten Duft harmonieren die winzigen Maiglöckchenblüten auch optisch mit dem strahlenden Weiß der Alpenveilchen.

1 Die Serviette zu einem Rechteck falten und zusammenrollen. Eine Efeuranke um die Mitte der Serviette wickeln und die Rankenenden fest zusammenknoten.

2 4–5 Maiglöckchen-, 3 Alpenveilchenstiele und 3 Alpenveilchenblätter aufnehmen. Die Stiele in der Hand spiralförmig drehen; dabei ein Alpenveilchenblatt als Stütze hinter die Maiglöckchenblüten legen und die anderen beiden Blätter als Hintergrund der Alpenveilchen verwenden, so daß ein optischer Mittelpunkt entsteht. An der Bindestelle mit Goldkordel zusammenbinden. Mit der flachen Rückseite auf Serviette und Efeu legen, eine weitere Goldkordel um die Serviette binden und die Enden der Kordel auf den Stielen zu einer Schleife knoten.

Pflanzen und Materialien

Servietten
•
Kleinblättrige Efeuranken
•
Gartenschere
•
1 Topf Maiglöckchen
•
1 Topf kleine Alpenveilchen
(Cyclamen persicum)
•
Goldkordel

Aufgrund ihrer schlanken Stiele können beide Pflanzen zu einer Garbe zusammengebunden werden. Ihre nach außen gebogenen Stiele spiegeln die Konturen der Blütenformen wider.

KRANZ AUS FRISCHEN KRÄUTERN

In vielen Teilen Europas gilt ein Kräuterkranz in der Küche oder an der Haustür als Willkommensgruß und Symbol für Reichtum und Glück. Dieser Kranz wird zwei bis drei Wochen frisch bleiben, da die Kräuterstiele im Wasser stehen; sein attraktives Äußeres bleibt auch im getrockneten Zustand noch einige Zeit erhalten.

Pflanzen und Materialien

Kranz aus Steckmasse, Durchmesser 30 cm
•
Gartenschere
•
2 Bund Lorbeerblätter
•
2 Bund Rosmarin
•
Steckdraht (1,4 mm)
•
6 große Knoblauchknollen
•
6 oder 7 Rote Bete
•
40 Zweige blühender Majoran
•
40 Zweige blühende Minze

Ein Kräuterkranz kann nicht nur dekorativ, sondern auch sehr nützlich sein: Die Kräuter lassen sich aus dem Kranz pflücken und in der Küche verwenden, ohne daß das Arrangement allzusehr darunter leidet.

1 Den Kranz aus Steckmasse mit kaltem Wasser vollsaugen lassen. Mit Lorbeerblättern und Rosmarinzweigen den Hintergrund bilden und die Konturen des Arrangements festlegen. Das Pflanzenmaterial möglichst gleichmäßig innen und außen sowie auf der Oberseite über den Kranz verteilen.

2 Knoblauchknollen und Rote Bete andrahten; dabei je zwei Steckdrähte kreuzweise horizontal durch den Knollenboden schieben, die herausstehenden Drahtenden nach unten umbiegen und passend zur Dicke des Kranzes abschneiden. Die richtige Position für das Gemüse suchen und die Drähte fest in die Steckmasse stecken.

3 Die Lücken des Kranzes auffüllen, wobei der Majoran rund um die Rote Bete und die Minze um den Knoblauch plaziert werden sollte.

FRÜHLINGSBLÜTEN IN EINER URNENVASE

PFLANZEN UND MATERIALIEN

Urnenvase
•
Stabile Folie
•
1 Block Steckmasse
•
Gartenschere
•
Steckdraht (1,2 mm)
•
Rentierflechte
•
15 Zweige Weidenkätzchen
•
10 Zweige weißer Flieder
•
15 Zweige rosa Kirschblüten

Das leuchtende, frische Pflanzenmaterial, das fröhlich aus der kalten, harten Metallurne herauszuspringen scheint, symbolisiert die Frühlingsblüte, die aus der winterlichen Erde hervorsprießt.

Das plötzliche Erwachen der Pflanzenwelt kommt in diesem Arrangement besonders schön zum Ausdruck. Die dichtbesetzten Blütenrispen des weißen Flieders bilden den optischen Mittelpunkt dieses Gestecks. Sie stehen in reizvollem Kontrast zu den dunkelbraunen Zweigen von Kirsche und Weide, deren strenges Erscheinungsbild durch das Rosa der Kirschblüten und die samtigen silberfarbenen Weidenkätzchen, die hübsch mit dem weißen Flieder harmonieren, aufgelockert wird.

1 Die Urnenvase mit Folie auslegen und den mit Wasser vollgesogenen Steckmasseblock fest hineinpressen; die überstehende Folie abschneiden.

2 Den Steckdraht haarnadelförmig umbiegen und die Rentierflechte damit entlang dem Vasenrand in der Steckmasse feststecken. Sie soll rundum bedeckt sein.

3 Die Weidenzweige so in der Urnenvase arrangieren, daß sie in Höhe und Breite einen symmetrischen Umriß ergeben; dabei die Zweige möglichst fest in die Steckmasse stecken.

4 Den Flieder zwischen den Weidenkätzchen verteilen. Darauf achten, wie die Fliederblüten von ihren Zweigen herabhängen, und versuchen, deren natürlichen Wuchs in diesem Arrangement wiederzugeben. Sie werden feststellen, daß die Zweige dazu nicht allzu schräg gesteckt werden müssen.

5 Die rosa Kirschblüten in dem Arrangement verteilen, um dessen Gesamtform auszufüllen und um die schlanken Weidenzweige mit den großen Blütenrispen des Flieders harmonisch zu verbinden.

HYAZINTHENZWIEBELN IN EINER SCHALE

Bei dieser neuartigen Idee zur Anzucht von Hyazinthen werden die Zwiebeln nicht in »Töpfe«, sondern in organische Gefäße eingesetzt, die ihrerseits einen wichtigen Bestandteil des Entwurfs bilden. Dieses attraktive Arrangement ist über viele Wochen haltbar.

PFLANZEN UND MATERIALIEN

8 knospende Hyazinthenzwiebeln
•
24 Herbstblätter
•
Naturbast
•
Gartenschere
•
Glasschale

Die Wurzeln der Hyazinthenzwiebeln werden zusammen mit der Blumenerde einfach in Blätter gewickelt und dann als Gruppe in eine mit Wasser gefüllte Schale gestellt. Im Laufe der Zeit nehmen sie das Wasser auf, und aus den hübschen grünen Trieben wachsen herrliche Hyazinthenblüten.

1 Die Zwiebeln vorsichtig aus dem Topf heben, dabei die Blumenerde fest an den Wurzeln belassen. Ein Herbstblatt unter Zwiebel und Blumenerde legen und mit zwei weiteren Blättern die Seiten der Zwiebel umwickeln. Der obere Teil der Zwiebel bleibt – wie in einem Blumentopf – frei.

2 Die Blätter mit Bast umwickeln und mit einer Schleife fixieren. Die umwickelten Hyazinthen als Gruppe in eine Glasschale stellen und diese etwa 5 cm hoch mit Wasser füllen. Wenn Sie regelmäßig Wasser nachfüllen, werden die Hyazinthen wachsen und nach einiger Zeit blühen.

SERVIETTENKNOTEN

Diese wunderschöne, leicht herzustellende Alternative zu einem Serviettenring ist eine Augenweide auf jeder Festtafel. Das kleine Arrangement kann den verschiedensten Anlässen entsprechend angepaßt werden.

1 Einen biegsamen Rosmarinzweig von passender Länge ein- oder zweimal um die zusammengerollte Serviette wickeln und fest zusammenbinden.

2 Die Duftpelargonienblätter und die Minzeblüten hinzufügen, indem deren Stiele vorsichtig durch den verknoteten Rosmarinzweig geschoben werden.

Pflanzen und Materialien

Serviette

•

Gartenschere

•

Langer, dünner, biegsamer Rosmarinzweig

•

3 Blätter Duftpelargonie

•

2 oder 3 Minze-Blütenstände

Grundsätzlich können Sie jede einigermaßen robuste Rankpflanze zum Zusammenbinden der Serviette verwenden. Anschließend kreieren Sie mit Blättern, Beeren oder Blüten (je nach Wunsch) den optischen Mittelpunkt. Falls Sie Ihr Pflanzenmaterial fixieren müssen, drahten Sie Blütenköpfe und Blätter an, bevor Sie sie am Arrangement befestigen.

TULPENPOMANDER

In der elisabethanischen Zeit trug man mit Kräutern oder duftenden Blüten gefüllte Pomander, um damit die Luft zu parfümieren. Heute gilt ein Pomander eher als Schmuck für Brautjungfern – eine bezaubernde Alternative zum herkömmlichen Sträußchen.

Pflanzen und Materialien

1 Kugel aus Steckmasse

•

Seidenband

•

Gartenschere

•

20 gefüllte Tulpen ›Appleblossom‹

•

1 Bund Myrte

•

Steckdraht (1,2 mm)

•

Rentierflechte, etwa eine Handvoll

Der hier vorgestellte Pomander verströmt keine aufregenden exotischen Düfte, sondern erfreut das Auge mit einer Vielfalt von Strukturen, die von den spitz zulaufenden inneren Blütenblättern der gefüllten Tulpen über die perlenförmigen schwarzen Myrtenbeeren bis zum weichen Grau der Rentierflechte reichen und in einem attraktiven Kontrast zum glatten Seidenband stehen.

1 Die Steckmassekugel mit Wasser vollsaugen lassen. Das Seidenband um die Kugel binden: oben beginnen, an der Unterseite kreuzen und oben zusammenknoten, so daß die Kugel in vier gleiche Teile unterteilt wird. Es sollten ausreichend lange Enden verbleiben, um daraus eine Schleife binden zu können.

2 Die Tulpenstiele etwa 2,5 cm unterhalb der Blüte abschneiden und senkrecht untereinander in die einzelnen Steckmasseviertel stecken. Dabei die Blütenköpfe vorsichtig festhalten, damit sie nicht abbrechen.

3 Kleine Myrtenzweige in vertikalen Linien rechts und links dicht neben den Tulpen in die Steckmasse schieben. Die fertigen Reihen sollten sehr kompakt wirken.

4 Den Steckdraht haarnadelförmig umbiegen und damit die Rentierflechte überall dort auf der Kugel feststecken, wo noch Steckmasse sichtbar ist.

AMARYLLISGESTECK

PFLANZEN UND MATERIALIEN

Blumenigel

•

Flache Schale

•

Gartenschere

•

5 Stiele Amaryllis

•

6 Blätter Phormium cookiannum variegatum

•

Glasmurmeln

Die Amaryllis hat einen optisch sehr auffälligen, hohlen Stiel, der groß und fleischig wirkt und schwere Blütenköpfe trägt. Eine solche Blume läßt sich nur mit sehr großen Mengen Steckmasse abstützen, die darüber hinaus noch mit Maschendraht verstärkt sein müßten, um den Blütenstiel aufrecht zu halten. Ein Blumenigel gibt der Amaryllis den nötigen Halt, da man die fleischigen Stengel fest auf die Metallstifte drücken kann. Außerdem ist er schwer genug, um das Gewicht der Blüten auszugleichen.

Bei diesem Arrangement wurden die Blüten vertikal staffelartig angeordnet. Die großen Blüten der Amaryllis eignen sich besonders dafür; sie wurden hier mit den spitz zulaufenden Blättern des *Phormium cookiannum variegatum* kombiniert.

1 Den Blumenigel in die Mitte der Schale legen und völlig mit Wasser bedecken. Die Amaryllisstiele in solcher Länge auf die Metallstifte drücken, daß sie eine gestaffelte vertikale Linie bilden. Dabei die noch geschlossenen Blüten auf langen Stielen mehr im Hintergrund und die geöffneten Blüten auf kurzen Stielen im Vordergrund plazieren. (Die übrigen Blüten sollten auf kurzen Stielen am Fuß des Gestecks auf die Metallstifte gedrückt werden.)

2 Die *Phormium*-Blätter in einer Diagonalen durch die vertikale Linie der Blüten stecken; dabei die größten Blätter im Hintergrund, die kleinsten vorn plazieren.

3 Zum Schluß das Gesteck in seine endgültige Position drehen. Glasmurmeln in die Schale füllen und damit den Blumenigel verstecken.

DUFTSTRÄUSSCHEN

Diese kleinen Arrangements, die sehr beliebt waren, um unliebsame Gerüche zu verdrängen, ergeben bezaubernde Dekorationen und wunderhübsche Geschenke. Die hier aufgeführten Anleitungen gelten für das Sträußchen rechts im großen Bild.

1 Die Stiele aller Pflanzen auf eine für das Sträußchen passende Länge abschneiden; dabei alle Blätter und Dornen entfernen. Die zentrale Blüte in die Hand nehmen und einzelne Stiele einer Kräuterart hinzufügen; dabei den entstehenden Strauß langsam drehen. Erst wenn ein Kreis aus einer Kräuterart vollendet ist, mit einer anderen Art beginnen. Zum Schluß den Strauß mit Duftpelargonienblättern umgeben.

2 Den fertigen Strauß mit Schnur zusammenbinden, die Stielenden auf eine Länge kürzen, die Bindestelle mit einer Bastschleife verzieren.

Pflanzen und Materialien

1 Schnittlauchblüte
•
Blühende Minze
•
Rosmarin
•
Fenchel
•
Duftpelargonienblätter
•
Schnur
•
Gartenschere
•
Naturbast

Diese winzigen Sträußchen bestehen aus Kräutern, die in geschlossenen Kreisen rund um eine zentrale Blüte angeordnet sind. Sie verströmen eine wunderbare Duftmischung und können sowohl für kulinarische als auch für dekorative Zwecke verwendet werden. Wahlweise lassen sich solche Sträußchen auch trocknen für einen dauerhaften attraktiven Blickfang.

FRUCHT- UND BLUMENRANKE

Pflanzen und Materialien

Steckdraht (1,6 mm)

•

4 Limonen

•

9 Zitronen

•

4 ganze blaue Trauben

•

4 Bund Sonnenbraut (Helenium)

•

1 Büschel Freilandefeu

•

Gartenschere

•

Strohzopf, etwa 60 cm lang

•

Naturbast

•

1 Bund Efeuranken

Wenn das Pflanzenmaterial angedrahtet ist, läßt sich die Ranke sehr einfach anfertigen. Denken Sie daran, daß die blauen Trauben und die Schnittblumen in diesem Gesteck regelmäßig mit Wasser besprüht werden müssen. Zitronen und Limonen überdauern problemlos.

Farben und Inhalt dieser dekorativen Ranke werden jeden Raum erhellen. Dank ihrer optischen Frische eignet sie sich besonders für eine Küche. Da sie aber auf einer langen, flexiblen Steckunterlage entstand, könnte sie ebenso als Girlande einen Kaminsims oder – in verlängerter Form – ein Treppengeländer schmücken.

1 Zunächst alle Früchte andrahten: Dazu einen Steckdraht horizontal durch den Boden der Limonen schieben, die beiden gleich langen, überstehenden Enden nach unten umbiegen und zusammendrehen. Falls die Zitronen schwerer sind als die Limonen, einen zweiten Steckdraht im rechten Winkel zum ersten horizontal durch den Boden schieben, die vier gleich langen, überstehenden Enden nach unten biegen und zusammendrehen.

2 Von den Trauben kleinere Beerenabschnitte zu Büscheln zusammenfassen und mit Steckdraht gabeln. Aus Sonnenbraut und Efeu insgesamt zwölf kleine Büschel ebenfalls mit Steckdraht gabeln.

3 Am unteren Ende des Strohzopfes drei angedrahtete Zitronen mit Bast festbinden, danach – immer abwechselnd – ein Büschel Blumen und Blätter, eine Limone, Trauben und ein weiteres Büschel Blumen und Blätter.

4 Auf diese Weise alles Pflanzenmaterial mit Bast am Zopf befestigen, bis das obere Ende fast erreicht ist. Das Zopfende fest mit Bast umwickeln.

5 Aus dem Bast eine Schleife binden und am oberen Ende der Ranke befestigen; sämtliche überstehenden Drahtenden abschneiden. Die Efeuranken um die Schleife winden.

ROSA FLAMMENBLUMEN IN EINEM KRUG

PFLANZEN UND MATERIALIEN

Gartenschere

•

15 rosa Flammenblumen ›Bright Eyes‹

•

Krug

•

5 Ranken Jungfernrebe, in Herbstfarben

Dieses einfach herzustellende Krugarrangement aus Blumen und Blattwerk ergibt eine wahre Explosion von Farbe und Duft.

Die farbenprächtige Kombination aus einer Vielzahl rosafarbener Flammenblumen und dem leuchtenden Rot der Jungfernrebe verleiht diesem leicht anzufertigenden, aber sehr wirkungsvollen Arrangement seine beeindruckende visuelle Anziehungskraft.

1 Die Stiele der Flammenblumen passend zur Höhe des Krugs abschneiden. Die Stiele gleichmäßig im Krug verteilen, dabei die größeren auf der Rückseite plazieren.

2 Die angeschnittenen Enden der Jungfernrebe tief ins Wasser in den Krug schieben und dabei gleichmäßig zwischen den Flammenblumen verteilen.

KERZENKRANZ

Dieser hübsche Kerzenkranz entstand auf einem kleinen Ring aus Steckmasse. Mit seiner berauschenden Duftkombination aus Fenchel, Rosmarin, Duftpelargonie, Ysop und Veilchen ist er der perfekte Blumenschmuck für ein intimes Abendessen.

1 Den Steckmassenring in kaltem Wasser vollsaugen lassen und über den Kerzenhalter legen. Zunächst Rosmarin und Pelargonienblätter gleichmäßig in den Ring verteilen und damit die Konturen festlegen; dabei die Blätter in unterschiedlichen Winkeln anordnen, um eine üppige Fülle zu erzeugen.

2 Die Lücken gleichmäßig mit Fenchel und Ysop füllen; zum Schluß als Farbtupfer einige Veilchen hinzufügen.

Pflanzen und Materialien

Ring aus Steckmasse, Durchmesser 15 cm

•

Kerzenhalter

•

Gartenschere

•

Kleine Mengen Rosmarin, Duftpelargonienblätter, Fenchel, Ysop und Wohlriechendes Veilchen

Der Blütenkranz wird einfach über den Kerzenhalter gelegt und ergibt eine schlichte, aber eindrucksvolle Dekoration. Allerdings darf man die Kerze nie unbeobachtet und höchstens bis auf eine Länge von etwa 5 cm oberhalb des Gestecks (bei kleineren Kerzenhaltern als in der Abbildung) herabbrennen lassen.

EXOTISCHES BLUMENARRANGEMENT

Pflanzen und Materialien

Großes Goldfischglas

•

Gartenschere

•

5 Zweige Korkenzieherweide (Salix matsudana >*Tortuosa*<)

•

5 Ingwerblüten

•

10 Lotus-Samenkapseln

•

7 Hahnenkammblüten

•

2 rosa Ananas

•

10 Prachtlilien

•

5 Fischschwanzpalmwedel

•

5 Flamingoblumen

•

7 Blätter Neuseeländer Flachs (Phormium tenax >*Bronze Baby*<)

•

6 kleine Büschel Bärengras (Xerophyllum tenax)

•

6 Ranken der Passionsblume

Die meisten Blumen und Blätter in diesem Arrangement können anschließend auch getrocknet werden.

Die augenscheinliche Zartheit einiger Blüten in diesem aufsehenerregenden Arrangement wird durch ihre robuste Natur Lügen gestraft. Im Handel erhältliche exotische Schnittblumen sehen nicht nur großartig aus, sie besitzen auch eine lange Lebensdauer.

1 Das Goldfischglas zu drei Vierteln mit kaltem Wasser füllen. Die gedrehten Weidenzweige so zuschneiden, daß sie etwa die dreifache Höhe des Gefäßes erreichen und die Konturen des Arrangements festlegen.

2 Ingwerblüten und Lotus-Samenkapseln so anordnen, daß das größte Exemplar etwas kürzer als die Weidenzweige ist und im Hintergrund steht; die restlichen Stiele in abnehmender Größe nach vorn und zu den Seiten arrangieren.

3 Die Hahnenkammblüten auf die gleiche Weise wie Ingwer und Lotus verteilen. Die beiden rosa Ananas tief in die Mitte des Gestecks schieben, wobei ein Exemplar höher erscheinen sollte als das andere.

4 Die Prachtlilien vorn und an den Seiten in das Gefäß stecken, so daß sie ganz natürlich über den Rand hängen. Die Flamingoblumen – der optische Mittelpunkt des Gestecks – so in dem Arrangement verteilen, daß die längste Blüte im Hintergrund und die kürzeren im Vordergrund stehen.

5 Ausnahmsweise wird das Blattwerk zuletzt eingesetzt: Die einzelnen exotischen Blätter und die Büschel Bärengras über das Gesteck verteilen. Die Schnittenden der Passionsblumenranken im Hintergrund des Arrangements verstecken und die Ranken um das Gefäß herum drapieren.

ORCHIDEENSTRÄUSSCHEN

Orchideen wachsen in einer unendlichen Vielfalt von Formen und Farben – von zierlichen Blütenzweigen bis hin zu großen, fleischigen Varietäten. Ihr exotisches Aussehen ist problemlos in der Lage, die etwas zarteren Blumen eines Arrangements optisch in den Hintergrund zu drängen. Orchideen kommen als Einzelpflanze oder in Kombination mit vergleichbaren Varietäten und ausgewählten Blattpflanzen am besten zur Geltung.

Pflanzen und Materialien

6 orangefarbene Orchideen, braun gefleckt
•
6 gefleckte rosa Orchideen
•
Bärengras
•
Gartenschere
•
Schnur

Dieses Sträußchen wird in der Hand spiralförmig gebunden und enthält nur zwei Orchideenvarietäten sowie einige Halme Bärengras. Die kräftigen Stiele der Orchideen eignen sich ideal für die spiralförmige Bindetechnik, bei der der fertige Strauß ohne jede Stützhilfe aufrecht steht und seine Form auch beibehält. Das Bärengras verleiht dem Design zusätzlich einen Hauch von Eleganz, da es die kräftigen Konturen der fleischigen Blüten ein wenig abmildert.

1 Eine Orchidee als zentrale Blume in die Hand nehmen und spiralförmig weitere Blütenstiele und Grashalme hinzufügen – das Bärengras in kleinen Büscheln, um das Binden zu erleichtern.

2 Weitere Stiele und Grasbüschel hinzufügen, dabei den Strauß langsam in der Hand drehen, bis das Arrangement fertiggestellt ist. Die Stengel auf gleiche Länge abschneiden.

3 Den Strauß an der Bindestelle – an der sich alle Stengel kreuzen – mit Schnur zusammenbinden. Zum Schluß die Bindestelle mit Bärengras umwickeln, um die Schnur zu verdecken.

EXOTISCHES VASENARRANGEMENT

Eine Auswahl kleiner, farbenfroher Vasen bildet den Ausgangspunkt. Für jedes Gefäß wurde nur eine Pflanzenart verwendet. Manchmal genügt ein einziges Exemplar, während in anderen Behältern eine Ansammlung von Blüten farbliche und strukturelle Akzente setzt – ein einfaches, aber sehr eindrucksvolles Arrangement, bei dem die Auswahl der Gefäße eine ebenso große Rolle spielt wie das verwendete Pflanzenmaterial.

1 Form, Größe, Farbe und Oberflächenstruktur des Pflanzenmaterials und der Gefäße eingehend betrachten und festlegen, welche Blume sich für welches Gefäß eignet. Ebenfalls entscheiden, ob eine Einzelblüte oder ein Gruppenarrangement in dem Gefäß stehen soll.

2 Die Länge der Blütenstiele auf das Gefäß abstimmen. Die Flamingoblume eignet sich als Einzelblüte, die rosa Ananas wird mit Weide und exotischen Blättern kombiniert. Hahnenkammblüten, Orchideen, Prachtlilien und *Valotta speciosa* wirken zu mehreren attraktiver.

Pflanzen und Materialien

1 Flamingoblume

1 rosa Ananas

Korkenzieherweide (Salix matsudana *>Tortuosa<*)

3 exotische Blätter

3 Hahnenkammblüten

3 Orchideenblüten

4 Prachtlilien

10 Valotta speciosa

6 kleine Keramikgefäße in verschiedenen Farben

Gartenschere

Viele Blüten mit kurzen Stielen eignen sich nicht für große Gestecke. Dabei kann es sich um Blumen handeln, die aus einem verwelkenden Arrangement gerettet wurden, zurückgeschnitten werden mußten oder einfach abgebrochen sind. Solche Exemplare können dennoch sehr wirkungsvoll verwendet werden.

ARRANGEMENT AUS BLATTPFLANZEN

Pflanzen und Materialien

2 Blöcke Steckmasse

•

Flache Schale, von ausreichender Größe für die Steckmasse

•

Floristenklebeband

•

Gartenschere

•

Steckdraht (1,2 mm)

•

Polstermoos

•

5 Zweige Grevillie

•

10 Zweige Zimmerhopfen (Beloperone guttata)

•

10 Schwertfarnwedel

•

10 Zweige Klebsame

•

5 Zweige Zwergmispel

Sie sollten sich nicht nur auf grünes Blattwerk beschränken, sondern auch an das leuchtende Gelb der Ölweide, das Silbergrau des Kreuzkrauts oder an die außergewöhnliche Pracht herbstlich gefärbter Beeren und Blätter denken – sie alle kommen in einem solchen Arrangement äußerst reizvoll zur Geltung.

Wenn in Ihrem Garten nur wenige Blumen wachsen, Ihr Budget begrenzt ist oder Sie einfach eine Abwechslung wollen, dann stellt ein Arrangement aus verschiedenen Blattpflanzen sowohl eine Herausforderung als auch eine lohnenswerte Aufgabe dar. Zu jeder Jahreszeit lassen sich problemlos drei oder vier Pflanzenvarietäten für Ihr Arrangement finden – vom einfachen Liguster bis hin zu exotischen Sträuchern können Sie alle Blattpflanzen zu einem eindrucksvollen Gesteck kombinieren.

1 Die Steckmasse vollsaugen lassen und mit Floristenklebeband in der Schale fixieren.

2 Steckdraht haarnadelförmig umbiegen und damit kleine Moospolster um den Rand der Schale feststecken; dafür den Draht durch das Moos in die Steckmasse schieben. So wird die Steckmasse am Rand der Schale verdeckt.

3 Den größten Grevillienzweig an einer Seite arrangieren, um die Maximalhöhe festzulegen. Die restlichen Zweige diagonal in nach vorn abnehmender Größe in die Steckmasse stecken. Den Zimmerhopfen in einer gegenläufigen Diagonale auf die gleiche Weise arrangieren und diese Linie zusätzlich mit Schwertfarn betonen. Der Zimmerhopfen sollte kürzer sein als die Grevillienzweige.

4 Die Linie der Grevillienzweige mit dem breitblättrigen Klebsamen verstärken; zum Schluß die Zwergmispel gleichmäßig in dem Arrangement verteilen.

GERBERA-ARRANGEMENT IN FLASCHEN

Der Effekt eines Blumenarrangements hängt nicht zwingend von dessen Komplexität ab – es gibt genügend Floristen, für die Schlichtheit ein gelungenes Design ausmacht.

Die Blüten der Gerbera sind in einer großen Auswahl leuchtender Farben erhältlich. Aufgrund ihrer ausdrucksvollen graphischen Form eignet sich die Gerbera perfekt für schlichte, kraftvolle Designs wie das hier vorgestellte Arrangement, bei dem Einzelblüten in verschiedenen Gefäßen zu einer Gruppe zusammengestellt wurden. Die Wirkung wird verstärkt durch das in verschiedenen Lebensmittelfarben eingefärbte Blumenwasser.

Pflanzen und Materialien

Rote und gelbe Lebensmittelfarbe

•

Krug zum Mischen der Lebensmittelfarben

•

6 Flaschen oder hohe, schlanke Vasen

•

12 Gerbera in verschiedenen Farben

•

Gartenschere

Gerbera besitzen weiche, biegsame Stiele, die von Natur aus leicht gekrümmt sind. Um die Stiele gerade und aufrecht zu halten, muß man sie zu drei Vierteln ihrer Länge in Papier einwickeln und für etwa zwei Stunden tief in kaltes Wasser stellen.

1 Rote und gelbe Lebensmittelfarbe separat ins Wasser geben und gründlich miteinander vermischen; in die Flaschen oder Vasen füllen. Ein besonderer Eindruck wird erzielt durch die Verwendung verschiedener Flaschenformen und -größen sowie durch unterschiedlich stark gefärbtes Blumenwasser in jedem Gefäß. Die Lebensmittelfarbe schadet den Blüten nicht.

2 Die Stiele der Gerbera in der gewünschten Länge schräg anschneiden. Die Gerbera einzeln, zu zweit oder zu dritt in die Flaschen verteilen, je nach Größe und Durchmesser des Flaschenhalses. Die Gefäße zu einer attraktiven Gruppe zusammenstellen und beliebig mit anderen farbenfrohen Requisiten (Kerzen, Servietten) kombinieren.

TISCHDEKORATION MIT TOPFPFLANZEN

Mit Topfpflanzen ist es möglich, die zeitaufwendige Vorbereitung zu umgehen, die einen wichtigen Bestandteil des Arrangierens ausmacht. Eine Tischdekoration muß nicht notwendigerweise aus einem traditionellen Schnittblumenarrangement bestehen – in diesem Beispiel wurde statt dessen eine interessante Auswahl kontrastierender kleiner Pflanzen verschiedener Höhen verwendet, denen die alten Terrakottatöpfe in unterschiedlichen Größen zusätzliche Vielfalt und Schönheit verleihen.

Um dem Arrangement einen optischen Zusammenhang zu verleihen, wurden farbige Kerzen und Teelichter auf eine Unterlage aus Blättern zwischen die Töpfe gestellt. Die Blätter wirken nicht nur dekorativ, sondern fangen auch das tropfende Wachs auf.

Pflanzen und Materialien

2 Gewöhnliche Stiefmütterchen
•
2 Zierkohlköpfe
•
1 Usambaraveilchen
•
1 Alpenveilchen
•
6 kleine Terrakottatöpfe in verschiedenen Größen
•
Polstermoos
•
Kerzen
•
Große Blätter

1 Die Pflanzen in die Terrakottatöpfe umpflanzen und sorgfältig gießen. Die Blumenerde mit frischem, feuchtem Polstermoos bedecken. Auf einen guten Abfluß in den Tontöpfen achten (dazu Tonscherben über die Löcher im Topfboden legen). Die Blumentöpfe zu einer Gruppe arrangieren und Kerzen auf Blättern in die Lücken stellen. Die Blätter sollten so groß sein, daß sie unter den Teelichtern hervorragen und das tropfende Wachs auffangen.

Das Arrangement kann der Größe des Tisches beliebig angepaßt werden, und die Pflanzen lassen sich nach dem Fest als ganz normale Zimmerpflanzen weiterverwenden.
Die Kerzen nie unbeobachtet und höchstens bis auf eine Länge von etwa 5 cm herabbrennen lassen.

ROSEN-KÜRBIS-GESTECK

Pflanzen und Materialien

1 Block Steckmasse

Messer

Vogeltränke aus Marmor oder ähnliches Gefäß

Floristenklebeband

Gartenschere

10 Zweige Johanniskraut

5 kleine Zierkürbisse

Steckdraht (1,6 mm)

10 Stiele aprikosenfarbene Strauchrosen

Die besondere Harmonie dieses Arrangements ergibt sich aus der Verwendung einer einheitlichen Farbe. Wer eine andere Farbstellung wählen möchte, sollte auf einen ausreichenden Kontrast achten, den hier das Johanniskraut liefert.

Die schlichte Schönheit dieses Arrangements beruht auf der Tatsache, daß hier nur eine Blumen- und eine Blattpflanzenart verwendet wurden. Die zusätzlich hinzugefügten kleinen Kürbisse verleihen der hübschen Kombination von Strauchrosen und blühendem Johanniskraut besondere Tiefe. Dabei steht die einheitliche Apricotfarbe von Rosen, Kürbissen und Gefäß in einem reizvollen Kontrast zum Johanniskraut.

1 Die Steckmasse vollsaugen lassen und so zuschneiden, daß sie in das Gefäß eingepaßt werden kann; anschließend mit Floristenklebeband fixieren.

2 Mit dem Johanniskraut die Konturen des Arrangements sowie dessen Höhe, Breite und Länge festlegen. Die Zweige des im Handel erhältlichen Johanniskrauts sind meist lang und gerade, mit vielen kleineren Seitentrieben. Nur diese kleineren Triebe verwenden, damit das Blattwerk optimal genutzt wird und das Arrangement üppig wirkt.

3 Die Kürbisse andrahten; dazu je zwei Steckdrähte kreuzweise horizontal durch den Boden der Frucht schieben und die überstehenden Drahtenden nach unten biegen. Die Kürbisse werden mit diesen Drähten in die Steckmasse gesteckt.

4 Die Kürbisse in dem Gesteck positionieren und unterschiedlich tief zwischen Blüten und Blätter stecken.

5 Das Arrangement mit den Strauchrosen auffüllen. Wie das Johanniskraut besitzen auch diese Rosen zahlreiche kleinere Seitentriebe, die man verwenden sollte, um das Gesteck möglichst üppig erscheinen zu lassen. Um die Gesamtform des Arrangements herauszuarbeiten, die Stiele mit den am weitesten geöffneten Blüten in der Mitte und die langen Stiele mit relativ vielen Knospen an den Rändern des Gefäßes plazieren.

Wer statt der Kürbisse Limonen verwendet, erhält ein etwas lebendigeres Arrangement; mit Pflaumen oder blauen Weintrauben wirkt das Gesteck dagegen besonders elegant.

EXOTISCHER SERVIETTENSCHMUCK

Pflanzen und Materialien

Serviette
•
Passionsblumenranken
•
Gartenschere
•
2–3 Blätter der Jungfernrebe
•
1 Hahnenkammblüte
•
1 Prachtlilie

Exotische Blüten sind erstaunlich haltbar, so daß Sie Ihren Serviettenschmuck bereits einige Zeit vor Beginn des Abendessens anfertigen können.

Wenn Sie Ihre Gäste zu einem orientalischen Abendessen einladen, wird der hier vorgestellte Serviettenschmuck Ihrer Tischdekoration den letzten Schliff verleihen. Dazu werden die Passionsblumenranken um die Servietten gebunden und mit einem Knoten versehen, in dem später die Blütenköpfe und Blätter Halt finden.

1 Die Serviette zu einem Rechteck falten und locker zusammenrollen. Eine Passionsblumenranke um die Mitte wickeln, vorsichtig zusammenziehen und zu einem einfachen Knoten binden.

2 Die Dekoration mit den Jungfernrebenblättern beginnen und die Stiele vorsichtig durch den Knoten schieben. Diesen Vorgang mit der Hahnenkammblüte und anschließend mit der Prachtlilie wiederholen.

TISCHDEKORATION AUS KRÄUTERN

Diese Tischdekoration besteht aus fünf Einzelteilen: vier Terrakottatöpfe mit verschiedenen Kräutern in einem Kranz aus Steckmasse, der mit Blattwerk, Teelichtern und weißem Dill geschmückt ist. Dies ist eine reizvolle Alternative zu den konventionellen Gestecken in Steckmasse oder Maschendraht, in einem einzigen Gefäß arrangiert.

1 Die Teelichter in regelmäßigen Abständen in den vollgesogenen Steckmassering drücken. Die Steckmasseblöcke vollsaugen lassen und die Terrakottatöpfe mit Folie auslegen, damit sie wasserdicht sind. Die Steckmasse passend zuschneiden und fest in die Blumentöpfe drücken.

2 Den weißen Dill in dichten Büscheln zwischen die Teelichter stecken. Die Blumentöpfe dicht mit ausgesuchten Kräutern, Blattwerk und Beeren füllen (das Arrangement wirkt attraktiver, wenn jeder Topf nur mit einer einzigen Kräuterart gefüllt ist). Den Ring an seinen Platz und die Töpfe hineinstellen.

Pflanzen und Materialien

6 Teelichter
•
Ring aus Steckmasse, Durchmesser 30 cm
•
2 Blöcke Steckmasse
•
4 Terrakottatöpfe
•
Stabile Folie
•
Gartenschere
•
Weißer Dill
•
Rosmarin
•
Minze
•
Majoran
•
Schneeball (Viburnum opulus)
•
Moos- oder Kronsbeeren

Dieses Arrangement kann aufgeteilt und in Einzelteilen für verschiedene andere Dekorationen verwendet werden. Die kleinen Kräutertöpfe lassen sich auch trocknen und sind daher besonders langlebig. Achten Sie darauf: Brennende Kerzen dürfen niemals unbeaufsichtigt bleiben!

TISCHGESTECK AUS FRÜCHTEN UND BLUMEN

Pflanzen und Materialien

Korb
•
Stabile Folie
•
2 Blöcke Steckmasse
•
Gartenschere
•
Floristenklebeband
•
1 Bund Freilandefeu
•
1 ganze blaue Weintraube
•
Steckdraht (1,4 mm)
•
6 schwarz-violette Feigen
•
15 Löwenmäulchen
•
15 Fuchsschwanz (gerade Stiele)
•
15 Prachtspieren
•
20 rote Rosen
•
5 Hortensien

Ein Feuerwerk aus Rottönen. Das völlig unterschiedlich strukturierte Pflanzenmaterial paßt besonders gut in einen Korb, der farblich abgestimmt sein sollte.

Durch die Verwendung von Früchten wirkt dieses Arrangement besonders opulent. Die prächtigen Rot- und Violettöne der Feigen und Weintrauben harmonieren wunderbar mit den satten, tiefen Farben der Blumen. Der natürliche Glanz der Früchte und die samtige Weichheit der Rosen ergeben ein wahres Fest für das Auge. Das gesamte Arrangement vermittelt den Eindruck überwältigender Üppigkeit.

1 Den Korb mit Folie auslegen. Die Steckmasseblöcke mit Wasser vollsaugen lassen und fest in dem Korb verankern. Überstehende Folie rund um den Korbrand abschneiden. Muß das Gesteck bewegt werden, die Steckmasse mit Floristenklebeband fixieren.

2 Mit dem Stecken des Efeu beginnen und damit passend zur Größe und Form des Korbs die Konturen einer flachen Kuppel festlegen; dabei sollte das Pflanzenmaterial möglichst gleichmäßig über die gesamte Steckmasse verteilt werden.

3 Die Weintraube in drei Büschel teilen. Die Büschel mit Steckdraht gabeln und in einer gedachten Diagonale tief zwischen den Efeu stecken; dabei die Beeren möglichst vorsichtig behandeln.

4 Einen Steckdraht horizontal durch jede Feige schieben und die überstehenden Enden nach unten umbiegen. Die Feigen in Pärchen rund um die Mitte des Arrangements plazieren.

5 Mit Löwenmäulchen, Fuchsschwanz und Prachtspieren die Kuppelform des Arrangements stärker herausarbeiten. Die Rosen als optischen Mittelpunkt gleichmäßig über das Gesteck verteilen. Zum Abschluß die Hortensienblüten tief in das Arrangement hineinstecken, um ihm Tiefe und Struktur zu geben. Die Steckmasse täglich wässern.

Obwohl dieses Arrangement eine Reihe von Pflanzenmaterialien benötigt, lohnt das Ergebnis die zusätzliche Mühe.

ARRANGEMENT AUS ALTEN GARTENROSEN

Die wunderschönen nostalgischen Rosen verleihen der simplen Kombination aus vollerblühten Blumen und Gefäß eine üppige, romantische Ausstrahlung. Dieses Arrangement zieht in jeder Umgebung sämtliche Blicke auf sich.

Pflanzen und Materialien

Wasserdichtes Gefäß, das in den Terrakottatopf paßt

•

Niedriger, verwitterter Terrakottatopf

•

Krug

•

Kurz- und langstielige Gartenrosen

•

Gartenschere

Bei diesem Arrangement beruht die Gestaltungsmethode darauf, möglichst viele Exemplare einer Blumenart in verschiedenen Varietäten in einem Gefäß zusammenzubringen. Die papierartigen Blütenblätter erzeugen eine reizvolle Mischung aus Farbe, Struktur und Duft.

1 Das wasserdichte Gefäß (etwa eine Glasschale) in den Terrakottatopf stellen und mit Wasser füllen. Wasser auch in den Krug füllen. Von den Rosen die unteren Blätter und Dornen entfernen.

2 Die langstieligen Rosen so in den Krug stellen, daß sich die Blüten dicht aneinanderdrängen. Die angeschnittenen Stiele geben sich gegenseitig Halt und können direkt ins Wasser gestellt werden.

3 Die kürzeren, weiter aufgeblühten Rosen so in die Glasschale im Terrakottatopf stellen, daß alle Stiele verdeckt sind und die dichtgedrängten Blüten gerade über den Rand des Blumentopfes schauen. Die Rosen kommen am besten zur Geltung, wenn sie alle gleich lang sind oder zu einer leichten Kuppelform arrangiert werden. Falls Ihnen nur wenige Rosen zur Verfugung stehen, brauchen Sie feinen Maschendraht oder Steckmasse, damit die einzelnen Rosen genügend Halt finden.

BLAUE UND GELBE BLÜTEN, IN VASEN ARRANGIERT

PFLANZEN UND MATERIALIEN

2 kleine Blumenvasen
•
3 Stiele Sonnenbraut
•
Gartenschere
•
5 Blätter der Jungfernrebe
•
3 Rittersporn
•
2 Glockenblumen
•
3 kleine Weinblätter
•
Grüner Bast

Bei der Wahl des Pflanzenmaterials und der Vase ist sowohl das Verhältnis der Blüten zum Gefäß als auch die Größe des Tisches zu berücksichtigen. Im allgemeinen dienen kleine Vasen als Dekoration für kleine Eß- oder Wohnzimmertische und sollten daher nicht zu groß und dominant ausfallen. Andererseits ist ein solch zierliches Gefäß mit langstieligen Blumen nicht sehr standfest und kann leicht umgestoßen werden. Das Wasser sollte täglich gewechselt oder zumindest aufgefüllt werden.

Blumenvasen zählen zwar zu den am häufigsten verwendeten Tischdekorationen, müssen deshalb aber nicht langweilig oder alltäglich wirken. Diese Beispiele in kräftigen Primärfarben zeigen anschaulich, wie mit etwas Phantasie aus einer herkömmlichen Vase ein bezauberndes Arrangement entsteht.

1 Die Vasen etwa zu drei Vierteln mit Wasser füllen. Die Sonnenbrautstiele gegen die Vase halten, um die richtige Länge abzumessen. Die Stiele schräg anschneiden und in die Vase stellen. Rund um den Rand der Vase die Blätter der Jungfernrebe anordnen und die Sonnenbrautblüten umrahmen.

2 Zwei oder drei Ritterspornblüten sowie deren zarte Knospenranken, die sich hervorragend für kleine Arrangements eignen, und die Glockenblumen in die Vase stellen; die relativ großen Blätter der Glockenblumen zuvor etwas stutzen. Zum Schluß die Weinblätter als Basis um den Rand der Vase anordnen. Beide Vasen mit Bast umwickeln und mit einer Bastschleife dekorieren.

ÜPPIGER SOMMERKORB

Der Sommer liefert dem Floristen eine Fülle unterschiedlicher, wunderschöner Blumen, deren zarter Duft, üppige Blütenpracht und große Farbenvielfalt endlose Kombinationsmöglichkeiten für atemberaubende Arrangements bieten.

Bei diesem Gesteck handelt es sich um einen für einen großen Tisch oder ein Sideboard bestimmten Korb, aus dem eine Vielzahl herrlicher Sommerblüten hervorquillt. Natürlich kann er jeder anderen Umgebung angepaßt werden.

1 Den Korb mit Folie auslegen und die überstehende Folie abschneiden. Die beiden Steckmasseblöcke vollsaugen lassen, auf die Folie in den Korb legen und mit Floristenklebeband fixieren.

2 Die Schneeballstiele in die Steckmasse stecken und auf diese Weise Höhe, Breite und Form des Arrangements festlegen. Diese Konturen mit Rittersporn weiter herausarbeiten; dabei alle Ritterspornstiele und nicht nur die Blütenstände verwenden.

3 Die Lilien in einer diagonalen Linie über den Korb verteilen und die Efeublätter in der Mitte des Gestecks um die Lilien herum positionieren. Zum Schluß die Flammenblumen in einer zu den Lilien gegenläufigen Diagonale arrangieren.

Pflanzen und Materialien

Korb
•
Stabile Folie
•
Gartenschere
•
2 Blöcke Steckmasse
•
Floristenklebeband
•
10 Schneeballzweige mit Beeren
•
15 Gartenrittersporn, in 3 Farben
•
6 Lilien, z.B. Lilium *>Stargazer<*
•
5 große Efeublätter
•
10 weiße Flammenblumen

Wenn man das Gesteck regelmäßig wässert, wird es mindestens eine Woche haltbar sein. Die Lilien sollten in der Steckmasse vollständig aufblühen, und die noch geschlossenen Knospen der Flammenblumen werden sich nach und nach öffnen.

EXOTISCHES TISCHGESTECK

Dieses Arrangement aus roten Blüten und buntem Blattwerk mit seinen gelben und grünen Farbtupfern sprüht vor Lebendigkeit. Die kleinen, flammenartigen Blütenblätter der Prachtlilie schaffen gegenüber der samtigen Struktur des Hahnenkamms ein interessantes Wechselspiel aus Licht und Schatten, dessen Wirkung von der leuchtendgelben Schale noch verstärkt wird.

Pflanzen und Materialien

Feiner Maschendraht
•
Schale
•
10 Blätter Wunderstrauch (Codiaeum)
•
10 rote Valotta speciosa
•
Gartenschere
•
7 Hahnenkammblüten
•
7 Prachtlilien
•
Steckdraht (1,2 mm)
•
1 Mango

Bei der Gestaltung eines Tischgestecks sollte auch die Schale sorgfältig gewählt werden – ein zu großes Gefäß könnte das Blickfeld der Gäste zu stark beeinträchtigen.

1 Den Maschendraht zusammendrücken und über dem Boden der Schale einklemmen. Es muß genügend Abstand zum Boden bleiben, damit die Stiele Halt finden. Die Schale etwa zu zwei Dritteln mit Wasser füllen. Die Wunderstrauchblätter so in den Maschendraht stecken, daß ein Rahmen für das Arrangement entsteht.

2 Die *Valotta speciosa* gleichmäßig über das Arrangement verteilen und die Stiele in den Maschendraht stecken.

3 Die Hahnenkammstiele auf 15–20 cm Länge kürzen, sämtliche Blätter entfernen, damit sie nicht im Wasser verfaulen. Den Hahnenkamm gleichmäßig über das Arrangement verteilen und in den Maschendraht stecken.

4 Die Stiele der Prachtlilien auf 15–20 cm Länge kürzen, die Lilien über das Arrangement verteilen und in den Maschendraht stecken. Achten Sie dabei auf eine gleichmäßige Verteilung aller Blüten.

5 Den Steckdraht paarweise von unten in die Mango stecken und auf 15–20 cm Länge kürzen. Die Blüten des Gestecks vorsichtig auseinanderbiegen (damit sie nicht beschädigt werden) und die Mango etwas außerhalb des Mittelbereichs so in das Arrangement stecken, daß sie mit Hilfe der Steckdrähte und des Maschendrahts Halt findet. Prüfen, ob alle Stiele im Wasser stehen.

Den Steckdraht vorsichtig in die Mango stecken, damit deren empfindliche Schale nicht zu stark beschädigt wird.

TULPEN-FORMBÄUMCHEN

Pflanzen und Materialien

1 Block Steckmasse für Trockenblumen
•
Messer
•
Korb
•
Naturbast
•
5 Zimtstangen, je 30 cm
•
Gartenschere
•
Klebepistole
•
Steckdraht (1,2 mm)
•
Rentierflechte
•
Kugel aus Steckmasse, Durchmesser etwa 15 cm
•
Geöffnete Tulpen

Die Tulpen wurden für einen besonders interessanten Effekt weit geöffnet, so daß man die Blütenmitten sehen kann. Dadurch verstärkt sich nicht nur ihre optische Wirkung, sondern auch die Oberfläche der Tulpen vergrößert sich, wodurch weniger Blüten zum Bedecken der Kugel nötig sind.

Die Tulpen für dieses dekorative Bäumchen besitzen im Gegensatz zu ihren meisten Verwandten nicht nur einen Kranz aus Blütenblättern, sondern mehrere Kreise mit unterschiedlich großen Blütenblättern, die zusammen eine sehr dichte, runde, an eine Pfingstrose erinnernde Blüte ergeben.

1 Die Steckmasse für den Korb passend zuschneiden und einsetzen. Je nach Standfestigkeit muß der Korb eventuell mit feuchtem Sand, Steinen oder Gips zusätzlich beschwert werden. Die Zimtstangen oben und unten mit Bast zu einem Baumstamm zusammenbinden, etwa 4 cm tief in die Steckmasse stecken und mit der Klebepistole fixieren.

2 Den Steckdraht haarnadelförmig umbiegen und die Steckmasse am Fuß des Bäumchens mit Hilfe des Drahts vollständig mit Rentierflechte bedecken.

3 Die Steckmassekugel mit kaltem Wasser vollsaugen lassen. Vorsichtig etwas Kleber mit der Pistole auf das obere Ende des Zimtstangenstamms geben und die feuchte Kugel etwa 4 cm tief daraufstecken.

4 Die Tulpen möglichst weit öffnen; dazu die Blüten in der Hand halten und die Blütenblätter vorsichtig nach hinten biegen. Die äußeren Blütenblätter können ganz nach außen umgebogen werden.

5 Die Stiele auf etwa 4 cm Länge kürzen und in die feuchte Steckmassekugel stecken. Dabei die Blüten sehr vorsichtig behandeln und auf eine gleichmäßige Verteilung achten.

BEPFLANZTER KORB MIT LILIEN UND HYAZINTHEN

Pflanzen und Materialien

Großer Drahtkorb

•

Polster- oder Plattenmoos

•

Stabile Folie

•

Gartenschere

•

3 Töpfe mit blühenden Lilien (je Topf 3 Lilienstiele), etwa Lilium *›Mona Lisa‹*

•

3 blühende Hyazinthen mit den Zwiebeln

•

8 Zweige Hartriegel (Cornus alba), *mit roter Rinde*

•

Naturbast

Die roten Hartriegelzweige werden mit Bast zu einem dekorativen Stützgerüst für das Arrangement zusammengebunden. Dagegen erzielt man mit Bambusstäben, die mit farbenprächtigen Samtbändern zusammengehalten werden, einen formelleren Gesamteindruck.

Wenn man statt Schnittblumen Pflanzen mit einem Wurzelballen verwendet, läßt sich auch mit einem begrenzten Budget ein großes, beeindruckendes Arrangement gestalten. Dieses Arrangement in einem Korb vereint zwei völlig unterschiedliche Pflanzen, die mehrere Wochen blühen. Die Lilienknospen werden nach und nach aufgehen und zusammen mit den Hyazinthen ihren betörenden Duft verströmen.

1 Den Korb mit einer Schicht Moos auskleiden, das Moos mit Folie bedecken, um die Feuchtigkeit der Pflanzen zu halten, und die Folie abschneiden.

2 Samt der Blumenerde die Lilien in den Korb pflanzen und die Hyazinthen dazwischensetzen. Anschließend die Erde mit Moos bedecken.

3 Vier Hartriegelzweige durch das obere Moos in die Erde stecken, so daß ein Karree um die Pflanzen herum entsteht. Die Zweige mit etwas Bast und vier weiteren Zweigen horizontal zu einem Gerüst verbinden, den Bast zurückschneiden.

VASE MIT WEISSEN HERBSTANEMONEN

Dieser wunderbare Strauß besteht aus einer Kombination von Waldfrüchten, Hagebutten und Herbstanemonen, wobei das an sich schlichte Gebinde durch die elegante Vase in ein prächtiges Arrangement verwandelt wurde.

1 Die Vase mit Wasser füllen. Mit den Brombeerzweigen die Konturen des Straußes festlegen. Mit den Hagebuttenzweigen die Umrisse des Arrangements verstärken und ein optisches Gleichgewicht erzeugen.

2 Die Anemonen gleichmäßig in dem Arrangement verteilen; dabei die Blüten mit größter Sorgfalt behandeln, sie sind außerordentlich empfindlich.

3 Zum Schluß die Weinblätter unterhalb des Arrangements so ins Wasser stellen, daß sie über den Vasenrand herabhängen und den Strauß umrahmen.

PFLANZEN UND MATERIALIEN

Vase

•

Gartenschere

•

Brombeerzweige mit Früchten

•

Hagebuttenzweige

•

Weiße Herbstanemonen (Anemone × Hybrida *›Honorine Jobert‹*)

•

Weinblätter

Manchmal erzielen die schlichtesten Dinge den größten Effekt; allerdings muß die optische Harmonie von Gefäß und Schnittblumen sorgfältig erwogen werden, wenn man auf die Hilfe von Steckmasse oder Maschendraht verzichten will.

Die Hagebutten- und Brombeerzweige sind sehr dornig, sie müssen mit Vorsicht behandelt und entdornt werden. Die Zweige bilden einen stabilen Stützrahmen für die zarten Anemonen, so daß diese nicht verrutschen. Die um den Rand der Vase drapierten Weinblätter verleihen dem Arrangement den letzten Schliff.

KORB MIT HORTENSIENKRANZ

Mit Hilfe von vollständig aufgeblühten Hortensien, einigen bunten Herbstblättern und etwas Phantasie läßt sich aus einem alten Weidenkorb ein wunderschöner Behälter zaubern. Mit in der Farbe kontrastierendem Obst oder einem jahreszeitlichen Potpourri gefüllt, wird er lange Zeit eine Dekoration für Ihr Haus sein.

Pflanzen und Materialien

30 Herbstblätter

•

Steckdraht (1,2 mm)

•

Gartenschere

•

30 vollerblühte Hortensien

•

Weidenkorb

•

Silber- oder Rosendraht

Gegen Ende ihrer Blütezeit geschnittene Hortensien sind relativ fest und verwelken auch ohne Wasser nicht. Hier wurden sie mit geschmeidigen Herbstblättern zu einem interessanten Arrangement kombiniert, das im Laufe der Zeit trocknen kann, ohne dabei an Attraktivität einzubüßen.

1 Die Blätter mit Steckdraht verstärken, diesen gabeln und kürzen.

2 Mehrere Hortensienblüten zu Büscheln fassen und mit Steckdraht gabeln.

3 Hortensienbüschel und Blätter abwechselnd – die Blätter außen, die Blüten darüber – rund um den Korbrand befestigen, dazu den Silberdraht durch die Lücken des Korbgeflechts führen. Darauf achten, daß die Büschel den Rand dicht bedecken.

4 Sobald der gesamte Korbrand bedeckt ist, den Silberdraht mehrmals durch das Geflecht stechen, damit er sich nicht löst. An einem luftigen Ort können die Hortensien natürlich trocknen, was die Lebensdauer des Korbs verlängert.

ZIERKOHLBÄUMCHEN

PFLANZEN UND MATERIALIEN

Mittelgroßer Terrakottatopf
•
Stabile Folie
•
Sand
•
1 Block Steckmasse für Trockenblumen
•
Messer
•
Gartenschere
•
Baumwurzel
•
2 große Handvoll Torfmoos
•
Schnur
•
Steckdraht (1,2 mm)
•
10 Miniatur-Zierkohlköpfe

Der »Baumstamm« besteht aus einer Wurzel, an deren oberem Ende eine feuchtigkeitsspeichernde Kugel aus Torfmoos befestigt ist. Die Kohlköpfe werden mit Draht an der Mooskugel angebracht und bleiben dank dieses »Wasserspeichers« (und einer gelegentlichen Dusche aus der Sprühflasche) gut eine Woche frisch.

Die kleinen Formbäumchen lassen sich aus den unterschiedlichsten Materialien für alle möglichen Dekorationen anfertigen. Dieses Bäumchen zeichnet sich durch die ungewöhnliche Verwendung von Zierkohlköpfen aus, die als Baumkrone dienen.

1 Den Blumentopf mit Folie auskleiden und für eine größere Standfestigkeit etwa zur Hälfte mit feuchtem Sand füllen. Die Steckmasse passend zuschneiden und auf den Sand in den Topf drücken; überstehende Folie abschneiden.

2 Die Wurzel mit besonderer Sorgfalt in die Steckmasse stecken. Dieser Vorgang läßt sich nämlich nur einmal durchführen, da Korrekturen und wiederholtes Feststecken die Steckmasse lockern, so daß der »Stamm« nicht mehr festsitzt. (Wer sichergehen will, gibt vorher Oasis-Kleber auf das untere Ende der Wurzel.) Eine Handvoll Torfmoos so mit Schnur umwickeln, daß eine dichte Kugel entsteht.

3 Die Mooskugel auf das obere Ende der Wurzel drücken, mehrere Steckdrähte horizontal durch die Kugel schieben, die Enden nach unten biegen und um den »Stamm« winden.

4 Die kleinen Kohlköpfe mit Steckdraht gabeln und einzelne Kohlblätter mit Steckdraht verstärken.

5 Die Kohlköpfe mit den Drahtenden in die Mooskugel stecken und diese vollständig mit Kohl bedecken. Eventuelle Löcher mit einzelnen Kohlblättern füllen.

6 Steckdraht haarnadelförmig umbiegen und die Steckmasse am Fuß des Bäumchens mit Hilfe des Drahts vollständig mit dem restlichen Torfmoos bedecken.

SONNENBLUMENGESTECK

PFLANZEN UND MATERIALIEN

Flache Keramikschale

Blumenigel

Gartenschere

3–5 Zweige Korkenzieherhasel

9 Sonnenblumen

5 große Efeublätter

Dieses wunderschöne, schlichte Gesteck verdankt seine Standfestigkeit einem schweren Blumenigel, so daß auf die Verwendung eines großen Gefäßes verzichtet werden konnte. Aufgrund des Gewichts des Blumenigels finden selbst die großblütigen Sonnenblumen in diesem Arrangement noch genügend Halt.

Dieses Gesteck auf einem Blumenigel ist das Ergebnis einer zwanglosen und stark reduzierten Gruppierung – leuchtende Sonnenblumen können vor einem Hintergrund aus Korkenzieherhasel ungestört von anderen Pflanzen ihre Schönheit voll entfalten.

1 Die Schale mit Wasser füllen, bis der Blumenigel vollständig bedeckt ist. Die Haselzweige anschneiden, auf den Blumenigel drücken und die Konturen festlegen.

2 Die Stiele der Sonnenblumen gemäß der Größe der Blüten zuschneiden (dabei die größten Blüten am stärksten kürzen), entsprechend über das Arrangement verteilen und fest auf den Blumenigel drücken. Den Hintergrund bilden kleine Blüten auf langen Stielen, während der optische Mittelpunkt im mittleren Bereich von großen Blüten auf kurzen Stielen geprägt wird. Darauf achten, daß einige Sonnenblumen im unteren Bereich auf einer Seite über die Schale hinausragen und dabei der Kontur der Haselzweige folgen.

3 Die Efeublätter um den optischen Mittelpunkt herum sowie im unteren Bereich arrangieren. Sie verleihen dem Gesteck mehr Tiefe, und ihr dunkles Grün bildet einen passenden Hintergrund für das leuchtende Gelb der Sonnenblumen.

ARRANGEMENT MIT GELBER ZIMMERKALLA

Dieses Arrangement bringt die Schönheit der Zimmerkalla wunderbar zur Geltung. Die Leuchtkraft der goldgelben Blüten wird durch den sorgfältig gewählten Hintergrund aus blauem und grünem Pflanzenmaterial zusätzlich verstärkt; dazu trägt die klare Blütengestalt der Kalla in hohem Maße bei.

Der Milchstern mit seinen grünen Stielen und den cremeweißen Blütenköpfen mit perlschwarzen Blütenmitten verleiht dem Arrangement Höhe und Anziehungskraft. Der Schneeball bildet den Rahmen des Gestecks, und seine metallisch blauen Beeren schlagen eine optische Brücke zwischen den beiden Blütenpflanzen.

Pflanzen und Materialien

Flache Schale

Blumenigel

Gartenschere

10 Schneeballzweige mit Beeren

11 Milchstern

5 gelbe Zimmerkalla

1 Die Schale mit Wasser füllen, bis der Blumenigel vollständig bedeckt ist. Die Schneeballzweige anschneiden und fest auf die Metallstifte des Blumenigels drücken. Die Zweige sollen die Konturen des Gestecks in der Höhe und Breite festlegen; dabei auf eine gleichmäßige Verteilung der Beeren achten.

2 Die Milchsternstiele auf unterschiedliche Längen kürzen und diagonal durch die Schneeballkontur auf die Metallstifte des Blumenigels drücken.

3 Mit den Kallablüten ein umgekehrtes »S« gestalten, wobei sich die kleinste Blüte mit dem längsten Stiel im Hintergrund befindet und die jeweils größeren Blüten auf kürzeren Stielen den Vordergrund bilden.

Das gesamte Arrangement erhält seine Standfestigkeit durch einen nahezu unsichtbaren Blumenigel, so daß ein größeres Gefäß, das von der Schönheit der Pflanzen ablenken könnte, überflüssig wird.

KORB MIT HERBSTZEIT-LOSEN

Holen Sie die Natur ins Haus, indem Sie einen alten Holzkorb mit blühenden Herbstzeitlosen bepflanzen und die Erde mit Blättern und Moos bedecken. Dieses schlichte Gesteck ist genauso elegant wie ein Schnittblumenarrangement.

Pflanzen und Materialien

Korb
•
Stabile Folie
•
6 blühende Herbstzeitlose mit Knollen
•
Blumenerde
•
Polstermoos
•
Herbstblätter
•
Farbiger Bast
•
Gartenschere

Obwohl Krokusse zum Frühling gehören, ist diese Herbstvarietät ein willkommener Anblick, wenn sich die Blüten kräftig durch das herabgefallene Laub schieben. Natürlich ist ihr Vorkommen nicht nur auf den Garten beschränkt.

1 Den Korb mit Folie auslegen und die Herbstzeitlosen in Blumenerde pflanzen.

2 Die Knollen sorgfältig gießen, die Erde mit Moos bedecken und die Blätter ganz natürlich darüber verteilen, um einen herbstlichen Effekt zu erzielen.

3 Auf beiden Seiten des Korbs am unteren Ende des Griffs eine Bastschleife anbringen.

HERBSTLICHES KERZENGESTECK

Pflanzen und Materialien

1 Block Steckmasse
•
1 Kerzenhalter aus Metall
•
6 Holzäpfel
•
1 kleiner Zierkürbis
•
3 Fruchtkapseln der Lampionblume
•
Steckdraht (1,2 mm und 0,8 mm)
•
Gartenschere
•
Johanniskrautzweige mit Beeren
•
2 Stiele Strauchrosen
•
1 Bienenwachskerze

Bienenwachskerzen besitzen eine attraktive Oberflächenstruktur und eine natürliche honigfarbene Tönung, wodurch sie sich hervorragend für dieses rustikale, herbstliche Gesteck eignen.

Bei dieser zauberhaften Kerzendekoration kommen die herbstlichen Früchte von Lampionblume und Holzapfel sowie die kleinen Zierkürbisse wunderschön zur Geltung. Die leuchtenden Naturfarben der Früchte und das Dunkelrot der Johanniskrautbeeren harmonieren wunderbar mit dem sanften Apricot der Strauchrosen.

1 Die Steckmasse mit Wasser vollsaugen lassen, in kleine Stücke schneiden und fest in den Rand des Kerzenhalters drücken, damit das Gesteck Standfestigkeit erhält.

2 Holzäpfel und Zierkürbis mit 1,2 mm, die Lampions mit 0,8 mm starkem Steckdraht andrahten. Alle Drahtstiele auf 4 cm Länge kürzen.

3 Den Zierkürbis und anschließend Dreiergruppen der Holzäpfel sowie der Lampions in die Steckmasse stecken; dabei auf eine gleichmäßige Verteilung achten.

4 Die Johanniskrautzweige zwischen den Früchten plazieren und ihre kurzen Stiele fest in die Steckmasse stecken. Auf diese Weise dem Gesteck seine Konturen geben.

5 Die Rosen so abschneiden, daß die Stiele zwischen Früchten und Blattwerk in die Steckmasse gesteckt werden können. Die noch geschlossenen Blüten für den Rand verwenden und bereits geöffnete Blüten in der Mitte plazieren. Vergessen Sie nicht, genügend Platz für die Kerze zu lassen!

Brennende Kerzen nie unbeobachtet und höchstens bis auf eine Länge von etwa 5 cm oberhalb des Gestecks herabbrennen lassen.

BLAU-GELBER STRAUSS IN EINEM KRUG

PFLANZEN UND MATERIALIEN

10 Rittersporn ›Blue Butterfly‹
•
2 Bund Sonnenbraut
•
3 Drachenlilien
(Dracaena sanderiana)
•
Bast
•
Gartenschere
•
Krug

Bei diesem Arrangement muß das Gefäß sorgfältig ausgewählt werden, da es einen wichtigen Bestandteil des Designs ausmacht. Durch den gelben Krug entsteht ein rustikaler Eindruck. Dasselbe Arrangement kann aber auch elegant wirken, wenn es in eine moderne Glasvase gestellt wird.

Die strahlend gelben Blüten der Sonnenbraut erhalten in Verbindung mit dem sprühenden Blau des Rittersporns noch mehr Leuchtkraft – eine aufsehenerregende und für jede Situation geeignete Farbkombination. Der leicht anzufertigende, von Hand gebundene Strauß erweckt den Eindruck, als wären die Blumen gerade erst gepflückt worden und nur locker zusammengebunden.

1 Die Pflanzen auf der Arbeitsfläche ausbreiten. Mit einem Rittersporn beginnen, Drachenlilien und Sonnenbraut hinzufügen und abwechselnd immer weitere Pflanzen dazunehmen; dabei den Strauß langsam drehen, so daß eine Spiralform entsteht.

2 Auf diese Weise nacheinander alle Pflanzen aufnehmen und den Strauß an der Bindestelle (die Stelle, an der sich alle Stiele kreuzen) mit Bast fest zusammenbinden. Zum Schluß die Stiele auf eine für das Gefäß angemessene Länge kürzen.

GROSSES DAHLIENARRANGEMENT

Dahlien blühen den gesamten Sommer über bis zu den ersten Herbstfrösten und bieten eine verwirrende Vielfalt an Farben und Formen. Die komplexe, sehr exakte Geometrie ihrer Blütenköpfe verleiht dem Arrangement eine gewisse Struktur – trotz des ungezwungenen Charakters der leuchtendroten Hagebutten und der grazilen Anmut der Glockenblumen.

1 Den Blumentopf zu drei Vierteln mit Wasser füllen. Mit den blattreichen Glockenblumen die kuppelförmige Kontur und Struktur des Arrangements festlegen.

2 Die Hagebuttenzweige entdornen, anschneiden und zwischen die Glockenblumen stecken; dabei sollte ihre Länge entsprechend der Kuppelform variieren.

3 Die Dahlienstiele auf die gewünschte Länge kürzen und die Dahlien gleichmäßig über das Arrangement verteilen, so daß eine runde Kuppelform entsteht.

Pflanzen und Materialien

Großer, wasserdichter Blumentopf

•

15 Glockenblumen

•

Gartenschere

•

10 lange Hagebuttenzweige

•

30 Dahlien

Diese wunderschönen goldgelben Dahlien besitzen lange, gerade Stiele, so daß sie sich besonders für große Gebinde eignen. Aber auch in Arrangements mit Steckmasse haben sie eine lange Lebensdauer.

ARRANGEMENT FÜR DEN KAMINSIMS

PFLANZEN UND MATERIALIEN

1 Block Steckmasse
•
Kunststoffschale für die Steckmasse
•
Floristenklebeband
•
Gartenschere
•
5 Birkenzweige
•
6 Zweige Mäusedorn (Ruscus)
•
5 Stiele Wolfsmilch (Euphorbia fulgens)
•
7 Stiele Fuchsschwanz
•
5 Strauchchrysanthemen
•
5 Inkalilien
•
7 Glockenenzian (Eustoma russeliana)

Dieses Arrangement für einen Kaminsims bildet – auch ohne das Gesteck für den Kaminrost (siehe gegenüberliegende Seite und Seite 86) – einen eindrucksvollen Blickfang.

Kaminsimse eignen sich hervorragend als Stellfläche für ein florales Arrangement. Dabei besteht die größte Herausforderung für den Floristen darin, nicht nur für die optische Ausgewogenheit, sondern auch für die nötige Standfestigkeit des Gestecks zu sorgen. Da der Sims meist sehr schmal ist, müssen die Pflanzen sorgfältig angeordnet werden, damit das Gesteck nicht nach vorn umfällt. Deshalb sollten Sie beim Aufbau darauf achten, daß der Schwerpunkt möglichst weit hinten und im unteren Bereich liegt.

Im Verhältnis zu ihrer Länge sind die zarten Stiele von Mäusedorn und Wolfsmilch regelrechte Leichtgewichte und daher ideal für ein solches Arrangement geeignet. Aufgrund ihrer natürlichen Rankform können sie seitlich und vorn über den Sims ragen und in Kombination mit Birkenzweigen die Struktur des Gestecks festlegen, während eine Reihe herrlich bunter Blüten dem Arrangement seine lebendige Leuchtkraft verleiht.

1 Die Steckmasse mit kaltem Wasser vollsaugen lassen und mit Floristenklebeband auf der Kunststoffschale absolut sicher fixieren. Die Schale in die Mitte des Kaminsimses stellen.

2 Mit Birkenzweigen und Mäusedorn die Höhe und Breite des Gestecks festlegen. Den Mäusedorn entsprechend seinem natürlichen Wuchs über den Sims hinausragen lassen.

3 Den rankenden Charakter des Gestecks mit der scharlachroten Wolfsmilch zusätzlich unterstreichen. Den Fuchsschwanz gleichmäßig verteilen und damit die Form festlegen.

4 Die Strauchchrysanthemen bilden den optischen Mittelpunkt und sollten zu beiden Seiten der vertikalen Achse des Gestecks plaziert werden. Die Inkalilien, von denen zwei oder drei tief in das Arrangement gesteckt werden sollten, verleihen dem Arrangement Tiefe und Struktur.

5 Ein Stiel Glockenenzian besitzt meist 2 oder 3 Seitentriebe, die abgetrennt und separat in die Steckmasse gesteckt werden, wobei man die Knospen mehr am Rand und die geöffneten Blüten in der Mitte plaziert. Einige Blüten möglichst tief in das Gesteck schieben, um diesem mehr Tiefe zu verleihen.

ARRANGEMENT FÜR DEN KAMINROST

Während ein offener Kamin mit seinem knisternden Feuer etwas sehr Gemütliches ist, bietet er ohne Feuer meist keinen schönen Anblick. Dies läßt sich mit einem Arrangement aus Blüten und Blättern jedoch leicht ändern.

Statt der echten Flammen erzeugen hier die leuchtenden Rot-, Orange- und Gelbtöne von Wolfsmilch, Inkalilien, Tulpen, Lilien und Chrysanthemen den Eindruck eines flackernden Feuers. Diese Farbpalette erhält durch das Violett des Glockenenzians Tiefe und Struktur, während die geschwungenen Formen des Mäusedorns und die kräftigen Konturen der Birkenzweige die Umrisse des Gestecks definieren.

Pflanzen und Materialien

2 Blöcke Steckmasse
•
Weidenkorb, mit stabiler Folie ausgelegt
•
Floristenklebeband
•
Gartenschere
•
10 Zweige Mäusedorn (Ruscus)
•
6 Birkenzweige
•
10 Stiele Wolfsmilch (Euphorbia fulgens)
•
5 orangefarbene Lilien
•
5 rote Inkalilien
•
5 Strauchchrysanthemen
•
10 orangefarbene Tulpen
•
10 Glockenenzian (Eustoma russeliana)

1 Die Steckmasse mit kaltem Wasser vollsaugen lassen, mit Floristenklebeband im Weidenkorb fixieren und den Korb auf den Kaminrost stellen.

2 Mit Birkenzweigen und Mäusedorn die Konturen festlegen und den Mäusedorn – seinem natürlichen Wuchs entsprechend – nach allen Seiten hinausragen lassen.

3 Mit der Wolfsmilch Höhe und Kontur des Arrangements unterstreichen und die Lilien als optischen Mittelpunkt in einer Diagonale über das Gesteck verteilen. Mit den Inkalilien eine gegenläufige Diagonale anlegen; dazu müssen die Stiele beider Pflanzenarten von hinten nach vorn staffelartig gekürzt werden.

4 Die Strauchchrysanthemen ungefähr parallel zu den Lilien arrangieren und die Länge der Stiele ebenfalls von hinten nach vorn staffeln. Zum Schluß Tulpen und Glockenenzian gleichmäßig über das Gesteck verteilen und dabei die geöffneten Blüten in der Mitte des Arrangements plazieren.

Da der Weidenkorb nicht sichtbar ist, kann er gegen eine wasserdichte Wanne ausgetauscht werden.

VASE MIT WEISSER ZIMMERKALLA

Dank ihrer klaren Farben und Formen und ihrer kühlen Eleganz kommt die Zimmerkalla, nur von einigen sorgfältig gewählten Blattpflanzen begleitet, wunderschön zur Geltung. Bei diesem Arrangement wurde sie mit den anmutig gedrehten Zweigen einer Weidenart und den großen, schlichten Blättern der Goldorange kombiniert, die als optischer Hintergrund für die strahlende Schönheit der Zimmerkalla dienen.

1 Die Vase zu etwa drei Vierteln mit Wasser füllen und mit den Weidenzweigen die Gesamthöhe des Arrangements festlegen. (Beim Zurückschneiden auf die erforderliche Länge die Zweige in einem Winkel von 45 Grad anschneiden, etwa 5 cm Rinde vom unteren Rand abschaben und diesen Bereich tief einschneiden, mit einem Hammer klopfen oder mehrfach spalten).

2 Die Zimmerkalla auf unterschiedliche Längen kürzen und gleichmäßig zwischen den Weidenzweigen verteilen. Die Zweige geben den Blütenstielen zusätzlichen Halt.

3 Anschließend die Goldorangenblätter über das Arrangement verteilen. Auf diese Weise entsteht ein dunkler Hintergrund, vor dem sich die Blüten deutlich abheben.

Pflanzen und Materialien

Vase

•

Gartenschere

•

Korkenzieherweide
(Salix matsudana ›*Tortuosa*‹)

•

6 weiße Zimmerkalla

•

2 buschige Goldorangenzweige
(Aucuba japonica ›*Gold Dust*‹)

Auch hier ist die Wahl des richtigen Behälters von größter Bedeutung; er sollte schlicht sein und sich durch eine klare Linienführung auszeichnen – Eigenschaften, die sich häufig bei Glas- oder Metallvasen finden. Achten Sie darauf, daß die gewählte Vase die skulpturale Ausdruckskraft der Zimmerkalla unterstreicht.

KANDELABER-TISCHGESTECK

PFLANZEN UND MATERIALIEN

Kandelaber

•

Ring aus Steckmasse, Durchmesser etwa 30 cm

•

Gartenschere

•

20 kurze Schneeballzweige (Viburnum tinus) *mit Blüten*

•

20 kurze Büschel Gefleckte Pieris

•

15 weiße Lilien (Lilium longiflorum)

•

10 violette Astern

•

3 Ranken Gefleckter Efeu

Brennende Kerzen nie unbeobachtet lassen. In diesem Kandelaber stehen sie sicher und können dem Gesteck nicht schaden.

Die klassische Kombination von Kerzenschein und Blumenpracht wird im allgemeinen mit einem romantischen Dinner für zwei assoziiert. Dieses Kandelaber-Tischgesteck eignet sich jedoch für zahlreiche Gelegenheiten und bietet sich, dank der stattlichen Kerzen über einem Meer aus weißen Lilien und violetten Astern, selbst für hochoffizielle Festtagstafeln an.

1 Den Steckmassering mit kaltem Wasser vollsaugen lassen und den Kerzenständer hineinstellen. Da Ring und Kerzenständer zum Schluß durch Efeuranken miteinander verbunden werden, empfiehlt es sich, das Arrangement direkt an seinem vorgesehenen Standort anzufertigen. Die 10 cm langen Stiele von Schneeball und *Pieris* in die Steckmasse stecken und die Konturen des Arrangements festlegen.

2 Die Lilienstiele auf 7,5 cm Länge kürzen und in die Steckmasse stecken; dabei die Blüten in Dreiergruppen über den Ring verteilen. Jede Gruppe sollte eine offene Blüte und zwei Knospen haben. Die Knospen am Rand, die vollerblühten Lilien zur Mitte hin plazieren. Dabei berücksichtigen, daß sich die Knospen nach etwa 24 Stunden öffnen, sie sollten einen Kreis im unteren Drittel bilden.

3 Astern besitzen meist einen harten Stiel mit mehreren Seitentrieben, die abgetrennt und separat in die Steckmasse gesteckt werden. Alle Asternstiele auf etwa 10 cm Länge kürzen und die Blüten, gleichmäßig verteilt, in die Steckmasse stecken.

4 Obwohl sich Efeu auch ohne Wasser hält, sollten die Ranken in der Dekoration frisch wirken. Deshalb die angeschnittenen Rankenenden in die Steckmasse stecken und den Efeu erst dann um den Kandelaber winden. Aus Sicherheitsgründen keine Ranke an der Kerze hochführen oder über die Kerzenhalter hinausragen lassen.

BRUT

ARRANGEMENT IN ORANGE

Das matte Grün der Scheinbeerenblätter bildet den perfekten Hintergrund für die kräftigen Orangetöne der drei in diesem kuppelförmigen Arrangement verwendeten Blütenarten, die in einem mit Steckmasse gefüllten Drahtkorb Halt finden.

Pflanzen und Materialien

Drahtkorb
•
Rentierflechte
•
Stabile Folie
•
1 Block Steckmasse
•
Messer
•
Floristenklebeband
•
Gartenschere
•
10 Zweige Salal
•
7 orangefarbene Lilien
•
10 orangefarbene Tulpen
•
20 Ringelblumen

Solche Drahtkörbe sind im Floristenhandel erhältlich. Immer häufiger findet man sie auch in guten Blumengeschäften.

1 Den Korb mit einer 3 cm dicken Schicht Rentierflechte auskleiden und diese mit Folie auslegen. Die mit Wasser vollgesogene Steckmasse passend für den Korb zuschneiden und mit Floristenklebeband fixieren.

2 Die Salalzweige in die Steckmasse stecken und eine kuppelförmige Kontur (proportional zum Drahtkorb) anlegen. Diese ziemlich großen, kräftigen, eher rundlichen Blätter sollten relativ sparsam über das Gesteck verteilt werden, damit sie die Blüten und die anderen Blätter nicht übertönen. Die Formen und Farben der Lilien, Tulpen und Ringelblumen harmonieren in diesem Arrangement sehr schön mit den kräftigen Salalblättern.

3 Die Lilienstiele entsprechend der vorgegebenen Blattkontur kürzen, gleichmäßig über das Arrangement verteilen und dessen Kuppelform ergänzen.

4 Auch die Tulpen gleichmäßig verteilen. Daran denken, daß sie noch wachsen und sich ihre nach unten geneigte Wuchsrichtung im Laufe der Zeit wahrscheinlich verliert.

5 Zum Schluß die Ringelblumen gleichmäßig über das Gesteck verteilen. Ihre Stengel sind sehr empfindlich und sollten mit größter Sorgfalt in die Steckmasse gedrückt werden.

Bei diesem Arrangement gilt es, zwei Aspekte zu beachten: Erstens sollten Sie berücksichtigen, daß die Tulpen noch wachsen und ihre natürliche Krümmung verlieren werden, und zweitens empfiehlt es sich, den Lilienknospen genügend Platz einzuräumen, da sie bald aufgehen werden.

DEKORIERTE VASE MIT ROTER ZIMMERKALLA

Mit dieser neuartigen Gestaltungsmethode werden Vasen von außen mit organischem Pflanzenmaterial verkleidet. Die mit Flechten bewachsenen Zweige trocknen im Laufe der Zeit und können bei sorgfältiger Behandlung an dem Gefäß verbleiben, wenn die Zimmerkalla längst verblüht und durch andere Blumen ersetzt worden sind.

Pflanzen und Materialien

Verschiedene, mit Flechten bewachsene Zweige

•

Glasvase

•

Naturbast

•

Gartenschere

•

10 rote Löwenmäulchen

•

15 rote Zimmerkalla

•

3 Kallablätter

Da die Zweige der Vasendekoration über den Rand der Vase hinausragen, werden sie zu einem wichtigen Bestandteil des gesamten Arrangements und bieten darüber hinaus den Blüten zusätzlichen Halt. Ein völlig anderes Erscheinungsbild erzielt man mit getrockneten Blüten, beispielsweise von Sonnenblumen, die mit Heißpunktkleber (Klebepistole) auf eine schlichte Glasvase geklebt werden.

1 Die bewachsenen Zweige mit Bast fest an der Vase befestigen. Dafür zwei lange Bündel Bast quer auf die Arbeitsfläche legen, darüber genügend Zweige (für den Umfang der Vase) ausbreiten, die Vase seitlich darauflegen und die Zweige mit dem Bast fest um die Vase binden. Am Boden überstehende Zweige abschneiden.

2 Die Vase zu drei Vierteln mit Wasser füllen. Die roten Löwenmäulchen im hinteren Bereich plazieren und auf diese Weise Höhe und Breite des Arrangements festlegen.

3 Die Zimmerkalla unterschiedlich kürzen und gleichmäßig über das Arrangement verteilen, um diesem optische Ausgewogenheit und Tiefe zu verleihen. Die Kallablätter diagonal in die Vase stellen, wobei die Länge der Stiele von hinten nach vorn gestaffelt wird. Auf diese Weise erhält das Arrangement zusätzliche Tiefe.

WINTERARRANGEMENT AUS ZWEIGEN

Schnittblumen sind während der Wintermonate meist recht teuer, doch müssen Sie nicht auf den Anblick von frischem Grün verzichten. Dieses Arrangement besteht aus verschiedenen Zweigen, die im Winter fast in jedem Garten zu finden sind. Es läßt sich leicht anfertigen und eignet sich auch als Dekor für große Räume.

Die zarten Flechten mildern die harte, starre Ausrichtung der Lärchenzweige, während der schöne und zart duftende winterblühende Schneeball dem Gesteck eine frühlingshafte Note verleiht. Die dunkelroten Zweige des Hartriegels sorgen für einen Farbtupfer, der sich auch nach dem Trocknen der Zweige nicht verliert.

1 Die Lärchenzweige so kürzen, daß die meisten von ihnen die maximale Höhe des Arrangements festlegen. Der Keramiktopf sollte etwa ein Drittel der Gesamthöhe der Zweige ausmachen.

2 Die Hartriegelzweige staffelartig kürzen und zwischen den Lärchenzweigen arrangieren. Dabei so vorgehen, daß die längsten Zweige im Hintergrund angeordnet sind und die kürzeren vorn.

3 Den blühenden Schneeball ebenfalls von hinten nach vorn staffeln. Prüfen Sie, ob die im Wasser befindlichen Zweigenden frei von Flechten und Rinden sind (damit sie nicht faulen) und tief eingeschnitten wurden (um die Wasseraufnahme zu verbessern).

Pflanzen und Materialien

5 mit Flechten bewachsene Lärchenzweige

•

Gartenschere

•

Großer Keramiktopf

•

5–10 Zweige Hartriegel mit roter Rinde

•

10 Zweige Schneeball (Viburnum × bodnantense *›Dawn‹*)

Die im Wasser stehenden Enden der Zweige müssen sorgfältig von Flechten und Rinde befreit werden, da sie sonst verfaulen und das Wachstum von Bakterien begünstigen, wodurch sich die Lebensdauer des Arrangements erheblich verkürzt und das Wasser schon bald übel zu riechen beginnt.

KRÄUTERPYRAMIDE MIT GEMÜSE

Pflanzen und Materialien

Lineal
•
Bleistift
•
1 Block Steckmasse
•
Scharfes Messer
•
Gefäß (nach Wahl)
•
7 Radieschen
•
8 Champignons
•
9 kleine neue Kartoffeln, gewaschen
•
Steckdraht (1,2 mm)
•
Gartenschere
•
Dill
•
Currypflanze
•
Majoran
•
Blühende Minze
•
Lorbeerblätter

In einer Urnenvase wirkt die Pyramide besonders imposant, während ihr ein Terrakottatopf oder ein mit Moos ausgekleideter Korb ein etwas zwangloseres, rustikaleres Flair verleihen.

Diese farbenfrohe Pyramide aus Kräutern und Gemüse wirkt einzeln sehr reizvoll, aber als Pärchen kommt ihre Attraktivität noch besser zur Geltung. Sie eignet sich besonders gut als Dekoration für ein Büffet, kann aber – in einer passenden Umgebung – ebensogut als rein dekoratives Schaustück eingesetzt werden.

1 Auf dem Steckmasseblock mit Lineal und Bleistift die Schnittlinien vorzeichnen. Den Block mit einem scharfen Messer zuschneiden, bis er die gewünschte Form erreicht. Den Block mit Wasser vollsaugen lassen und fest in das gewählte Gefäß pressen.

2 Alles Gemüse andrahten: Dazu einen Steckdraht horizontal durch den Boden des Gemüses schieben, die überstehenden Drahtenden nach unten umbiegen (nicht zusammendrehen, damit sie mit beiden Enden in der Steckmasse Halt finden können) und auf etwa 4 cm Länge kürzen. Champignons sind besonders empfindlich und müssen daher äußerst vorsichtig angedrahtet werden. Das Gemüse – in einer vorher festgelegten Reihenfolge, die Größe und Farbe berücksichtigen sollte – in horizontalen Ringen von unten nach oben in die Pyramide stecken.

3 Die Lücken zwischen den Gemüseringen auffüllen, dabei für jeden Zwischenraum ein anderes Kraut verwenden. Als Abschluß eine Reihe gleich großer Lorbeerblätter am unteren Rand des Kegels in die Steckmasse schieben, so daß eine elegante Randverzierung entsteht.

Rechts: Detail des fertigen Arrangements

KERZENDEKORATION AUS PAPAGEIENTULPEN

Ein weitverbreitetes Vorurteil besagt, daß eine vollerblühte Blume kurz vor dem Ende ihres nützlichen Daseins steht. Die Lebensdauer dieser Papageientulpen wurde dagegen einfach dadurch verlängert, daß man ihre Stiele kürzte. Das Rot und Gelb ihrer geöffneten Blütenblätter erzeugt am Fuß der Kerze den Eindruck flackernder Flammen.

Pflanzen und Materialien

Ring aus Steckmasse, etwa 15 cm Durchmesser, und passendes Gefäß

•

Kerze, 22,5 × 7,5 cm

•

Gartenschere

•

7–8 vollerblühte Papageientulpen

Mit Hilfe der oben erwähnten Methode läßt sich auch die Lebensdauer anderer Blumen, etwa Rosen oder Butterblumen, verlängern. Die Kerze nie unbeobachtet und höchstens bis auf eine Länge von etwa 5 cm oberhalb des Gestecks herabbrennen lassen.

1 Den Steckmassering mit Wasser vollsaugen lassen. Die Kerze in die Ringmitte stellen und darauf achten, daß sie fest und sicher steht.

2 Die Tulpenstiele auf etwa 3 cm Länge kürzen und in die Steckmasse schieben. Dabei die Tulpen so gleichmäßig über den Ring verteilen, daß keine Steckmasse mehr sichtbar ist.

KERZENDEKORATION AUS BEEREN

Eine im Handel erhältliche rote Kerze in einem Steinguttopf kann in eine prächtige Tischdekoration verwandelt werden, indem man sie mit Laub und Früchten aus dem Garten schmückt. Bei diesem einfach herzustellenden, aber sehr attraktiven Arrangement stellt man den Steinguttopf in einen kleinen Drahtkorb und schmückt dessen Maschen kunstvoll mit Früchten und Blattpflanzen.

1 Den Steinguttopf in den Drahtkorb stellen. Die Jungfernrebe durch die Maschen rund um den oberen Korbrand stecken; anschließend eine dichte Girlande aus Jungfernrebenblättern rund um den Korb aufbauen.

2 Die Brombeerstiele wegen der Verletzungsgefahr entdornen und auf eine Länge von etwa 6 cm kürzen. Die Stiele gleichmäßig verteilt zwischen die Jungfernrebenblätter-Girlande in den Drahtkorb stecken.

3 Auf die gleiche Weise die Hagebutten vorbereiten und in kleinen Gruppen rund um den Korb verteilen. Wenn dieses Arrangement bewegt werden soll, ist es besser, die Pflanzenstiele mit Silberdraht am Drahtkorb zu befestigen.

Pflanzen und Materialien

Steinguttopf mit Kerze
•
Kleiner, viereckiger Drahtkorb
•
Jungfernrebenblätter mit Stielen
•
Brombeerbüschel mit Stielen
•
Gartenschere
•
Hagebuttenbüschel mit Stielen
•
Silber- oder Rosendraht

Die in diesem Arrangement verarbeiteten Pflanzenmaterialien sollten regelmäßig besprüht werden, sind aber robust genug, um auch ein oder zwei Tage ohne Wasser auszukommen. Die Kerze nie unbeobachtet brennen lassen. Das Gesteck wird hier durch den Steinguttopf geschützt.

FLORALES DESIGN MIT TROCKEN-BLUMEN

Phantasievolle Trockenblumenarrangements zeigen die Natur von ihrer schönsten Seite. Ob Duftsträußchen aus Rosen und Lavendel oder aufsehenerregende Blumenkränze und Girlanden – hier finden Sie alles, was Sie zur Herstellung solcher Arrangements, die den Betrachter viele Monate lang mit ihrer Schönheit erfreuen, benötigen. Die folgenden Arrangements wurden aus einer großen Auswahl verschiedener Trockenblumen, Gräser, Blätter, sogar aus Muscheln und Seesternen angefertigt und stellen für den Anfänger sowie den Blumenfachmann eine reizvolle Herausforderung dar.

EINSTIMMUNG

Rechts: Biedermeiersträußchen aus Trockenblumen (Seite 166)

Oben: Arrangement in einem handbemalten Terrakottatopf (Seite 110)

Rechts: Mondsichel (Seite 176)

Trockenblumen wurden in früheren Zeiten hauptsächlich als winterlicher Ersatz für frische Schnittblumen benötigt. Aber verbesserte Trocknungsverfahren haben dazu geführt, daß heutzutage eine große Vielfalt von getrocknetem Pflanzenmaterial in leuchtenden Farben erhältlich ist. Diese erstaunliche Bandbreite von Material und Farbe bildet die Basis völlig neuer Möglichkeiten im Bereich der Trockenblumenarrangements.

Die heutige Entwicklung bei Trockenblumendesigns tendiert zu einer Betonung von Farben und Oberflächenstrukturen durch massierte Materialverwendung, so daß die jeweilige Zusammenstellung den Gesamteindruck bestimmt. Selbst wenn verschiedene Varietäten in einer Komposition verarbeitet werden, sollte man sie in Büscheln zusammenfassen, um die größtmögliche Wirkung zu erzielen. Es wird immer seltener mit Einzelexemplaren einer bestimmten Pflanze gearbeitet, da derartige Arrangements meist wie bunt zusammengewürfelt wirken.

Wer sein Pflanzenmaterial besonders gut zur Geltung bringen will, sollte es mutig mit anderen Materialien kombinieren – getrocknete Früchte, Kürbisse, Muscheln, Wurzeln und Treibholz können einem Arrangement eine äußerst individuelle Note verleihen. Besonders üppig wirkt ein Gesteck immer dann, wenn man Büschel aus getrockneten Kräu-

Oben: Apfel-Lavendel-Formbäumchen (Seite 112)

Links: Gesteck aus Äpfeln und Pfingstrosen (Seite 118)

tern und Gewürzpflanzen sowie verschiedene getrocknete Moose hinzufügt und in Gruppen gefüllter Terrakottatöpfe zusammenstellt. Bei den heutigen Auswahlmöglichkeiten ist ein Trockenblumenarrangement keineswegs mehr mit den blaßbraunen und orangefarbenen Staubfängern der Vergangenheit zu vergleichen.

Trotz der verbesserten Trocknungsverfahren für Pflanzenmaterialien fordern der Zahn der Zeit, Sonnenlicht, Feuchtigkeit und Staub auch heute noch ihren Tribut – geben Sie sich nicht der Hoffnung hin, daß ein Trockenblumenarrangement ewig hält. Eine Lebensdauer von etwa sechs Monaten ist das Beste, was man erwarten kann, bevor getrocknete Pflanzen staubig und verblaßt auszusehen beginnen.

Dennoch läßt sich mit ein paar einfachen und leicht verständlichen Vorsichtsmaßregeln die Lebensdauer Ihres Arrangements bis zum letzten ausschöpfen: Ein Gesteck sollte nicht in direktem Sonnenlicht stehen, da es sonst schnell verblaßt; Trockenblumen dürfen keine Feuchtigkeit aufnehmen und sollten daher nicht dem Kondenswasser in Badezimmern und auf Fensterbänken ausgesetzt sein; um das Ansammeln von Staub zu vermeiden, müssen Trockenblumenarrangements hin und wieder mit dem Kaltluftgebläse eines Föns auf niedrigster Stufe »gereinigt« werden; und frisch angefertigte – nicht bereits eingestaubte – Gestecke sollte man mit Haarspray übersprühen, um das Abfallen von Grassamen und Blütenblättern zu verhindern.

Ein besonders dankbarer Aspekt der Arbeit mit Trockenblumen ist das Trocknen und Haltbarmachen des Pflanzenmaterials. Auf den folgenden Seiten werden die dazu notwendigen Methoden ausführlich erklärt; darüber hinaus finden Sie dort eine Liste der wichtigsten Pflanzenmaterialien mit Angaben zum jeweils passenden Trocknungsverfahren. Falls Sie eine Pflanze in dieser Aufzählung vermissen, sollten Sie versuchen, die Eigenschaften dieser Pflanze zu bestimmen, einen ähnlichen Pflanzentypus aus der Liste auswählen und dessen Trocknungsmethode übernehmen.

Unten: Kranz aus Rosen und Seesternen (Seite 120)

METHODEN DES TROCKNENS

LUFTTROCKNEN

Das Trocknen an der Luft ist wahrscheinlich die einfachste Methode zur Konservierung von Pflanzenmaterial. Der Ausdruck selbst steht als Oberbegriff für eine Reihe von Techniken, die alle das Haltbarmachen von Pflanzen ohne chemische oder andere Hilfsmittel gemein haben.

Die ideale Umgebung zum Lufttrocknen ist dunkel, warm, sauber, staubfrei, gut gelüftet und vor allem – trocken. Im allgemeinen bieten Dachböden, Heizungsräume oder Wäschetrockenschränke am ehesten diese Bedingungen.

PFLANZEN ERNTEN

Wenn Sie Blumen und Blätter aus dem eigenen Garten für Ihre Trockenblumenarrangements verwenden wollen, sollten Sie darauf achten, daß die Pflanzen so trocken wie möglich sind, wenn Sie sie ernten. Am besten eignet sich dazu ein trockener Tag, nachdem der Morgentau verdunstet ist und bevor sich die abendliche Feuchtigkeit auf die Pflanzen legt.

Darüber hinaus empfiehlt es sich, die Pflanzen am richtigen Punkt ihres Wachstums zu ernten, damit die Farben ihre Leuchtkraft behalten und die Blütenblätter nicht abfallen. Zwar zeigt die Erfahrung, daß dieser Punkt von Pflanze zu Pflanze unterschiedlich ausfallen kann, aber im allgemeinen sollte man das Material sammeln, wenn es weder zu jung noch zu reif ist – also kurz vor der vollen Blüte, wenn die Pflanze noch jung, frisch und fest wirkt. Samenkapseln und Gräser müssen voll entwickelt sein – bei zu reifen Exemplaren könnten die Samen abfallen.

Falls Sie im Handel erhältliches Pflanzenmaterial kaufen und dieses selbst trocknen wollen, sollten Sie auch bei dessen Auswahl an die genannten Grundregeln denken und darauf achten, daß es nach dem Kauf so schnell wie möglich getrocknet wird.

Die Wahl der richtigen Trocknungsmethode setzt ein wenig Erfahrung voraus.

HÄNGEND LUFTTROCKNEN

In vielen Fällen lassen sich die Blätter einer Pflanze wesentlich schlechter trocknen als deren Blüten. Aus diesem Grund sollten Sie vor dem Trocknen einer Blume alle Blätter der unteren Stielhälfte entfernen.

Als Grundregel gilt: Wenn man Pflanzenmaterial in Sträußen trocknet, dürfen nur Pflanzen einer Varietät und nie mehr als 10 Stiele gleichzeitig zusammengebunden werden. Die einzelnen Stiele sollten etwa gleich lang sein, so daß sich alle Blütenköpfe auf derselben Höhe befinden. Allerdings dürfen die Blüten nicht zu eng zusammenstehen, da sonst die Luftzirkulation eingeschränkt ist und die Blüten schimmeln oder faulen könnten.

Die Stiele bindet man am besten mit Schnur, Naturbast und einem Gummiband zusammen. Da die Stiele beim Trocknen schrumpfen können, empfiehlt sich ein Gummiband, das sich der veränderten Stielform anpaßt.

Anschließend hängt man die Sträuße mit den Köpfen nach unten an einem geeigneten Ort hoch genug auf, ihre Stiele senkrecht nach oben, so daß sie nicht beschädigt werden können.

Die Trocknungsdauer ist von Pflanze zu Pflanze verschieden und außerdem abhängig von Faktoren wie der Wetterlage, der Größe des Straußes und der Temperatur. Dennoch sollten Sie immer darauf achten, daß Ihre Pflanzen völlig durchgetrocknet sind, bevor Sie sie für ein Arrangement verwenden. Dies ist dann der Fall, wenn der dickste Teil des Blütenkopfes getrocknet ist und die Blütenstiele bei leichtem Biegen brechen. Sollten die Pflanzen noch einen Rest von Feuchtigkeit enthalten, wird Ihr Material zu schimmeln beginnen, erschlaffen und verwelken.

Durch das Gewicht der Blütenköpfe bleiben die Stiele gerade.

Einige Pflanzen lassen sich zwar an der Luft trocknen, sollten dabei aber nicht kopfüber aufgehängt werden. Dies gilt vor allem für die herabhängenden Fruchtkapseln der Lampionblume, die nach einem solchen Trocknungsverfahren unnatürlich aussehen würden. Statt dessen sollte man sie einzeln mit einem Haken versehen und aufrecht an einem horizontal gespannten Draht oder einer Wäscheleine aufhängen oder ohne Wasser in eine Vase stellen.

AUF EINEM MASCHENDRAHT-GESTELL LUFTTROCKNEN

Es gibt Pflanzen, deren kleine Blüten sich beim Lufttrocknen kopfüber aufrollen. Sie werden am besten auf einem Gestell aus waagerecht gespanntem feinem Maschendraht getrocknet und an einem geeigneten Ort aufgestellt. Stecken Sie einfach die Pflanzenstiele durch die Maschen, so daß die Pflanze vom Blütenkopf aufrecht gehalten wird.

Hortensienblüten und Schleierkraut können beide mit den Stielen im Wasser luftgetrocknet werden.

LUFTTROCKNEN MIT DEN STIELEN IM WASSER

Diese manchmal auch als »Verdunstungstechnik« bezeichnete Trocknungsmethode eignet sich vor allem für Hortensien, Zierlauch und Heidekraut, die zu verwelken beginnen, bevor der Trocknungsprozeß abgeschlossen ist.

Und dies ist die Vorgehensweise: Die Stielenden in einem Winkel von 45 Grad mit einem Messer anschneiden und an einem geeigneten Ort in ein Gefäß stellen, das etwa 7,5 cm hoch mit Wasser gefüllt ist. Auf diese Weise wird der Trocknungsprozeß verlangsamt, so daß das Pflanzenmaterial in einer natürlichen Haltung völlig durchtrocknen kann, ohne daß sich die Beschaffenheit der Blüten wesentlich verändert. Das Wasser in dem Gefäß verdunstet.

LUFTTROCKNEN IN EINER »NATÜRLICHEN« HALTUNG

Einige Pflanzen lassen sich am besten aufrecht stehend an der Luft trocknen, wobei sie ihre natürliche Form behalten.

Zu diesem Zweck stellt man das Pflanzenmaterial einfach in ein Gefäß, das man auch für ein Arrangement verwenden würde, und läßt es an einem geeigneten Ort in seiner natürlichen Form an der Luft trocknen. Diese Methode eignet sich vor allem für Gräser und Mimosenzweige.

Bei manchen Pflanzen kann diese Methode sogar zu außergewöhnlichen Resultaten führen. Die normalerweise geraden Halme des Bärengras *(Xerophyllum tenax)* verformen sich beim Trocknen in einem niedrigen Gefäß zu attraktiven kleinen Ringeln. Sie können Gräser aber auch an der Luft trocknen, indem Sie sie einfach an einem geeigneten Ort flach auf ein Stück Papier legen; auf diese Weise behalten sie ebenfalls ihren natürlichen Wuchs.

TROCKNEN MIT EINEM TROCKENMITTEL

Die Verwendung eines Trockenmittels wie Sand, Borax oder – am besten – Silikagel ist eine besonders wirkungsvolle Methode der Konservierung. Das Trockenmittel entzieht der Pflanze ganz langsam sämtliche Feuchtigkeit – ein zeitaufwendiger Prozeß, der aber die Mühe lohnt, da die auf diese Weise getrockneten Pflanzen in ihren Formen und Farben so frisch und unverändert wirken wie bei keiner anderen Methode.

Trockenmittel verwendet man vor allem zum Haltbarmachen fleischiger Blütenköpfe: Lilien, Tulpen, Freesien, Gartenstiefmütterchen und geöffnete Gartenrosen lassen sich mit diesem Verfahren am besten trocknen und bieten dem Floristen auf diese Weise eine große Vielfalt getrockneten Pflanzenmaterials, das im allgemeinen nicht im Handel erhältlich ist.

Für den Floristen lohnt sich diese Methode allerdings nicht bei Pflanzen, die sich leicht an der Luft trocknen lassen; denn Trockenmittel sind nur für kleine Mengen von Pflanzenmaterial geeignet, und Silikagel ist relativ kostspielig.

Für diese Methode müssen Blumen in einem erstklassigen Zustand sein und sollten möglichst erst nach einigen Stunden in der Sonne gepflückt werden, damit sie wenig Oberflächenfeuchtigkeit aufweisen.

Entscheiden Sie sich immer für eine Trocknungsmethode, bei der das Pflanzenmaterial seine ursprüngliche Form und Farbe behält.

In jeder Jahreszeit findet man Blumen und Pflanzen, die sich zum Trocknen eignen.

BLUMEN VOR DEM TROCKNEN MIT EINEM TROCKENMITTEL ANDRAHTEN

Die Arbeit mit Trockenmitteln eignet sich im allgemeinen nur für Blütenköpfe, da bei diesem Verfahren die Stiele weich werden, daß sie buchstäblich unbrauchbar sind; außerdem neigen mit Trockenmitteln getrocknete Pflanzen dazu, spröde und zerbrechlich zu werden. Wenn Sie also eine Blüte mit einem Drahtstiel versehen wollen, sollte dies vor dem eigentlichen Trocknungsprozeß geschehen.

Blumen mit hohlen Stielen wie Zinnien werden angedrahtet, indem man den Steckdraht durch den Stiel bis in den Blütenkopf schiebt – aber nicht zu weit in die Blüte schieben, da der Blütenkopf beim Trocknen schrumpft und dadurch ein häßliches Drahtende zum Vorschein käme. Blumen mit schweren Blüten wie Dahlien müssen mit der Blüte nach oben trocknen und dürfen daher nur mit kurzen Drahtstielen versehen werden, die Sie nach dem Trocknen verlängern können. Bei Pflanzen mit holzigen, zähen oder sehr dünnen Stielen wird der Steckdraht horizontal durch den Blütenboden geschoben, die überstehenden Enden werden nach unten gebogen und zu einem Stiel geformt.

Blüten und Stiele schrumpfen während des Trocknens und ein angedrahteter oder gegabelter Draht würde sich lockern und herausrutschen. Deshalb muß der Draht korrekt und sicher in den Stiel der noch frischen Blume geschoben werden. Denken Sie daran, daß Sie die Drahtstärke für das Andrahten oder Gabeln dem Gewicht der frischen Blüte anpassen müssen.

TROCKNEN MIT SILIKAGEL

Silikagel gilt heute als das beste aller erhältlichen Trockenmittel, da es weniger Nachteile aufweist als Sand oder Borax, deren hohes Gewicht das empfindliche Pflanzenmaterial beschädigt. Silikagel besitzt nur ein geringes Eigengewicht und kann sehr fein zerstoßen werden, wodurch sich auch kompliziert aufgebaute Blüten gefahrlos trocknen lassen.

Blumen und Blüten trocknen in Silikagel sehr schnell – die durchschnittliche Trocknungszeit für die meisten Pflanzenmaterialien beträgt fünf bis zehn Tage. Borax oder Sand benötigen bis zu fünf Wochen, bevor die Pflanzen durchgetrocknet sind! Da Silikagel die Feuchtigkeit der Luft absorbiert, brauchen Sie für diese Trocknungsmethode einen luftdicht verschließbaren Behälter, wohingegen sich Borax oder Sand für jede Art von Gefäß eignen, wenn dieses einen Deckel besitzt. In ihrer Anwendung unterscheiden sich die drei Trockenmittel kaum voneinander.

Silikagel-Kristalle mit Farbindikator sind blau, verfärben sich jedoch rosa, wenn sie Feuchtigkeit aufgenommen haben; dadurch läßt sich einfach feststellen, wie weit der Trocknungsprozeß fortgeschritten ist.

1 Das Silikagel vorbereiten und den Boden eines luftdicht verschließbaren Gefäßes etwa 5 cm hoch mit Silikagel-Kristallen bedecken.

Die Blüten auf das Silikagel legen – einfache Blüten mit dem Kopf nach unten, gefüllte Blüten mit dem Kopf nach oben. Bei angedrahteten Blütenköpfen muß der Draht entsprechend weit umgebogen werden.

2 Wenn alle Blüten im Gefäß liegen, mit dem Löffel weiteres Silikagel 5 cm hoch darüberstreuen, sie sollen völlig bedeckt sein. Darauf achten, daß alle Teile der Blüte mit den Kristallen bedeckt sind. Bei einer gefüllten Blüte die Kristalle mit einem Zahnstocher vorsichtig bis in die kleinste Ritze schieben. Das Gefäß verschließen und mit Klebeband luftdicht abschließen.

Da jede Pflanze zum Trocknen unterschiedlich lange braucht, müssen Sie den Trocknungsprozeß in regelmäßigen Abständen überprüfen. Liegt eine Pflanze zu lange im Trockenmittel, wird sie brüchig und spröde. Wie lange es dauert, bis eine bestimmte Pflanzensorte getrocknet ist, läßt sich am besten anhand einiger Versuche herausfinden.

Manche Blumen mit einer sehr tiefen Kelchform, wie zum Beispiel Tulpen, behalten ihre Form am ehesten, wenn man die Blüten einzeln in einem entsprechend geformten Gefäß, zum Beispiel in einer Plastiktasse oder einem Joghurtbecher voller Kristalle, trocknet und diese mit einer Klarsichtfolie luftdicht verschließt.

Nachdem Sie Ihre getrockneten Pflanzen aus dem Silikagel genommen haben, sollten Sie den auf den Blättern zurückgebliebenen Kristallstaub mit einem feinen, weichen Pinsel entfernen.

Silikagel läßt sich problemlos mehrfach verwenden: Verteilen Sie einfach die feuchten Kristalle auf ein Backblech und lassen Sie sie im warmen Backofen trocknen. Dank des Farbindikators können Sie mit einem Blick feststellen, ob Ihr Silikagel trocken ist, sich also wieder blau verfärbt hat.

TROCKNEN IN DER MIKROWELLE

Der Trocknungsprozeß mit Silikagel kann in der Mikrowelle beschleunigt werden. Nachteilig ist allerdings, daß Sie kein angedrahtetes Pflanzenmaterial in die Mikrowelle legen dürfen – und ein Andrahten nach dem Trocknen ist aufgrund der Empfindlichkeit des getrockneten Pflanzenmaterials äußerst schwierig.

Die Pflanzen in einen Behälter mit Silikagel legen und vollständig mit den Kristallen bedecken. Den Behälter – ohne Deckel – in die Mikrowelle stellen, daneben eine halbvolle Tasse Wasser. Zarte Blüten benötigen weniger als zwei Minuten, fleischigere Blumen brauchen etwas länger. Auch bei dieser Trocknungsmethode findet man die richtige Trocknungsdauer am besten mit ein wenig Experimentieren heraus. Nach dem Trocknen das Silikagel etwas abkühlen lassen, anschließend die Blüten aus dem Gefäß nehmen.

LAGERUNG VON MIT TROCKENMITTEL GETROCKNETEN BLUMEN

Sie sollten zwischen mehreren Lagen Seidenpapier in einem luftdicht verschließbaren Behälter aufbewahrt werden. Legen Sie zusätzlich ein kleines Säckchen Silikagel in den Behälter, damit eventuell neu auftretende Feuchtigkeit absorbiert wird; die Kristalle dürfen mit den Blumen nicht in direkten Kontakt kommen.

Von Natur aus getrocknete Materialien eignen sich hervorragend für ein Arrangement.

HALTBARMACHEN MIT GLYZERIN

Viele Blattsorten trocknen nur sehr schlecht an der Luft; das Grün der Pflanzen beginnt zu verblassen, und man erhält letztendlich brüchiges und verwelkt aussehendes Material. Glücklicherweise lassen sich die meisten Blattpflanzen mit Glyzerin problemlos haltbar machen. Bei dieser Methode ersetzt eine Lösung aus Glyzerin und Wasser die natürliche Feuchtigkeit, die aus den Stielen und Blättern des Pflanzenmaterials verdunstet.

Da dieser Prozeß hauptsächlich auf der Fähigkeit des Pflanzenmaterials beruht, die Lösung aufzunehmen, eignet er sich nicht für Herbstlaub, das bekanntermaßen bereits abgestorben ist. Vielmehr sollte das Pflanzenmaterial für diese Methode in der Mitte seiner Wachstumsperiode geschnitten werden, wenn die Blätter zwar schon vollständig entwickelt, aber noch relativ jung und voller Pflanzensaft sind. Zu junges Blattwerk, das noch besonders weich und blaßgrün erscheint, ist ungeeignet.

Die Stielenden des Pflanzenmaterials im Winkel von 45 Grad anschneiden und die unteren Blätter entfernen. Etwa 6 cm Rinde vom unteren Rand des Stiels abschaben und den Stiel etwa 10 cm weit einschneiden, damit die Pflanze die Glyzerinlösung schnell aufnehmen kann.

Einen Teil Glyzerin mit zwei Teilen heißem Wasser vermischen und in ein wasserdichtes Gefäß gießen, bis es etwa 20 cm hoch gefüllt ist. Die Größe des Gefäßes richtet sich nach der Menge des Pflanzenmaterials. Die Pflanzen mit den Stielen hineinstellen und zwei bis sechs Wochen darin stehen lassen – je nach Größe und Struktur der Blätter –, bis sie die Lösung völlig aufgenommen haben. Überprüfen, ob sich noch genügend Glyzerinlösung im Gefäß befindet, gegebenenfalls bis zur ursprünglichen Menge nachfüllen.

Wenn Sie einzelne Blätter mit Glyzerin konservieren wollen, legen Sie sie am besten in eine Mischung aus einem Teil Glyzerin und einem Teil Wasser. Nach etwa zwei bis drei Wochen haben die Blätter die Mischung aufgenommen; herausnehmen und abwischen.

Das Konservieren mit Glyzerin eignet sich am besten für ausgewachsenes, kräftiges Pflanzenmaterial wie Buche, Hainbuche, Magnolie oder Ölweide. Allerdings lassen sich auch einige weniger robuste Pflanzen wie *Moluccella laevis* (Muschelblume) oder Efeuranken mit einer Glyzerinlösung haltbar machen.

Wenn man Pflanzenmaterial in Glyzerin einlegt, verfärben sich die Blätter in verschiedene Braunschattierungen. Sobald alle Blätter diesen Farbwechsel aufweisen, ist der Konservierungsprozeß abgeschlossen. Die optischen Veränderungen bei einer Behandlung mit Glyzerin können bei Pflanzen derselben Sorte unterschiedlich ausfallen, aber mit zunehmender Erfahrung werden Sie immer besser in der Lage sein, das von Ihnen angestrebte Ergebnis zu erreichen. Auch Blattwerk mit Beeren läßt sich mit Glyzerin haltbar machen, wobei die Beeren allerdings schrumpfen und eine andere Farbe annehmen.

Ein Vorteil dieser Methode liegt darin, daß das Pflanzenmaterial geschmeidig bleibt und staubige Blätter mit einem feuchten Tuch abgewischt werden können.

PFLANZENVERZEICHNIS NACH TROCKNUNGSMETHODEN

Die folgende Liste enthält eine Reihe von Pflanzen und Materialien samt den für sie geeigneten Trocknungsmethoden. Falls Sie eine Pflanze nicht finden, sollten Sie versuchen, die Eigenschaften dieser Pflanze zu bestimmen, einen ähnlichen Pflanzentypus aus der Liste auswählen und dessen Trocknungsmethode übernehmen.

Pflanzenname	Botanischer Name	Pflanzenteil	Trocknungsmethode
Ackerrittersporn	*Delphinium consolida*	Blütenstand	Lufttrocknen Trockenmittel
Agastache	*Agastache*	Blüte	Lufttrocknen
Ahorn	*Acer*	Blatt	Glyzerin
Anemone	*Anemone*	Blüte	Lufttrocknen
Atlasblume	*Godetia*	Blüte	Lufttrocknen
Bärenklau	*Acanthus*	Blütenstand Blatt	Lufttrocknen Glyzerin
Bartnelke	*Dianthus barbatus*	Blüte	Lufttrocknen (schnell)
Bartweizen	*Triticum*	Stiel und Samenstand	Lufttrocknen
Bergdistel	*Eryngium*	Blüte	Lufttrocknen
Blasen-Giftbeere	*Nicandra physaloides*	Samenkapsel	Lufttrocknen
Brandkraut	*Phlomis fruticosa*	Blüte, Blatt und Samenstand	Lufttrocknen
Brombeere	*Rubus (Rosaceae)*	Blatt Beere	Glyzerin
Buche	*Fagus*	Blatt	Glyzerin
Dahlie	*Dahlia*	Blüte	Trockenmittel
Dryandra	*Dryandra*	Blüte	Lufttrocknen
Eberwurz	*Carlina*	Samenkapsel	Lufttrocknen
Edelnelke	*Dianthus*	Blüte	Trockenmittel
Efeu	*Hedera*	Blatt	Glyzerin
Eukalyptus	*Eucalyptus*	Blatt	Lufttrocknen Glyzerin
Färberdistel	*Carthamus tinctorius*	Blüte	Lufttrocknen
Farne		Blatt	Glyzerin
Feigenbaum	*Ficus*	Blatt	Glyzerin
Fenchel	*Foeniculum vulgare*	Blatt Samenstand	Lufttrocknen Mikrowelle Lufttrocknen
Fetthenne	*Sedum*	Blüte	Lufttrocknen Trockenmittel Mikrowelle
Fingerhut	*Digitalis*	Blüte	Trockenmittel
Flachs	*Linum usitatissimum*	Stiel und Samenstand	Lufttrocknen
Flieder	*Syringa vulgaris*	Kleine Blütenzweige	Trockenmittel

Pflanzenname	Botanischer Name	Pflanzenteil	Trocknungsmethode
Flockenblume	*Centaurea*	Samenkapsel	Lufttrocknen
Forsythie	*Forsythia*	Blütenzweige	Trockenmittel
Frauenmantel	*Alchemilla mollis*	Blüte	Lufttrocknen Mikrowelle
Freesie	*Freesia*	Blüte	Trockenmittel
Funkie	*Hosta*	Blatt	Glyzerin
Gartenfuchsschwanz	*Amaranthus caudatus*	Blütenstand	Lufttrocknen
Garten-Stiefmütterchen	*Viola wittrockiana*	Blüte	Trockenmittel
Gartenwicke	*Lathyrus odoratus*	Blüte	Trockenmittel
Geranie (Storchschnabel)	*Geranium*	Blatt und Blüte	Trockenmittel
Ginster	*Cytisus*	Blütenzweig	Lufttrocknen Trockenmittel
Glanzgras	*Phalaris*	Stiel und Samenstand	Lufttrocknen
Glockenblume	*Campanula*	Blüte	Lufttrocknen
Glockenheide	*Erica cinerea*	Blüte	Lufttrocknen
Goldlack	*Cheiranthus*	Blüte	Trockenmittel
Goldraute	*Solidago*	Blüte	Lufttrocknen Mikrowelle
Hafer	*Avena sativa*	Stiel und Samenrispe	Lufttrocknen
Hahnenfuß (Butterblume)	*Ranunculus*	Blüte	Trockenmittel
Hahnenkamm	*Celosia*	Blüte	Lufttrocknen Lufttrocknen in Wasser
Hasenschwanzgras	*Lagurus ovatus*	Stiel und Samenstand	Lufttrocknen
Heidekraut	*Erica*	Blütenstand	Glyzerin Lufttrocknen in Wasser
Herkulesstaude	*Heracleum mantegazzianum*	Stiel und Samenstand	Lufttrocknen
Hopfen	*Humulus*	Blatt und Hochblatt	Lufttrocknen Glyzerin
Hortensie	*Hydrangea*	Blüte und Hochblatt	Lufttrocknen Mikrowelle Lufttrocknen in Wasser
Hyazinthe	*Hyacinthus*	Blüte	Trockenmittel
Jungfer im Grünen	*Nigella damascena*	Blüte und Balgfrucht	Lufttrocknen
Kamelie	*Camellia*	Blüte	Trockenmittel
Kerrie	*Kerria*	Blüte	Lufttrocknen
Kiefer	*Pinus*	Zapfen	Lufttrocknen
Kissenprimel	*Primula vulgaris*	Blüte	Trockenmittel
Knäuelgras	*Dactylis glomerata*	Stiel und Samenstand	Lufttrocknen
Kokardenblume	*Gaillardia*	Samenkapsel	Lufttrocknen
Königskerze	*Verbascum*	Samenstand	Lufttrocknen
Korkspindelstrauch	*Euonymus alatus*	Blüte	Lufttrocknen
Kornblume	*Centaurea cyanus*	Blüte	Lufttrocknen Mikrowelle Lufttrocknen in Wasser
Kugelamarant	*Gomphrena globosa*	Blüte	Lufttrocknen
Kugeldistel	*Echinops*	Distelkopf	Lufttrocknen

Pflanzenname	Botanischer Name	Pflanzenteil	Trocknungsmethode
Kümmel	*Carum carvi*	Samenkapsel	Lufttrocknen
Lampionblume	*Physalis*	Stiel und Samenkapsel	Lufttrocknen
Lavendel	*Lavandula*	Blütenstand	Lufttrocknen Lufttrocknen in Wasser
Leimkraut	*Silene*	Blüte	Lufttrocknen
Levkoje	*Matthiola*	Blüte	Trockenmittel
Lilie	*Lilium*	Blüte	Trockenmittel
Lorbeer	*Laurus*	Blatt	Trockenmittel Glyzerin
Lupine	*Lupinus*	Blüte Samenstand	Trockenmittel Lufttrocknen
Magnolie	*Magnolia*	Blüte	Trockenmittel
Maiglöckchen	*Convallaria*	Blüte	Trockenmittel
Mais	*Zea mays*	Maiskolben	Lufttrocknen
Maßliebchen	*Bellis*	Blüte	Trockenmittel
Matricaria (Mutterkraut)	*Chrysanthemum parthenium*	Blüte	Lufttrocknen in Wasser Mikrowelle
Meerlavendel	*Psylliostachys*	Blüte	Lufttrocknen
Mimose	*Acacia dealbata*	Blütenzweig	Lufttrocknen Trockenmittel Lufttrocknen in Wasser
Mohn	*Papaver*	Samenkapsel	Lufttrocknen
Muschelblume	*Moluccella laevis*	Hochblatt	Lufttrocknen Glyzerin
Narzisse (Osterglocke)	*Narcissus*	Blüte	Glyzerin Trockenmittel
Ölweide	*Eleagnus*	Blatt	Glyzerin Mikrowelle
Orchideen	*Orchidaceae*	Blüte	Trockenmittel
Orangenblume	*Choisya*	Blatt	Glyzerin
Pampasgras	*Cortaderia selloana*	Stiel und Samenstand	Lufttrocknen
Papierblume	*Xeranthemum*	Blüte	Lufttrocknen
Perlpfötchen	*Anaphalis*	Blüte	Lufttrocknen Lufttrocknen in Wasser
Perückenstrauch	*Cotinus*	Samenstand Blatt	Lufttrocknen Glyzerin
Pfingstrose	*Paeonia*	Blüte	Lufttrocknen Trockenmittel
Prachtscharte	*Liatris*	Blütenstand	Lufttrocknen
Prachtspiere	*Astilbe*	Blüte	Lufttrocknen
Primel	*Primula*	Blüte	Trockenmittel
Rainfarn	*Tanacetum vulgare*	Blüte	Lufttrocknen Mikrowelle
Rhododendron	*Rhododendron*	Blatt	Glyzerin Mikrowelle
Ringelblume	*Calendula officinalis*	Stiel und Samenstand	Lufttrocknen Trockenmittel
Rispenhirse	*Panicum miliaceum*	Samenstand	Lufttrocknen
Rittersporn	*Delphinium*	Blütenstand	Lufttrocknen Trockenmittel
Rohrkolben	*Typha latifolia*	Samenkolben	Lufttrocknen
Römische Kamille	*Chamaemelum nobile Anthemis*	Blüte	Lufttrocknen Lufttrocknen in Wasser
Rose	*Rosa*	Knospe, Blüte, Blatt offene Blüte Hagebutte	Lufttrocknen Trockenmittel Glyzerin
Rosmarin	*Rosmarinus officinalis*	Blatt (Nadeln)	Glyzerin Lufttrocknen Mikrowelle
Rotbuche	*Fagus sylvatica*	Blatt	Lufttrocknen Glyzerin
Saatweizen	*Triticum aestium*	Stiel und Samenstand	Lufttrocknen

Pflanzenname	Botanischer Name	Pflanzenteil	Trocknungsmethode
Salbei	*Salvia officinalis*	Blüte und Blatt	Lufttrocknen
Sauerampfer	*Rumex acetosella*	Fruchtstand	Lufttrocknen
Schafgarbe	*Achillea millefolium*	Blüte	Lufttrocknen
Schleierkraut	*Gypsophila*	Blüte	Lufttrocknen Lufttrocknen in Wasser Mikrowelle
Schleifenblume	*Iberis*	Blüte Samenkapsel	Trockenmittel Lufttrocknen
Schnittlauch	*Allium schoenoprasum*	Blüte	Lufttrocknen Lufttrocknen in Wasser
Schusterpalme	*Aspidistra*	Blatt	Glyzerin
Schwingelgras	*Festuca*	Stiel und Samenstand	Lufttrocknen
Seggengras	*Carex*	Samenstand	Lufttrocknen
Silberblatt	*Senecio*	Blatt	Lufttrocknen Mikrowelle
Silberling (Judentaler)	*Lunaria*	Samenkapsel	Lufttrocknen
Sonnenblume	*Helianthus*	Blüte	Lufttrocknen
Stechpalme	*Ilex*	Blatt	Glyzerin
Steinbrech	*Saxifraga × urbium*	Blüte	Trockenmittel
Stockmalve	*Alcea*	Blüte	Trockenmittel
Strandflieder	*Limonium*	Blüte	Lufttrocknen Lufttrocknen in Wasser
Strauchmargerite	*Chrysanthemum frutescens*	Blüte	Trockenmittel
Strohblume	*Helichrysum*	Blüte	Lufttrocknen
Studentenblume	*Tagetes*	Blüte	Lufttrocknen
Traubenhyazinthe	*Muscari*	Blüte	Trockenmittel
Tulpe	*Tulipa*	Blüte	Trockenmittel
Waldrebe	*Clematis*	Blatt Sammelfrucht	Lufttrocknen Lufttrocknen
Weberkarde	*Dipsacus fullonum*	Samenkapsel	Lufttrocknen
Weinraute	*Ruta graveolens*	Samenkapsel	Lufttrocknen
Wiesenkerbel	*Anthriscus sylvestris*	Samenstand	Lufttrocknen
Wilde Rebe	*Vitis*	Blatt	Trockenmittel
Wilder Majoran	*Origanum*	Blüte	Lufttrocknen Mikrowelle
Wucherblume	*Chrysanthemum*	Blüte	Trockenmittel
Zierlauch	*Allium*	Blüte	Lufttrocknen in Wasser Lufttrocknen
Zierspargel	*Asparagus plumosus*	Blatt	Mikrowelle
Zimmeraralie	*Fatsia japonica*	Blatt	Glyzerin
Zinnie	*Zinnia*	Blüte	Trockenmittel
Zittergras	*Briza maxima, Briza media*	Stiel und Samenstand	Lufttrocknen aufrecht/hängend
Zypressenkraut	*Santolina chamaecyparissus*	Blatt	Lufttrocknen Mikrowelle

WANDKRÄNZE

Diese beiden Wanddekorationen zeigen, daß man aus dichten Gruppen getrockneter Blüten in kräftigen Kontrastfarben eindrucksvolle Arrangements anfertigen kann.

Während der erste Kranz weiße Rosen mit blauen Kugeldisteln kombiniert, wurde für den zweiten eine dichtgedrängte Mischung aus roten und gelben Rosen verwendet. Auch andere Pflanzen in etwa gleicher Größe können kombiniert werden, zum Beispiel grüne *Nigella orientalis* mit weißen Rosen, gebleichte weiße Mohnkapseln mit leuchtendgelben Strohblumen, blaue Edeldisteln und kräftig orangefarbene Färberdisteln.

Pflanzen und Materialien

Rot-gelber Kranz

Gartenschere

•

34 getrocknete rote Rosen

•

33 getrocknete gelbe Rosen

•

Oasis-Kleber

•

Ring aus Steckmasse für Trockenblumen, Durchmesser 10 cm

•

Band

Blau-weisser Kranz

Gartenschere

•

25 getrocknete weiße Rosen

•

26 getrocknete kleine blaue Kugeldisteln

•

Oasis-Kleber

•

Ring aus Steckmasse für Trockenblumen, Durchmesser 10 cm

•

Band

Die Kränze sind einfach herzustellen, benötigen aber viel Pflanzenmaterial und ein wenig Geduld, um das charakteristische Schachbrettmuster der Blüten anzufertigen.

1 Für den ersten Kranz die Stiele der roten und gelben Rosen auf 2,5 cm Länge kürzen. Abwechselnd gelbe und rote Rosen an der Außenseite des Rings befestigen; dazu die Stengel mit Oasis-Kleber bestreichen und in die Steckmasse drücken. An einer Stelle zwischen den Rosen eine kleine Lücke lassen, um die herum später das Band geschlungen wird. Über dem ersten Kreis aus Rosen einen zweiten, schachbrettartig versetzten anlegen.

2 Weitere Kreise aus Rosen anlegen, bis die Steckmasse völlig bedeckt ist. Das Band durch die Ringmitte und um die Lücke zwischen den Rosen führen; eine Schleife binden oder den Kranz daran aufhängen. Auf die gleiche Weise den anderen Kranz anfertigen.

BLUMENTOPF-ARRANGEMENTS

Diese bezaubernde Zusammenstellung von Trockenblumenarrangements in Terrakottatöpfen vermittelt einen kleinen Eindruck von der Fülle der heute erhältlichen Blumenfarben und -sorten. Dichtgedrängte Blüten werden hier auf zeitgemäße Weise in altmodischen Blumentöpfen präsentiert, deren bunte Bemalung ihren rustikalen Charme zusätzlich unterstreicht. Diese Töpfe wirken besonders eindrucksvoll, wenn man sie zu einem Gruppenarrangement zusammenstellt, aber Sie können sie ebensogut als einzelne Blumentöpfe im Haus verteilen.

1 Die Steckmasse für jeden Topf passend zuschneiden und bis etwa 2 cm unter dem Topfrand hineindrücken. Alle Pflanzenstiele so kurz abschneiden, daß später von den Pflanzen in der Steckmasse nur noch der Blütenkopf über den Rand der Töpfe hinausragt. Einen Blumentopf dicht gedrängt mit Rosenblüten füllen; beim zweiten Topf die Sonnenblumen in die Steckmasse drücken. Auch hier wieder darauf achten, daß nur die Blüten über den Topfrand hinausragen. Es sollte so aussehen, als ob die Pflanzen die Töpfe wie eine dichtgedrängte Kuppel überragen.

2 Den dritten Topf mit Lavendel auffüllen, der so geschnitten wird, daß sich der untere Rand der Blüten auf Topfrandhöhe befindet. Die Zimtstangen in der Mitte durchbrechen, so daß ungleichmäßige Enden entstehen und die Stangen etwa 10 cm lang sind; unterschiedlich tief in den vierten Topf drücken. Für den fünften Topf die Stiele der *Craspedia* und der Kugeldisteln so kürzen, daß ihre Köpfe gerade über den Topfrand hinausragen. Ein regelmäßiges Muster aus blauen Kugeldisteln und gelben *Craspedia* stecken.

Pflanzen und Materialien

1 Block Steckmasse für Trockenblumen

Messer

5 altmodische Terrakottatöpfe, mit Kreide bemalt

Gartenschere

16 getrocknete rosa Rosen

7 getrocknete Sonnenblumenblüten

1 Bund getrockneter Lavendel

12 Zimtstangen, 20 cm lang

10 getrocknete gelbe Craspedia globosa

9 getrocknete blaue Kugeldisteln

Diese bezaubernden Arrangements sind selbst für völlig unerfahrene Blumenliebhaber problemlos herzustellen.

ARRANGEMENT IN EINEM HANDBEMALTEN TERRAKOTTATOPF

Dieses Gesteck bereitet einfach Freude. Als Gefäß dient ein bemalter Terrakottatopf – ein Kopf vor einem leuchtendblauen Hintergrund. Sie können aber auch einen Topf mit Ihrem eigenen Dekor und einem dazu passenden Blumenarrangement entwerfen.

Im allgemeinen gilt: Je kunstvoller das Gefäß ist, desto einfacher sollte das Gesteck ausfallen. Das hier vorgestellte Arrangement wurde dagegen bewußt üppig gestaltet, da es die Haarpracht darstellen soll, die auf dem »Kopf« aus Ton wächst.

PFLANZEN UND MATERIALIEN

1 Block Steckmasse für Trockenblumen
•
Messer
•
Handbemalter Terrakottatopf
•
Floristenklebeband
•
Steckdraht (1,2 mm)
•
Rentierflechte
•
Gartenschere
•
20 getrocknete kleine Kugeldisteln
•
20 gebleichte Peddigrohrspiralen
•
30 getrocknete weiße Rosen

Dieses Arrangement besteht aus dichtgedrängten Trockenblumen, zwischen die enggedrehte Peddigrohrspiralen eingesetzt wurden, um dem Gesteck zusätzliche Höhe – und etwas mehr Pfiff – zu verleihen. Es ist leicht anzufertigen und eignet sich als witzige Dekoration für ein Kinderschlafzimmer.

1 Die Steckmasse passend zuschneiden. So in den bemalten Topf drücken, daß sie etwa 4 cm hoch über den Rand hinausragt, und mit Floristenklebeband fixieren. Den Steckdraht haarnadelförmig umbiegen; die Rentierflechte zwischen die Steckmasse und den Topfrand stecken und mit den Haarnadeln in der Steckmasse feststecken.

2 Die Stiele der Kugeldisteln auf etwa 10 cm Länge kürzen und so in der Steckmasse verteilen, daß eine Kuppelform entsteht.

3 Die Peddigrohrspiralen auf etwa 15 cm Länge kürzen und gleichmäßig zwischen den Kugeldisteln in die Steckmasse stecken.

4 Die Rosenstiele auf etwa 10 cm Länge kürzen und die Blüten möglichst gleichmäßig über das Arrangement verteilen.

APFEL-LAVENDEL-FORMBÄUMCHEN

Diese als Formbäumchen bezeichneten dekorativen Miniaturbäume werden aus frischem oder getrocknetem Pflanzenmaterial hergestellt und lassen sich in ihrem Farbschema der Inneneinrichtung jedes beliebigen Raumes anpassen.

Der hier gezeigte Baum aus Trockenblumen und Früchten ist in sanften Farbtönen gehalten: hellgrünes Glanzgras und *Nigella orientalis,* rauchblauer Lavendel, weiße Keulenlilie, hellgrauer Eukalyptus und die cremefarbenen Schattierungen der getrockneten Rosen und Apfelscheiben. Formbäumchen neigen dazu, kopflastig zu sein – vor allem ein Exemplar mit mehreren Ästen. Um dieses einseitige Gewicht auszubalancieren, sollten Sie Ihr Gefäß mit nassem Sand oder – dauerhafter – mit Gips beschweren.

Pflanzen und Materialien

Terrakottatopf, Durchmesser 15 cm
•
Folie
•
Sand
•
1 Block Steckmasse für Trockenblumen
•
Messer
•
Oasis-Kleber
•
1 getrocknetes Wurzelstück mit zwei Ästen
•
2 Kugeln aus Steckmasse, Durchmesser je 12 cm
•
60 getrocknete Apfelscheiben
•
Steckdraht (1,2 mm)
•
150 Halme getrocknetes Glanzgras
•
Gartenschere
•
30 getrocknete cremefarbene Rosen
•
50 getrocknete Nigella orientalis
•
20 Zweige Keulenlilie
•
150 getrocknete Lavendelstiele
•
12 kurze getrocknete Eukalyptuszweige

1 Den Terrakottatopf mit Folie auslegen und zu drei Vierteln mit nassem Sand füllen. Die Steckmasse passend für den Topf zuschneiden und fest in den Topf drücken, bis sich ihre Oberfläche auf gleicher Höhe mit dem Topfrand befindet.

2 Einige Tropfen Oasis-Kleber auf den Fuß des Wurzelstocks geben und die Wurzel mit den nach oben weisenden Ästen fest in die Mitte der Steckmasse drücken. Die Astenden mit wenig Klebstoff versehen und je eine Steckmassekugel aufsetzen.

3 Die Apfelscheiben in 20 Gruppen zu je drei Scheiben aufteilen. Einen Steckdraht horizontal durch jede Gruppe schieben und gabeln (die Enden umbiegen, zusammendrehen und geradebiegen). Die Halme des Glanzgrases auf etwa 3 cm Länge kürzen und in 30 Fünferbüschel aufteilen; anschließend die Büschel andrahten.

4 Die Drahtenden der Glanzgrasbüschel auf etwa 4 cm Länge kürzen und die Büschel gleichmäßig über die beiden Steckmassekugeln verteilen. Die Rosenstiele auf etwa 5 cm kürzen und ebenso gleichmäßig zwischen das Glanzgras in die Steckmasse stecken.

5 Die Drahtstiele der Apfelscheiben auf etwa 4 cm Länge kürzen und gleichmäßig über die Steckmassekugeln verteilen. 40 Stiele *Nigella orientalis* und alle Keulenlilienzweige auf etwa 5 cm Länge kürzen; die Stiele gleichmäßig zwischen das restliche Pflanzenmaterial auf den Kugeln verteilen und in die Steckmasse stecken.

6 Den Lavendel auf eine Gesamtlänge von etwa 5 cm kürzen, in 40 Dreiergruppen aufteilen und die Stiele dieser Gruppen in die Steckmasse stecken. Der Lavendel sollte gleichmäßig zwischen das restliche Pflanzenmaterial auf beiden Kugeln verteilt und entsprechend hineingesteckt werden.

7 Die Eukalyptuszweige, die restlichen Stiele *Nigella orientalis* sowie die übrigen Lavendelzweige auf unterschiedliche Länge kürzen und am Fuß des Bäumchens so in die Steckmasse stecken, daß diese völlig verdeckt ist.

Dieses Bäumchen ist relativ kompliziert anzufertigen, da es ausgiebiges Andrahten und große Mengen Pflanzenmaterial benötigt. Doch läßt sich eine außergewöhnliche Wirkung auch dann erreichen, wenn man nur ein oder zwei Materialien, etwa Rosen und Apfelscheiben, verwendet.

ROSENARRANGEMENT IN EINER OLIVENÖLDOSE

Eine alte Olivenöldose mag zwar nicht unbedingt das erste Gefäß sein, das uns auf der Suche nach einem geeigneten Behälter für ein Trockenblumenarrangement einfällt, aber die leuchtenden Rot-, Gelb- und Grüntöne dieser Blechdose sind eine Überlegung wert. Da die Dose an sich schon sehr auffällig ist, wurde nur eine Blumenart in einer Farbe verwendet. So entsteht ein ausdrucksvolles, zeitgemäßes Arrangement.

PFLANZEN UND MATERIALIEN

1 Block Steckmasse für Trockenblumen

•

Messer

•

Kleine, rechteckige Olivenöldose

•

Gartenschere

•

40 getrocknete ›Jacaranda‹-Rosen

•

Naturbast

Auch auf den ersten Blick ungewöhnliche Gefäße können sich hervorragend für ein Blumenarrangement eignen. Und wenn Sie getrocknetes Pflanzenmaterial verwenden, muß Ihr Behälter noch nicht einmal wasserdicht sein.

1 Die Steckmasse so zuschneiden, daß sie bis etwa 2 cm unter den Rand in die Dose paßt.

2 Die Rosenstiele so kürzen, daß die Rosen die Dose um etwa 10 cm überragen. Auf der linken Seite der Dose eine dichtgedrängte Reihe aus fünf Rosen von vorn nach hinten in die Steckmasse stecken; daneben eine weitere Reihe anlegen und auf diese Weise fortfahren, bis die Rosen dicht gedrängt die Dose füllen.

3 Sobald alle Rosen verarbeitet sind, einen etwa 3 cm dicken Strang Naturbast nehmen und zusammendrehen. Diesen Baststrang knapp über dem Dosenrand locker um die Rosen wickeln und zusammenknoten. Die Enden gerade abschneiden.

ROSA PFINGSTROSENSTRAUSS

Dieses Bouquet zeigt, wie mit Hilfe moderner Konservierungsmethoden die leuchtenden Naturfarben einiger Pflanzen auch nach dem Trocknen erhalten bleiben können. Der spiralförmig gebundene Strauß ergibt ein lockeres, leicht kuppelförmiges Arrangement aus langstieligen Blumen. Für einen Trockenblumenstrauß sind seine Farben – dunkelrosa Rosen und Pfingstrosen sowie violetter Majoran – außerordentlich kräftig.

Pflanzen und Materialien

15 getrocknete dunkelrosa Pfingstrosen
•
30 getrocknete dunkelrosa Rosen
•
1 Bund getrockneter Majoran
•
Schnur
•
Gartenschere
•
Band

Dieses Bouquet stellt eine wunderschöne Alternative zu den herkömmlichen Gastgeschenken aus Schnittblumen dar. Da es bereits zu einem Strauß arrangiert wurde, kann man es sofort in ein Gefäß stellen.

1 Alles Material – nach Pflanzen getrennt – griffbereit auf der Arbeitsfläche ausbreiten. Den Majoran in 15 kleine Büschel aufteilen. Für den Beginn eine getrocknete Pfingstrose in eine Hand (etwa auf Höhe des unteren Drittels) nehmen, zwei Rosen hinzufügen, dann ein Büschel Majoran, eine weitere Pfingstrose usw. Dabei den Strauß langsam in der Hand drehen, so daß die Stiele eine Spirale bilden, und beim Drehen die Position der Hand gelegentlich verändern, damit der fertige Strauß eine leichte Kuppelform erhält.

2 Wenn alle Pflanzen aufgenommen sind, die Bindestelle (der Punkt, an dem sich die Stiele kreuzen) fest mit Schnur zusammenbinden. Anschließend die Stengel auf gleiche Länge kürzen; sie sollten etwa ein Drittel der Gesamthöhe des Bouquets ausmachen. Zum Schluß die Bindestelle mit Band umwickeln und eine dekorative Schleife binden.

WANDSTERN AUS LAVENDEL UND ZIMTSTANGEN

PFLANZEN UND MATERIALIEN

15 Zimtstangen, 30 cm lang

•

Naturbast

•

Gartenschere

•

75 getrocknete Lavendelstiele

•

Band

Besonders weihnachtlich wirkt dieser Stern, wenn Sie den Lavendel durch getrocknete Fruchtscheiben und vergoldete Samenkapseln ersetzen. Statt der Zimtstangen könnte man auch kräftige, gerade Zweige verwenden.

Dieser sternförmige Wandschmuck entstand aus langen Zimtstangen, die mit Lavendelbündeln geschmückt wurden. So vermischt sich der Lavendelduft mit dem warmen, würzigen Zimtaroma, und das Arrangement erhält Farbe, Struktur und Kontrast.

Die Konstruktion des Wandsterns erfordert Geduld. Beim Umgang mit den zerbrechlichen Zimtstangen ist besondere Sorgfalt notwendig.

1 Die Zimtstangen in fünf Dreiergruppen aufteilen. Die Enden von zwei Gruppen so aufeinanderlegen, daß sich eine Spitze ergibt, und diese mit Naturbast fest zusammenbinden. Den überstehenden Bast abschneiden.

2 Weitere Gruppen miteinander kreuzen und an den Spitzen zusammenbinden, bis ein sternförmiger Grundrahmen entsteht. Auch die Kreuzungspunkte zusammenbinden, um dem Rahmen Stabilität zu geben.

3 Den Lavendel in 15 Büschel aufteilen. Den sternförmigen Grundrahmen so hinlegen, daß sich die Bastknoten auf der Rückseite befinden, und die Lavendelbüschel mit Naturbast auf den Kreuzungspunkten der Vorderseite festbinden.

4 Sobald alle Lavendelbüschel an dem Stern befestigt sind, aus dem Band eine kleine Schleife binden und am tiefsten Kreuzungspunkt der Zimtstangen befestigen. (Nach Belieben kann der Stern an den Schleifenenden aufgehängt werden.)

GESTECK AUS ÄPFELN UND PFINGSTROSEN

Dieses auffallende Arrangement kann für einen besonderen Anlaß angefertigt und danach immer wieder verwendet werden, wenn Sie eine außergewöhnliche Tischdekoration benötigen.

Die üppige Blütenpracht läßt ein kleines Kunstwerk mit nostalgischem Anklang entstehen, das jeder problemlos nacharbeiten kann.

Pflanzen und Materialien

1 Block Steckmasse für Trockenblumen
•
Messer
•
Terrakottaschale
•
Floristenklebeband
•
Gartenschere
•
10 getrocknete Eukalyptuszweige
•
18 getrocknete Apfelscheiben
•
Steckdraht (1,2 mm)
•
2 große getrocknete Hortensienblüten
•
10 getrocknete zartrosa Pfingstrosen
•
20 getrocknete dunkelrosa Rosen
•
20 getrocknete Pfingstrosenblätter
•
10 Zweige Keulenlilie

Der Aufbau dieses Gestecks ist relativ einfach, da nur wenig Material angedrahtet werden muß.

1 Die Steckmasse so zuschneiden, daß sie genau in die Schale paßt, und mit Floristenklebeband fixieren. Die Eukalyptuszweige auf etwa 13 cm Länge kürzen, sämtliche Blätter von den Stielenden entfernen und die Zweige gleichmäßig über die Steckmasse verteilen, so daß die Konturen einer kuppelförmigen Gesamtform entstehen.

2 Je drei Apfelscheiben mit Steckdraht gabeln und alle sechs Gruppen gleichmäßig über das Arrangement verteilen (dabei die Drähte fest in die Steckmasse drücken); die Eukalyptuszweige sollten die Apfelscheiben etwas überragen.

3 Die Hortensienblüten in drei kleinere Büschel brechen und diese gleichmäßig über das Gesteck verteilen; auch sie sollten ein wenig tiefer in das Arrangement gesteckt werden als die Eukalyptuszweige.

4 Die Pfingstrosenstiele auf etwa 12 cm Länge kürzen und gleichmäßig verteilt in die Steckmasse stecken; dabei darauf achten, daß sie sich auf einer Höhe mit dem Eukalyptus befinden.

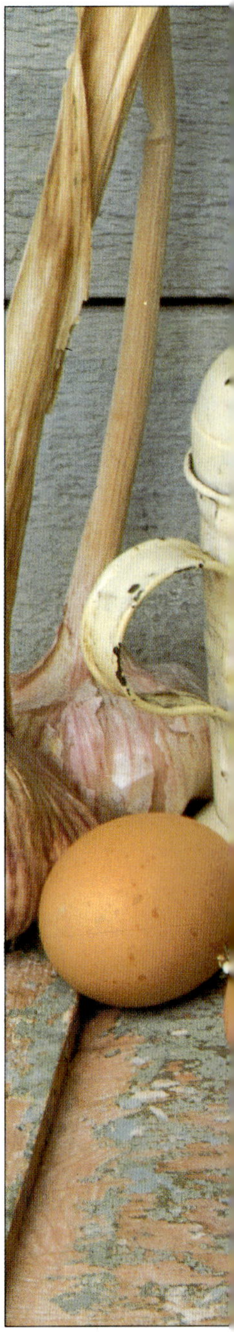

Dieses hübsche Arrangement kommt auf einem kleinen Tisch besonders gut zur Geltung.

5 Die Rosenstiele auf etwa 13 cm Länge zurückschneiden und so in die Steckmasse stecken, daß sie zwischen den anderen Pflanzen gut sichtbar bleiben. Dabei auch auf eine ausgewogene Farbverteilung achten.

6 Die getrockneten Pfingstrosenblätter gleichmäßig zwischen die Blüten plazieren. Die Keulenlilienzweige auf etwa 13 cm Länge kürzen und über das gesamte Arrangement verteilen.

KRANZ AUS ROSEN UND SEESTERNEN

PFLANZEN UND MATERIALIEN

10 kleine getrocknete Seesterne
•
Steckdraht (1,2 mm)
•
Gartenschere
•
Oasis-Kleber
•
Ring aus Steckmasse für Trockenblumen, Durchmesser 13 cm
•
45 getrocknete muschelrosa Rosen
•
Samtband

Die Herstellung dieses Kranzes ist relativ einfach; allerdings müssen einige Materialien angedrahtet werden. Wer mag, kann den fertigen Kranz mit Duftölen besprenkeln.

Diese auf den ersten Blick schlichte Wanddekoration besteht aus dichtgedrängten Blüten einer einzigen Varietät, die mit einem Kranz geometrischer Formen – in diesem Fall Sterne – umgeben wurden. Mit seinen anmutigen, sanften Pfirsichtönen kommt dieses Gesteck als Schlafzimmerschmuck besonders gut zur Geltung.

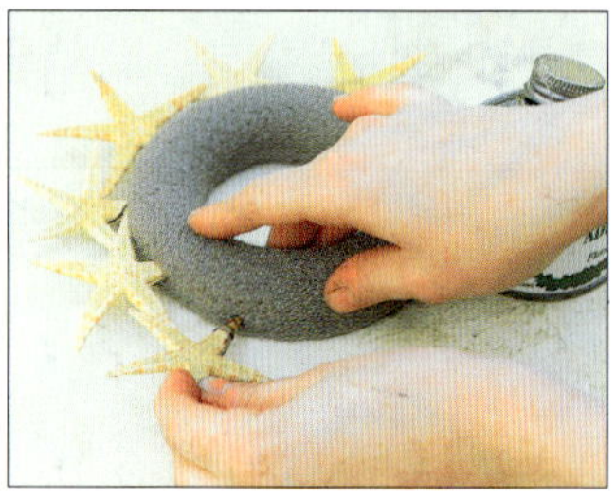

1 Die Seesterne mit Steckdraht gabeln und die Drahtenden auf 2,5 cm Länge kürzen. Den angedrahteten Arm des Seesterns sowie die Drahtspitzen mit Oasis-Kleber bestreichen und am äußeren Rand des Steckmasserings feststecken. Auf diese Weise um den ganzen Ring herum alle Seesterne anbringen, wobei eine etwa 3 cm breite Lücke für das Samtband freibleiben sollte.

2 Die Rosenstiele auf etwa 2,5 cm Länge kürzen. Die Stielenden sowie die Blütenböden mit Oasis-Kleber bestreichen und die Rosen so in der Steckmasse plazieren, daß sie über den Seesternen einen Ring ergeben. Darüber weitere Ringe aus Rosen in der Steckmasse anbringen, bis die gesamte Steckmasse von Rosenblüten bedeckt ist (eine Lücke für das Samtband frei lassen).

3 Das Samtband durch die Ringmitte führen und so um den Ring winden, daß es die bisher offene Lücke zwischen den Rosen und den Seesternen völlig bedeckt. Das Band kann zu einer Schleife gebunden oder als Aufhänger für den Kranz verwendet werden.

ARRANGEMENT AUS PFINGSTROSEN UND MUSCHELN

Dieses Arrangement kombiniert auf reizvolle Weise Muscheln mit rosa und zartlila Blüten und grünen Blättern zu einer wundervollen, kompakten Kuppelform. Besonderer Höhepunkt sind die Muscheln, deren Farbe und Oberflächenstruktur im Muster der Craquelé-Schale wieder aufgenommen werden.

PFLANZEN UND MATERIALIEN

1 Block Steckmasse für Trockenblumen

Messer

Keramikschale

Floristenklebeband

Gartenschere

12 getrocknete zartrosa Pfingstrosen

3 getrocknete Hortensienblüten

7 kleine Muscheln

Oasis-Kleber

Dieses Arrangement paßt hervorragend in ein Badezimmer – es darf allerdings nicht zu feucht werden.

1 Die Steckmasse zuschneiden, fest in die Schale drücken und mit Floristenklebeband fixieren. Die Blätter der Pfingstrosenstiele entfernen und beiseite legen. Die Stiele auf etwa 9 cm Länge kürzen und so in die Steckmasse stecken, daß die Konturen einer gleichmäßigen Kuppelform entstehen. Die Pfingstrosenblätter frei über das Gesteck verteilen.

2 Die Hortensienblüten in je drei kleine Büschel brechen und zwischen den Pfingstrosenblüten in die Steckmasse stecken. Die Muscheln über das Arrangement verteilen; dazu die Muscheln mit dem breiten Ende so zwischen den Blüten plazieren, daß sie in ihrer Position festgehalten werden (gegebenenfalls mit ein wenig Oasis-Kleber sichern).

SOMMERSTRÄUSSE

Pflanzen und Materialien

10 getrocknete violette Ackerrittersporn

•

2 Krüge, 15 cm hoch

•

10 getrocknete rosa Ackerrittersporn

•

10 getrocknete kleine blaue Kugeldisteln

•

10 gerade Stiele getrockneter grüner Fuchsschwanz

•

16 getrocknete dunkelrosa Pfingstrosen

•

Gartenschere

Als Paar aufgestellt, kommen die kleinen Sträuße besonders gut zur Geltung.

Die meisten Käufer von sommerlichen Schnittblumen stellen ihre Pflanzen zu Hause einfach als zwangloses Arrangement in eine Vase oder einen Krug mit Wasser. Die beiden hier vorgestellten Sträuße in zwei identischen Krügen wirken beinahe wie das Trockenblumen-Gegenstück zu diesen ohne spezielle Formgebung arrangierten Schnittblumensträußen.

Beide Trockenblumenarrangements wurden aus Sommerblumen in typischen Sommerfarben angefertigt: violetter und rosa Ackerrittersporn, blaue Kugeldisteln, dunkelrosa Pfingstrosen und grüner Fuchsschwanz.

Die Herstellung dieser Sträuße fordert dem Floristen nicht allzuviel ab – Sie müssen nur auf die optische Ausgewogenheit zwischen Pflanzenmaterial und Gefäß achten.

1 Das Pflanzenmaterial in zwei gleich große Gruppen aufteilen. Den violetten Ackerrittersporn so kürzen, daß die Stiele etwa die dreifache Höhe der Krüge besitzen. Je fünf violette Ackerrittersporn locker in die Krüge verteilen. Die Stiele des rosa Ackerrittersporns auf die gleiche Länge kürzen.

2 Den rosa Ackerrittersporn in die Krüge verteilen. Alle Seitentriebe der Kugeldisteln abbrechen. Die Hauptstiele so kürzen, daß sie etwa die dreifache Höhe der Krüge besitzen, und in den Krügen arrangieren. Anschließend die abgetrennten größeren Seitentriebe auf die Krüge verteilen.

3 Die Stiele des Fuchsschwanzes auf die dreifache Krughöhe kürzen und je fünf in einen Krug plazieren.

4 Die Pfingstrosenstiele auf unterschiedliche Längen kürzen; das größte Exemplar sollte etwa 2,5 cm, das kleinste etwa 20 cm kürzer als der Ackerrittersporn sein. Die Pfingstrosen gleichmäßig zwischen die anderen Pflanzen in den Krug stecken.

ROSEN-ZITRONEN-DUFTSTRÄUSSCHEN

Pflanzen und Materialien

3 getrocknete Zitronen mit tiefen Einschnitten

•

Steckdraht (1,6 mm)

•

Gartenschere

•

15 getrocknete Kugeldisteln

•

15 getrocknete gelbe Rosen

•

Schnur

•

Band

Obwohl die Zitronen angedrahtet werden müssen, ist dieses Arrangement sehr einfach anzufertigen.

Ein traditionelles Duftsträußchen bestand aus einem kleinen, kompakten Strauß ausgesuchter Kräuter und Pflanzen und wurde von Personen getragen, die sich mit diesen Düften vor üblen Gerüchen und Seuchen schützen wollten. Im Grunde handelte es sich um nichts anderes als um ein tragbares Potpourri. Dagegen ist heute das Erscheinungsbild eines Duftsträußchens ebenso wichtig wie sein angenehmes Aroma.

Das hier gezeigte Sträußchen besteht aus ganzen getrockneten Zitronen, getrockneten gelben Rosen und blauen Kugeldisteln, mit einem zu einer Schleife gebundenen Band verziert. Wem der Duft der Rosen und Zitronen zu schwach erscheint, der kann das Schmuckband oder das Pflanzenmaterial mit Duftöl besprenkeln.

1 Die getrockneten Zitronen gabeln: Einen Steckdraht kurz über dem Boden der Frucht horizontal so durch einen Einschnitt schieben, daß er auf der anderen Seite durch einen anderen Einschnitt wieder austritt. Beide Drahtenden nach unten biegen und unter der Frucht zusammendrehen.

2 Die Kugeldistel- und Rosenstiele auf etwa 12 cm Länge kürzen. Mit einer Rose beginnen und abwechselnd weitere Stiele hinzufügen; dabei das Sträußchen drehen, um einen spiralförmigen Aufbau zu erzielen.

3 Wenn alle Pflanzen zu einem runden Sträußchen gebunden sind, die Bindestelle mit Schnur umwickeln und die Stengel auf die gleiche Länge kürzen. Aus dem Band eine Schleife binden und an der Bindestelle befestigen.

BLÜTENKEGEL

Dieses ungewöhnliche Design besteht aus einer Reihe von Pflanzen, die in dichten Ringen von je einer Pflanzensorte und -farbe übereinander angeordnet wurden, so daß ein witzig geformtes Arrangement mit einem kräftigen geometrischen Muster entstand.

Da eine Seite des Gefäßes höher ist als die andere, gleicht der Gefäßrand eher einer Ellipse als einem Kreis. Die einzelnen »Blütenringe« folgen dieser elliptischen Grundform, wodurch schwungvolle farbige Linien entstehen.

1 Den Steckmassekegel fest in den Zinkeimer pressen. Die Leberbalsamzweige auf etwa 2,5 cm Länge kürzen und in der Steckmasse rund um den elliptischen Rand des Eimers zu einem Ring feststecken. Die Rosenstiele auf etwa 2,5 cm Länge kürzen und dicht über dem ersten zu einem zweiten Ring, der ebenfalls der Ellipsenform folgt, arrangieren.

2 Die Majoran- und Kugeldistelstiele auf etwa 2,5 cm Länge kürzen. Unmittelbar über den Rosen mit dem Majoran und darüber mit den Kugeldisteln einen dritten und vierten Ring anlegen. Die Reihenfolge der vier Ringe so oft wiederholen, bis der gesamte Kegel vollständig mit Blüten bedeckt ist. Die Spitze mit einer einzelnen Rose schmücken.

3 Das Band um den Zinkeimer winden und auf der Vorderseite des Arrangements zu einer kleinen Schleife binden.

Pflanzen und Materialien

Kegel aus Steckmasse für Trockenblumen, Höhe 28 cm
•
Zinkeimer, Durchmesser etwa 11 cm
•
Gartenschere
•
20 Zweige getrockneter Leberbalsam
•
40 getrocknete rosa Rosen
•
20 Zweige getrockneter Majoran
•
10 getrocknete kleine Kugeldisteln
•
Band

Die hübschen Farben des Arrangements und des Schmuckbandes lassen es wie geschaffen für eine Frisierkommode erscheinen, deren Spiegelrückwand das Design erst richtig zur Geltung bringt.

SOMMER-TISCHGESTECK

Dieses zierliche kleine Gesteck wurde als Tischaufsatz für einen mit sommerlichen Genüssen beladenen Tisch konzipiert – perfekt für eine Party im Haus oder im Garten.

Die Pflanzenmaterialien dieses Arrangements – pfirsichrosa Strauchrosen, hellgrüner Silberling und Glanzgras – vermischen sich zu einem Soufflé aus Sommerfarben. Sie können diesen sommerlichen Gesamteindruck verstärken durch Besprenkeln mit Duftölen.

Pflanzen und Materialien

1 Block Steckmasse für Trockenblumen
•
Messer
•
Kleiner Korb, Durchmesser 12,5 cm
•
Floristenklebeband
•
Gartenschere
•
5 getrocknete Silberlingstiele
•
20 Stiele getrocknete rosa Strauchrosen
•
50 Halme getrocknetes Glanzgras
•
Band

Der kleine Weidenkorb harmoniert besonders gut mit diesem Pflanzenmaterial und unterstreicht dessen Leichtigkeit.

1 Die Steckmasse zuschneiden und so in den Korb drücken, daß sie etwa 2 cm über den Korbrand hinausragt. Mit Floristenklebeband fixieren.

2 Die kleinen Triebe eines Silberlingstiels mit den getrockneten Samenkapseln abschneiden und auf etwa 8 cm Länge kürzen. Damit die Konturen des Arrangements festlegen.

3 Die Stiele der Strauchrosen auf etwa 8 cm Länge kürzen und gleichmäßig und dicht zwischen die Silberlinge in die Steckmasse stecken.

4 Die Stiele des Glanzgrases ebenfalls auf etwa 8 cm Länge kürzen und gleichmäßig zwischen die Silberlinge und die Strauchrosen verteilen.

5 Wenn alle Pflanzen verarbeitet sind, das Band um den Korb winden und an der Vorderseite zu einer breiten Schleife mit langen Enden binden.

Sämtliche hier verwendeten Materialien besitzen relativ empfindliche Stiele, die eine sorgfältige Behandlung erfordern, insbesondere wenn sie in die Steckmasse geschoben werden.

ARRANGEMENT IN BLAU UND GELB

PFLANZEN UND MATERIALIEN

1 flache Zinkwanne, Durchmesser 30 cm

•

2 Blöcke Steckmasse für Trockenblumen

•

Floristenklebeband

•

Gartenschere

•

25 große, blaugefärbte Kugeldisteln

•

35 getrocknete Schafgarbenblüten

Diese Tischdekoration kommt in einer modernen Küche oder einem Eßzimmer sehr schön zur Geltung.

In diesem zeitgemäßen Arrangement wurden einfache Pflanzenmaterialien in großer Dichte und starken Kontrastfarben verwendet, um ein kraftvolles Design zu erzielen. Die polierte Oberfläche der silbergrauen Zinkwanne bietet eine hervorragende optische Basis, auf der das kuppelförmige Kissen aus leuchtendgelber Schafgarbe und spitzen blauen Kugeldisteln ruht. Für die Anfertigung sind keine besonderen Techniken notwendig. Die Pflanzen müssen nur besonders eng gesteckt werden, um die erforderliche Oberflächendichte zu erreichen.

1 Die Steckmasse in die Zinkwanne drücken und mit Floristenklebeband fixieren. Die Kugeldisteln auf etwa 12 cm Länge kürzen und in die Steckmasse stecken – die kleineren am Rand, die größeren in der Mitte plazieren.

2 Die Schafgarbenblüten auf ebenfalls etwa 12 cm Länge kürzen und möglichst dicht zwischen die Kugeldisteln stecken, so daß eine dichte Kuppel ohne erkennbare Lücken entsteht.

KRANZ AUS KUGELDISTELN UND MUSCHELN

Falls Sie sich fragen, was Sie mit all den Muscheln aus dem letzten Sommerurlaub anfangen sollen, könnte dieses Arrangement die Lösung Ihrer Probleme sein. Alle verwendeten Materialien rufen die Erinnerung an das Meer wach. Die spitzen Kugeldisteln kontrastieren mit den glatten, harten Oberflächen der Muschelschalen – aber das hervorstechendste Merkmal dieses Arrangements ist seine wunderschöne blaue Färbung.

1 Die Muschelschalen in Dreiergruppen an drei etwa gleich weit voneinander entfernten Stellen auf dem Ring plazieren, auf den Ring kleben und auch miteinander verkleben. Vorsicht bei der Arbeit mit der Klebepistole, sie kann sehr heiß werden.

2 Die Stiele der Kugeldisteln auf etwa 2,5 cm Länge kürzen. Einen Klecks Heißpunktkleber auf einen Stiel geben und die Distel in die Steckmasse stecken. Auf diese Weise alle Disteln über den Ring verteilen, bis die Steckmasse völlig bedeckt ist.

Pflanzen und Materialien

Ring aus Steckmasse für Trockenblumen, Durchmesser 13 cm

•

Klebepistole

•

9 halbe Muschelschalen

•

65 getrocknete Kugeldisteln in verschiedenen Größen

•

Gartenschere

Dieser Kranz würde im Badezimmer oder in der Küche besonders gut aussehen.

SOMMERHUT-DEKORATION

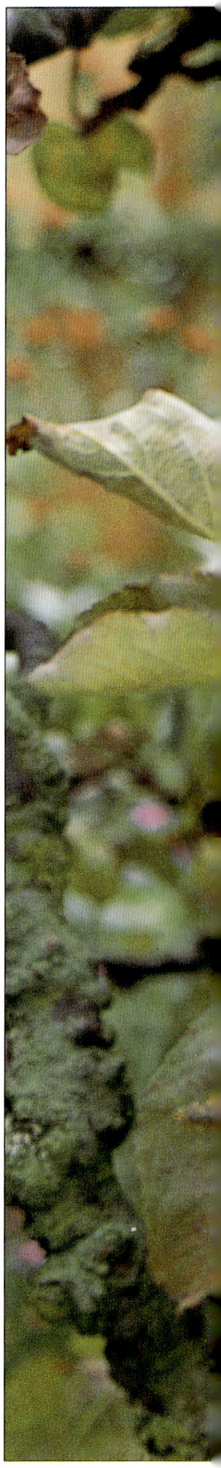

PFLANZEN UND MATERIALIEN

30 getrocknete Orangenscheiben
•
Steckdraht (1,2 mm)
•
30 getrocknete Zitronenscheiben
•
30 getrocknete Apfelscheiben
•
Blumenband
•
Gartenschere
•
10 getrocknete Sonnenblumen
•
Steckdraht (0,8 mm)
•
Strohhut
•
Silber- oder Rosendraht

Der naturfarbene Strohhut paßt besonders gut zu diesem Pflanzenmaterial. Experimente mit anderen getrockneten Pflanzen und einem farbigen Strohhut verschaffen reizvolle Varianten.

Wenn Sie die peinliche Situation vermeiden wollen, daß Ihnen bei einer Hochzeit oder beim Pferderennen eine Dame begegnet, die den gleichen Hut wie Sie trägt, sollten Sie einfach Ihren eigenen Hut einzigartig dekorieren.

Durch die leuchtenden Sommerfarben von getrockneten Sonnenblumen sowie Orangen- und Zitronenscheiben wurde ein schlichter Strohhut in ein Meisterwerk der Hutmacherkunst verwandelt.

1 Drei Orangenscheiben zusammenlegen und mit Steckdraht gabeln. Auf die gleiche Weise alle Orangen-, Zitronen- und Apfelscheiben andrahten und die Drahtstiele mit Blumenband umwickeln. Die Sonnenblumenstiele auf 2,5 cm Länge kürzen, mit Steckdraht gabeln und ebenfalls mit Blumenband umwickeln.

2 Eine Drahtunterlage anfertigen: Vier Steckdrähte so nebeneinanderlegen, daß jedes Ende den nächsten Draht um etwa 3 cm überlappt, und die Drähte mit Blumenband umwickeln. Weitere Drähte hinzufügen, bis die Drahtunterlage die erforderliche Länge erreicht hat – sie sollte etwa 4 cm länger sein als der Kopfumfang des Hutes.

3 Das angedrahtete Material in Gruppen auf der Arbeitsfläche ausbreiten und mit Blumenband in der folgenden, sich wiederholenden Reihenfolge an der Drahtunterlage befestigen: Orangenscheiben, Apfelscheiben, Sonnenblumen und Zitronenscheiben. Auf diese Weise die gesamte Drahtunterlage bedecken; dabei den Draht während des Arbeitens entsprechend der Hutform biegen und die letzten 4 cm Draht frei lassen. Dieses Drahtende mit Hilfe von Blumenband durch die Blüten und Früchte hindurch mit dem anderen Ende verbinden.

4 Den fertiggestellten Kranz über den Hut legen und mit Silberdraht am Hut befestigen. Dazu den Draht an vier gleich weit voneinander entfernten Stellen durch den Hut stechen und fest um die Drahtunterlage winden. Anschließend kann die angedrahtete Dekoration nach Wunsch zurechtgebogen werden.

Diese Hutdekoration erinnert an einen Kopfschmuck in Kranzform und ist trotz des Andrahtens relativ leicht anzufertigen.

KERZENGESTECK AUS ROSEN UND SEESTERNEN

Dieses ungewöhnliche Arrangement aus getrockneten Seesternen und Rosen eignet sich wunderbar für eine große Kerze. Auf diese Weise entsteht ein schlichter, schnell anzufertigender und dennoch sehr eindrucksvoller Tischschmuck mit maritimem Flair.

PFLANZEN UND MATERIALIEN

9 getrocknete kleine Seesterne
•
Steckdraht (1,2 mm)
•
Kerze, 22,5 × 7,5 cm
•
Ring aus Steckmasse, Durchmesser 7,5 cm
•
Gartenschere
•
Rentierflechte
•
40 getrocknete cremefarbene Rosen

Die cremefarbenen Rosen passen hervorragend zur Farbe der Kerze, während der Apricotton und die ausdrucksstarke geometrische Form der Seesterne für einen gelungenen Kontrast sorgen.

1 Alle Seesterne jeweils durch einen Arm (dafür den längsten Arm wählen) mit Steckdraht gabeln, um diese zu verlängern. Die beiden Drahtenden zusammendrehen und auf etwa 2,5 cm Länge kürzen.

2 Die Kerze in den Steckmassering stellen. Einige Steckdrähte in etwa 5 cm lange Stücke schneiden und haarnadelförmig umbiegen; damit die Rentierflechte am Rand der Steckmasse feststecken.

3 Die angedrahteten Seesterne in drei Dreiergruppen aufteilen und diese, in gleichmäßigen Abständen über den Ring verteilt, in die Steckmasse stecken.

4 Die Rosenstiele auf etwa 2,5 cm Länge kürzen und in zwei dichten Kreisen um die Kerze herum plazieren, dabei fest in die Steckmasse drücken.

ARTISCHOCKENGESTECK IM BLUMENIGEL

PFLANZEN UND MATERIALIEN

Blumenständer
•
1 Blumenigel
•
Gartenschere
•
6 Zweige Korkenzieherhasel
•
9 getrocknete Artischocken
•
25 getrocknete Mohnkapseln

Am besten verwenden Sie für den vorderen Bereich stark gebogene Haselzweige und lassen sie auf der rechten Seite über den Rand des Blumenständers herabhängen, so daß eine natürlich geschwungene Linie entsteht.

Dieses traditionelle Arrangement erhält durch die Verwendung von Trockenblumen auf einem Blumenigel eine ungewöhnliche Note. Da die getrockneten Stiele relativ hart sind, bereitet es möglicherweise einige Probleme, sie auf die Metallstifte des Blumenigels zu drücken. Außerdem muß man das Gewicht der Artischocken berücksichtigen und sie sorgfältig plazieren, damit sie das Arrangement nicht aus dem Gleichgewicht bringen. Achten Sie darauf, daß alle Stiele fest auf dem Blumenigel sitzen.

1 Die Haselzweige auf etwa 45 cm Länge kürzen und auf den Blumenigel drücken, die längsten Zweige stehen im Hintergrund.

2 Die Artischocken zwischen die Zweige stecken – die kleinste mit dem längsten Stiel in der hinteren Mitte. Alle weiteren Artischocken staffelartig von hinten nach vorn plazieren, wobei die größte Artischocke auf Höhe des unteren Drittels des Gestecks angeordnet wird.

3 Die Mohnkapseln gleichmäßig über das Arrangement verteilen; dabei die Kapsel mit dem längsten Stiel im Hintergrund genau zwischen dem längsten Haselzweig und der längsten Artischocke plazieren. Die restlichen Mohnkapseln staffelartig von hinten nach vorn anbringen, einige auf der rechten Seite über den Rand des Blumenständers herabhängen lassen.

GESTECK IN EINEM KLEINEN KERZENHALTER

In jedem Haushalt gibt es zahllose Gefäße, die sich aufgrund ihrer Farbe, Form und Materialbeschaffenheit hervorragend für ein Trockenblumenarrangement eignen. Die Gestaltung dieses Gestecks orientiert sich an dem kleinen, kronenförmigen Kerzenhalter aus Messing, der hier als Gefäß fungiert.

Ein erhöhter Standort, etwa auf einem Kaminsims, läßt ein solch kleines, anmutiges Gesteck am besten wirken; es kann aber auch die Krönung einer Hochzeitstorte sein.

1 Die Steckmasse so zuschneiden, daß sie fest in den Kerzenständer gedrückt werden kann und ihre Oberfläche sich etwa 2 cm unter dem Rand befindet.

2 Die Stiele der Mohnkapseln auf 9 cm Länge kürzen und, gleichmäßig über die Steckmasse verteilt, so hineinstecken, daß eine Kuppelform entsteht.

3 Die Stiele der Rosen auf 9 cm Länge kürzen, die Rosen zwischen die Mohnkapseln in die Steckmasse stecken und die Kuppelform weiter herausarbeiten.

Pflanzen und Materialien

1 Block Steckmasse für Trockenblumen

Messer

Kronenförmiger Kerzenhalter

Gartenschere

15 getrocknete Mohnkapseln

20 getrocknete rosa Rosen

Dieses Gesteck ist ganz leicht anzufertigen. Die Herstellungsmethode läßt sich problemlos auf jedes andere vergleichbare Gefäß übertragen.

KORBUMRANDUNG IN BLAU

PFLANZEN UND MATERIALIEN

Gartenschere

•

33 getrocknete Kugeldisteln

•

Steckdraht (1,2 mm)

•

24 Bergdisteln

•

Steckdraht (0,8 mm)

•

1 Bund getrockneter Leberbalsam

•

1 Bund getrockneter Majoran

•

60 getrocknete Lavendelstiele

•

Blumenband

•

Silber- oder Rosendraht

•

Rohrkorb mit Maschendraht

Die getrockneten Pflanzen verwandeln den Korb in ein attraktives Schmuckstück, das im ganzen Haus hervorragend zur Geltung kommt.

Alten, abgenutzten Haushaltsutensilien kann man durch eine Dekoration – etwa einen neuen Farbanstrich oder eine Randverzierung aus Trockenblumen – problemlos frischen Schwung verleihen.

Dieser mit Maschendraht ausgekleidete Rohrkorb erhielt mit Hilfe der Blau- und Malventöne von Majoran, Leberbalsam, Lavendel sowie Kugel- und Bergdistel ein ungewöhnliches Randdekor von einzigartiger Farbe und Struktur.

1 Die Stiele der Kugeldisteln und der Bergdisteln auf 2,5 cm Länge kürzen und mit 1,2 mm bzw. 0,8 mm starkem Steckdraht gabeln. Leberbalsam und Majoran in je 20 kleine Büschel aufteilen, die Stiele auf 5 cm Länge kürzen und die Büschel mit 0,8 mm starkem Steckdraht gabeln. Den Lavendel in Dreiergruppen zusammenfassen, die Stiele auf 5 cm Länge kürzen und mit 0,8 mm starkem Steckdraht gabeln. Alle Drahtstiele mit Blumenband umwickeln.

2 Eine Bergdistel auf den Korbrand legen und mit Silberdraht befestigen. Dann ein Büschel Leberbalsam so mit Silberdraht am Rand fixieren, daß es die Bergdistel leicht überlappt. Auf die gleiche Weise eine Kugeldistel, dann ein Büschel Majoran und zum Schluß ein Büschel Lavendel mit Silberdraht am Korbrand befestigen. Die Pflanzen sollten einander immer leicht überlappen. Auf diese Weise den gesamten Korbrand in der beschriebenen Reihenfolge mit den restlichen Pflanzen dekorieren; abschließend den Silberdraht mehrmals durch den Maschendraht stechen und um den Rand winden, damit er sich nicht mehr löst.

URNENVASE MIT PFINGST-ROSEN UND ARTISCHOCKEN

Manche Gefäße verdienen eine speziell für sie entworfene Komposition, um besonders gut zur Geltung zu kommen. Dazu darf das Arrangement natürlich weder zu hoch noch zu breit sein und auf keinen Fall über den Rand des Gefäßes herabranken.

Die hohe, elegante Form und die graue Patina machen diese kleine, gußeiserne Urnenvase zu etwas ganz Besonderem. Um ihre Schönheit zu betonen, wurde ein relativ niedriges Arrangement in sanften Farbtönen gewählt: zartrosa Pfingstrosen und braune Artischocken mit violetten Blütenkörben (Korbblütler), im Kontrast dazu die Mohnkapseln, deren graublaue Tönung gut zur Urnenvase paßt.

PFLANZEN UND MATERIALIEN

1 Block Steckmasse für Trockenblumen

Messer

Kleine, gußeiserne Urnenvase

Floristenklebeband

Gartenschere

5 getrocknete Artischockenblüten

8 getrocknete zartrosa Pfingstrosen

16 getrocknete Mohnkapsel

Da die Aufgabe des Arrangements darin besteht, das attraktive Gefäß besonders vorteilhaft zur Geltung zu bringen, wurden sämtliche Grundregeln für Proportion und Ausgewogenheit auf den Kopf gestellt: Die Vase selbst nimmt etwa zwei Drittel der Gesamthöhe des Arrangements ein.

1 Die Steckmasse passend zuschneiden und fest in die Vase drücken, der Rand soll bündig abschließen; mit Floristenklebeband fixieren.

2 Die Artischockenstiele auf etwa 13 cm Länge kürzen. Eine Artischocke in die Mitte der Steckmasse stecken und die anderen um die mittlere Blüte herum arrangieren; dabei die Stiele unterschiedlich tief in die Steckmasse drücken, so daß eine Kuppelform entsteht.

3 Die Stiele der Pfingstrosen auf etwa 13 cm Länge kürzen, gleichmäßig über das Arrangement verteilen und etwas tiefer als die Artischocken in die Steckmasse stecken, so daß ein dichtes Sträußchen entsteht.

4 Die Stiele der Mohnkapseln auf etwa 13 cm Länge kürzen und zwischen Artischocken und Pfingstrosen stecken – dabei die Mohnkapseln auf gleicher Höhe mit den Artischockenblüten halten.

KERZENSCHMUCK AUS PFINGSTROSEN UND KUGELDISTELN

PFLANZEN UND MATERIALIEN

1 Block Steckmasse für Trockenblumen
•
Messer
•
Terrakottatopf, Durchmesser 15 cm
•
Dicke Kerze
•
10 getrocknete dunkelrosa Pfingstrosen
•
15 getrocknete kleine blaue Kugeldisteln
•
Gartenschere
•
Band

Die besondere Wirkung dieses Gestecks beruht auf der großen Anzahl dichtgedrängter Pfingstrosen. Die Kerze nie unbeobachtet und höchstens bis auf eine Länge von etwa 5 cm oberhalb des Gestecks herabbrennen lassen.

Dieses wunderschöne Arrangement in einem Terrakottatopf wurde als Schmuck für eine Kerze konzipiert. Das Gesteck zeichnet sich durch eine moderne Formgebung mit zahlreichen Blüten aus und durch seine außergewöhnliche Farbkombination aus dunkelrosa Pfingstrosen und leuchtendblauen Kugeldisteln, die eine dunkelgrüne Kerze umgeben und mit einem grünen Band dekoriert sind. Dieses Arrangement ist leicht anzufertigen, so daß Sie gleich mehrere in unterschiedlichen Farben zu einer Gruppe zusammenstellen sollten. Oder Sie nehmen einen größeren Blumentopf, zusätzliches Pflanzenmaterial und mehrere Kerzen – und fertig ist ein wundervolles Geschenk!

1 Die Steckmasse passend zuschneiden und fest in den Terrakottatopf drücken. Anschließend die Kerze in die Mitte der Steckmasse pressen, so daß sie sicher und aufrecht steht und die Blumen gleichmäßig rundum Platz haben.

2 Die Stiele der Pfingstrosen und der Kugeldisteln auf 4 cm beziehungsweise 5 cm Länge kürzen. Die Pfingstrosen dicht nebeneinander in die Steckmasse stecken und die Kugeldisteln zwischen die Pfingstrosen plazieren.

3 Alle Blüten sollen sich auf gleicher Höhe befinden. Ein Band um den Rand des Blumentopfs winden und vorn zu einer Schleife binden. Die Enden schräg anschneiden, damit sie nicht ausfransen.

SOMMERPOTPOURRI

Das traditionelle Potpourri besteht hauptsächlich aus Rosenblättern, deren wunderbarer Duft – im Gegensatz zu den meisten anderen wohlriechenden Blüten – auch im getrockneten Zustand nicht völlig verfliegt. Aber da heutzutage zahlreiche ätherische Öle im Handel erhältlich sind, können die modernen Potpourris auch aus anderen, weniger duftenden, dafür aber optisch sehr reizvollen Pflanzenmaterialien gefertigt werden.

Dieses Potpourri ist traditionell, da es getrocknete Rosen enthält, und doch modern, da ganze Rosenknospen und -blüten statt Blütenblättern verwendet werden. Bergdisteln, Apfelscheiben und die ganzen Zitronen sind aus rein optischen Gründen hinzugefügt.

1 Die Lavendelstiele vollkommen entfernen. Alle getrockneten Pflanzenmaterialien in die Schale geben und sorgfältig miteinander mischen. Einige Tropfen Potpourri-Aromaöl über die Mischung träufeln – je mehr ätherisches Öl Sie verwenden, desto intensiver duftet die Mischung – und das Potpourri mit einem Eßlöffel sorgfältig durchheben. Der im Laufe der Zeit nachlassende Duft kann mit einigen weiteren Tropfen Aromaöl immer wieder aufgefrischt werden.

Pflanzen und Materialien

20 Lavendelstiele
•
15 getrocknete Apfelscheiben
•
5 getrocknete Zitronen
•
1 Handvoll Gewürznelken
•
20 getrocknete zartrosa Rosen
•
2 Handvoll getrocknete Rosenknospen
•
1 Handvoll getrocknete Eibischknospen
•
10 Bergdisteln
•
Große Glasschale
•
Potpourri-Aromaöl
•
Eßlöffel

Das vorwiegend in Rosa und Violett gehaltene Potpourri wird Ihr Haus während des ganzen Sommers mit seinem Duft erfüllen.

BADEZIMMERGESTECK

Pflanzen und Materialien

2 Blöcke Steckmasse für Trockenblumen
•
Messer
•
Heller Holzkorb
•
Floristenklebeband
•
Gartenschere
•
50 Halme getrocknetes Glanzgras
•
40 getrocknete muschelrosa Rosen
•
20 cremefarbene Strohblumen
•
150 getrocknete Lavendelstiele
•
15 getrocknete kleine Seesterne
•
Steckdraht (1,2 mm)

Bei diesem geradlinigen Holzkorb kommt es darauf an, die Pflanzen so zu stecken, daß die Steckmasse nicht mehr zu sehen ist.

Obwohl getrocknete Blumen in einer feuchten Umgebung sehr stark leiden, läßt sich auch ein Badezimmer mit einem attraktiven Arrangement verschönern, wenn man die kürzere Lebensdauer des Gestecks in Kauf nimmt. Die Seesterne erinnern an Bilder von Meer und Strand, während die zarten Pastelltöne – Muschelrosa, Apricot, Blau, Hellgrün und Creme – dem Arrangement ein sommerliches Flair verleihen.

Das traditionelle und in seiner Grundform ovale Gesteck in einem rechteckigen Holzkorb kann von allen Seiten betrachtet und überall dort im Haus plaziert werden, wo sich seine sanften Pastelltöne gut in die Umgebung einfügen. Größe und Farbe wurden gezielt ausgewählt, um den verblichenen Blauton des Korbes vorteilhaft zur Geltung zu bringen.

1 Die Steckmasse passend für den Holzkorb zuschneiden und mit Floristenklebeband fixieren. Die Glanzgrashalme auf etwa 10 cm Länge kürzen, in die Steckmasse stecken und auf diese Weise Höhe, Breite und Gesamtform des Gestecks festlegen.

2 Die Rosenstiele auf etwa 10 cm Länge kürzen und in die Steckmasse stecken, sie sollen gleichmäßig verteilt sein.

3 Die Strohblumenstiele auf etwa 10 cm Länge kürzen und zwischen Rosen und Glanzgras in die Steckmasse stecken, einige tiefer hineinschieben. Die Lavendelstiele auf 11 cm Länge kürzen und in Fünfergruppen über das Arrangement verteilen.

4 Jeden Seestern an einem Arm mit Steckdraht gabeln, die Drahtenden auf etwa 10 cm Länge kürzen, zusammendrehen und die Seesterne gleichmäßig über das Gesteck verteilen.

Obwohl für dieses Arrangement die Technik des Andrahtens gefordert ist, läßt es sich aufgrund der gleichmäßigen Verteilung der Blüten relativ einfach herstellen.

KRÄNZE IN HERZ-, KREUZ-, PIK- UND KAROFORM

Die Herstellung dieser Dekorationen vertieft Ihr Verständnis und Ihre Kenntnisse der Blumenbindekunst und schenkt Ihnen gleichzeitig ungewöhnliche und attraktive Arrangements.

Diese heiteren Wanddekorationen besitzen einen hohen Wiedererkennungswert und ergeben, als Gruppe oder einzeln gerahmt, einen interessanten Blickfang.

Bei jedem dieser Objekte wurde nur eine Pflanzenart in einer Farbe und Struktur verwendet, die die Konturen des jeweiligen Kranzes unterstreicht. Der Karokranz besteht aus duftenden blauen Lavendelblüten, die in unterschiedliche Richtungen weisen, um die schlichte Form zu betonen. Der Herzkranz wurde passenderweise aus getrockneten Rosen angefertigt, der Pikkranz aus ovalen Mohnkapseln mit ihren charakteristischen, sternförmigen Krönchen. Die Form des Kreuzkranzes dagegen wurde mit hellgrünen, weinrot gestreiften Samenkapseln der *Nigella orientalis* gearbeitet.

Die Herstellung dieser Kränze stellt eine ausgezeichnete Übung der Techniken des Andrahtens und Umwickelns dar und zeigt die Vielseitigkeit der Drahtunterlage bei der Gestaltung relativ komplexer Formen. Darüber hinaus erfahren Sie, wie die Wahl des Pflanzenmaterials die Form eines floralen Dekorobjekts beeinflussen kann. Am besten beginnen Sie mit dem Karokranz – der einfachsten Form – und arbeiten sich über die immer komplexer werdenden Umrisse von Herz und Pik bis zum Kreuz vor. Auf diese Weise lernen Sie eine Reihe unterschiedlicher Aspekte kennen, die bei der Herstellung eines gelungenen Arrangements beachtet werden müssen. Dabei ist es besonders wichtig, die Größe des Pflanzenmaterials der Form des Kranzes anzupassen – aus praktischen Erwägungen, um etwa knifflige Ecken dekorieren und um die Grundform stärker herausarbeiten zu können.

KAROKRANZ AUS LAVENDELBLÜTEN

1 Aus Steckdraht eine lange Drahtunterlage anfertigen und mit Blumenband umwickeln. Den Draht zu einer Karoform mit einer Seitenlänge von je etwa 22 cm biegen; die beiden Enden sollten sich unten treffen.

2 Die Lavendelstiele auf etwa 5 cm Länge kürzen, in Dreiergruppen zusammenfassen und mit Silberdraht gabeln. Die Stiele in 35 Dreiergruppen aufteilen und jede Dreiergruppe mit Blumenband umwickeln.

3 An der Spitze des Karos beginnen und die Drahtstiele der Lavendelgruppen sowie die Drahtunterlage mit Blumenband umwickeln; dabei sollen sich die Lavendelblüten leicht überlappen. Auf diese Weise die linke Karohälfte vollständig bedecken bis zum offenen Ende der Drahtunterlage. Anschließend die andere Karohälfte, am anderen offenen Drahtende beginnend, auf die gleiche Weise schmücken. Zuletzt die beiden Drahtenden mit Blumenband verbinden.

PFLANZEN UND MATERIALIEN

Steckdraht (1,2 mm)
•
Blumenband
•
Gartenschere
•
105 getrocknete Lavendelstiele
•
Silberdraht

Achten Sie darauf, daß die Lavendelspitzen im Uhrzeigersinn in die gleiche Richtung weisen, um die Ausdruckskraft dieses schlichten Kranzes zu steigern.

KREUZKRANZ AUS *NIGELLA*-SAMENKAPSELN

PFLANZEN UND MATERIALIEN

Steckdraht (1,2 mm)

•

Blumenband

•

Gartenschere

•

57 gleich große getrocknete Samenkapseln der Nigella orientalis

•

Silberdraht

Dieser Kranz ergibt einen interessanten Blickfang.

1 Aus Steckdraht eine lange Drahtunterlage anfertigen und mit Blumenband umwickeln. Den Draht in Höhe und Breite zu einer etwa 22 cm großen Kreuzform biegen; die beiden Enden sollen sich auf der Geraden am Boden der Kreuzform treffen.

2 Die Stiele jeder einzelnen Samenkapsel auf etwa 2,5 cm Länge kürzen, mit Silberdraht gabeln und die Drahtstiele mit Blumenband umwickeln.

3 An einem Ende der Drahtunterlage beginnen und die Samenkapseln mit Blumenband an der Drahtunterlage befestigen, wobei sich die Kapseln leicht überlappen sollten. Auf diese Weise die Drahtunterlage vollständig bedecken; dann erst die beiden Drahtenden mit Blumenband verbinden.

HERZKRANZ AUS ROSEN

PFLANZEN UND MATERIALIEN

Steckdraht (1,2 mm)

Blumenband

Gartenschere

50 getrocknete rote Rosen

Silberdraht

Dieser eindrucksvolle Herzkranz ergibt ein ungewöhnliches und lange haltbares Geschenk für den Valentinstag.

1 Aus Steckdraht eine lange Drahtunterlage anfertigen und mit Blumenband umwickeln. Den Draht zu einer etwa 22 cm hohen Herzform biegen; die beiden Enden sollten sich unten treffen.

2 Die Rosenstiele auf etwa 2,5 cm Länge kürzen, jede einzelne Rose mit Silberdraht gabeln und den Drahtstiel mit Blumenband umwickeln.

3 Oben beginnen und die Rosen, leicht überlappend, mit Blumenband an der Drahtunterlage befestigen bis zum offenen Drahtende der linken Kranzhälfte. Die andere Kranzhälfte – wieder oben beginnend – auf die gleiche Weise schmücken; dann erst die beiden Drahtenden mit Blumenband verbinden.

PIKKRANZ AUS MOHNKAPSELN

PFLANZEN UND MATERIALIEN

Steckdraht (1,2 mm)
•
Blumenband
•
Gartenschere
•
50 getrocknete Mohnkapseln
•
Silberdraht

Die Mohnkapseln müssen unbedingt dicht nebeneinander festgebunden werden, damit sie sich gegenseitig stützen und nicht nach vorn umkippen.

1 Aus Steckdraht eine lange Drahtunterlage anfertigen und mit Blumenband umwickeln. Den Draht zu einer etwa 22 cm hohen Pikform biegen (ein umgekehrtes offenes Herz mit einem angefügten offenen Dreieck); die beiden Enden sollen sich auf der Geraden am Boden der Pikform treffen.

2 Die Stiele der Mohnkapseln auf ungefähr 2,5 cm Länge kürzen, jede einzelne Mohnkapsel mit Silberdraht gabeln und die Drahtstiele mit Blumenband umwickeln, um den Draht zu verdecken.

3 Mit der kleinsten Mohnkapsel an der Spitze der Pikform beginnen und die Samenkapseln mit Blumenband an der Drahtunterlage ganz dicht nebeneinander befestigen. Die Größe der Kapseln sollte bis zur Pikrundung langsam zu- und ab dort wieder abnehmen. Auf diese Weise die linke Kranzhälfte bis zum offenen Drahtende vollständig bedecken. Die andere Kranzhälfte – wieder von der Spitze aus – genauso schmücken, dann erst die beiden Drahtenden mit Blumenband verbinden.

WINTERPOTPOURRI

Die Idee zur Herstellung von Potpourris stammt wahrscheinlich aus der Zeit der englischen Königin Elisabeth I. Damals dienten diese Mischungen aus Kräutern und Pflanzen dazu, mit ihrem Duft alle üblen Gerüche zu überdecken.

Dieses Potpourri enthält nur »Zutaten« in ihrer ursprünglichen Form – ganze Orangen, Granatäpfel, Sonnenblumen und Rosen sowie dicke Zimtstangen –, die wegen ihrer Optik, nicht wegen ihres Dufts ausgewählt wurden. Alle verwendeten Materialien sind bereits getrocknet im Handel erhältlich. Trotz der enthaltenen Gewürznelken und Zimtstangen sollten Sie der Potpourrimischung ätherisches Öl hinzufügen. Wer das Potpourri mit etwas Goldstaub bestreut, erhält eine weihnachtliche Note.

1 Alle getrockneten Pflanzenmaterialien mit Ausnahme der Zimtstangen in die Schale geben und sorgfältig miteinander vermischen. Die Zimtstangen in große Stücke brechen und ebenfalls hinzufügen.

2 Einige Tropfen Potpourri-Aroma über die Mischung träufeln, einen Eßlöffel Goldstaub darüberstreuen und das Potpourri durchheben, um das Aroma und den Goldstaub gleichmäßig zu verteilen.

Pflanzen und Materialien

1 Handvoll Gewürznelken

1 Handvoll getrocknete Eibischknospen

1 Handvoll getrocknete Tulpenblütenblätter

1 Handvoll kleine Koniferenzapfen

7 getrocknete Orangen

5 getrocknete Sonnenblumen

1 Handvoll getrocknete rote Rosen

5 kleine getrocknete Granatäpfel

10 getrocknete Grapefruitscheiben

10 Zimtstangen

Große Glasschale

Würziges Potpourri-Aroma

Goldstaub

Eßlöffel

Da dieses Potpourri ganz leicht herzustellen ist, können Sie gleich mehrere Schüsseln damit füllen und diese im ganzen Haus verteilen.

EXOTISCHES ARRANGEMENT

Dieses Arrangement bildet eine interessante Kombination aus ungewöhnlichen Pflanzen und einer eher traditionellen Präsentationsweise in einem klassischen gußeisernen Gefäß, wobei die rostige Oberfläche der Urnenvase hervorragend zu den Braun-, Rosa- und Orangetönen des Pflanzenmaterials paßt.

Die einzelnen Pflanzen zeichnen sich zwar durch ausdrucksstarke und harte Formen und Strukturen aus, aber der Gesamteindruck wird durch die zarten Zweige der Korkenzieherweide gemildert und harmonisch abgerundet. Beim Stecken sollten Sie deshalb darauf achten, schön geschwungene Zweige auch im Vordergrund zu plazieren.

PFLANZEN UND MATERIALIEN

1 Block Steckmasse für Trockenblumen
•
Messer
•
Kleine gußeiserne Urnenvase
•
Floristenklebeband
•
Gartenschere
•
Steckdraht (1,2 mm)
•
1 Handvoll Rentierflechte
•
1 Zweig Korkenzieherweide
•
10 Protea-compacta-*Knospen*
•
3 Banksia hookerana
•
3 getrocknete Bohnenzweige
•
3 Banksia coccinea
•
15 Stiele kleine rosa Protea compacta

Das Arrangement muß mit größter Sorgfalt aufgebaut werden, da die Stiele sehr hart sind und die Steckmasse beschädigen, wenn man sie zu häufig hineinsteckt und wieder herauszieht.

1 Die Steckmasse so für die Urne zuschneiden und in die Urnenvase drücken, daß sie etwa 6 cm über deren Rand hinausragt; mit Floristenklebeband fixieren.

2 Den Steckdraht haarnadelförmig umbiegen und die Rentierflechte damit am Rand der Urne feststecken; dabei etwas Flechte über den Rand herabhängen lassen.

3 Mit einzelnen abgetrennten Weidenzweigen Höhe, Breite und Fächerform des Arrangements festlegen und entsprechend in die Steckmasse stecken.

4 Die *Protea-compacta*-Knospen zwischen die Weidenzweige stecken, wobei die Stiele der Größe nach von hinten nach vorn kürzer werden sollten. Auf die gleiche Weise die Stiele der *Banksia hookerana* kürzen und in der Steckmasse arrangieren.

5 Die getrockneten Bohnenzweige neben die *Banksia hookerana* plazieren; dabei ebenfalls auf eine staffelartige Verteilung achten. Die Stiele der *Banksia coccinea* in unterschiedlichen Höhen kürzen und gleichmäßig über das Gesteck verteilen.

6 Zum Schluß die kleinen *Protea compacta* gleichmäßig über die Steckmasse verteilen – die längsten Stiele im Hintergrund, kürzere im Vordergrund sowie an den Seiten.

LAUBKRANZ

Einige Arten von Blattwerk lassen sich problemlos an der Luft trocknen, während viele andere Varietäten nur mit Hilfe von Glyzerin konserviert werden können.

Dieser Kranz enthält beide Blattwerkarten und kommt mit seinen unterschiedlichen Strukturen und den sanften Farbtönen auch ohne Blüten wunderschön zur Geltung.

Pflanzen und Materialien

Gartenschere

•

10 getrocknete Silberlingstiele

•

5 große, mit Glyzerin konservierte Buchenzweige

•

5 große, mit Glyzerin konservierte Wedel Frauenhaarfarn

•

1 getrocknete Hopfenranke, etwa 60 cm lang

•

Kranz aus Weidenruten, Durchmesser etwa 30 cm

•

Schnur

Dieser Kranz ist aus im Handel erhältlichen Materialien gefertigt und leicht herzustellen. An einer Wand im Flur oder an einer geschützten Haustür aufgehängt, ergibt er eine wunderbare Herbstdekoration.

1 Alle Zweige auf etwa 12 cm Länge kürzen. Zum Bedecken des Weidenrutenkranzes werden 21 kleine Zweige oder Teile jeder Laubart benötigt. Zuerst drei kleine Silberlingstiele mit der Schnur am Weidenrutenkranz befestigen (die Schnur nicht abschneiden!).

2 Ein Büschel aus drei Buchenzweigen binden und so mit der Schnur am Kranz befestigen, daß die Blätter die Silberlinge leicht überlappen. Auf die gleiche Weise drei kleine Hopfenzweige sowie drei kleine Wedel Frauenhaarfarn zu Büscheln binden und am Kranz anbringen.

3 In dieser Reihenfolge den gesamten Kranz mit Blattwerk bedecken, herausragende Stiele abschneiden und das Pflanzenmaterial gegebenenfalls etwas verschieben oder zurechtrücken. Zum Schluß die Schnur auf der Rückseite des Kranzes zu einem unauffälligen Knoten binden.

HÄNGENDE WANDGARBE

Dem rustikalen Charme dieser hübschen, von Hand gebundenen Garbe kann kaum jemand widerstehen. Sie ist ganz leicht anzufertigen, wenn man die nützliche Technik des spiralförmigen Bindens beherrscht. Den optischen Mittelpunkt bilden große, runde, orangefarbene Kugeldisteln, deren strenge, stachlige Geometrie sich attraktiv vor dem Hintergrund aus cremeweißen Strohblumen und dem frischen Grünton von Flachs und Fuchsschwanz abhebt. Die grünen Färberdisteln mit ihren orangefarbenen Blütenbüscheln schlagen eine optische Brücke zwischen den unterschiedlichen Pflanzen.

Pflanzen und Materialien

1 Bund getrockneter Flachs
•
1 Bund getrocknete weiße Strohblumen
•
10 getrocknete Färberdisteln
•
8 große, getrocknete orangefarbene Kugeldisteln
•
10 gerade Stiele getrockneter grüner Fuchsschwanz
•
Schnur
•
Gartenschere
•
Grünes Papierband

1 Die Pflanzen auf der Arbeitsfläche ausbreiten und die Flachs- und Strohblumenbünde in je 10 kleinere Bündel aufteilen. Die Seitentriebe von Färberdistel und Kugeldistel abbrechen, um so die Anzahl der einzelnen Stiele zu erhöhen. Den längsten Fuchsschwanz in eine Hand nehmen und auf beiden Seiten mit einer Färberdistel und einem Flachsbüschel umgeben, die etwas kürzer als der Fuchsschwanz sein sollten. Weiteres Pflanzenmaterial aufnehmen und dabei die Stiele jeweils spiralförmig anordnen. Beim Zusammenstellen des Straußes auf ein ausgewogenes Verhältnis zwischen den kräftigen Formen von Kugeldistel und Strohblume und den eher zarten Formen von Flachs und Färberdistel achten.

2 Wenn alle Pflanzen eingebunden sind, die Bindestelle mit Schnur umwickeln. Die Stiele auf eine fast einheitliche Länge kürzen.

3 Aus Papierband eine Schleife fertigen und über der Bindestelle befestigen, die Enden des Papierbandes weisen zu den Blüten.

Die mit ihrem grünen Band wunderschön in eine bäuerlich-rustikale Küche passende Garbe läßt nicht nur die Blüten, sondern auch die Stiele hervorragend zur Geltung kommen.

DEKORIERTE MARMELADENGLÄSER

Pflanzen und Materialien

3 unterschiedliche Marmeladengläser
•
Oasis-Kleber
•
10 skelettierte Blätter
•
Gartenschere
•
18 getrocknete gelbe Rosen
•
Teelichter oder Kerzen
•
1 Bund getrockneter Lavendel

Fertigen Sie gleich eine größere Anzahl solcher Gläser an, dann haben Sie immer ein hübsches, sehr persönliches Geschenk parat.

Mit Pflanzen dekorierte Gefäße können sehr attraktiv wirken. Da diese Art der Dekoration einen Großteil des Gefäßes verdeckt, sollten Sie nicht viel Geld für besondere Gläser oder Vasen ausgeben, sondern sich einfach einmal umschauen, welche interessanten Formen Ihr eigener Haushalt zu bieten hat. Hier wurden drei verschiedene Marmeladengläser in hübsche Windlichter verwandelt; aber Sie können sie natürlich auch als Halter für Stifte oder anderen Kleinkram verwenden oder sogar im Bad für Zahnbürsten – allerdings werden die Pflanzen unter der feuchten Luft stark leiden.

Da Sie für diese kleinen Arrangements kaum Materialien benötigen, können Sie endlich einmal Reste von anderen Projekten sowie für Gestecke ungeeignete Pflanzenteile verarbeiten. Lassen Sie Ihrer Phantasie bei der Gestaltung der Gefäße und der Wahl der Blüten einfach freien Lauf.

1 Die Seiten des größten (etwa 12 cm hohen), möglichst geradwandigen Marmeladenglases gleichmäßig dünn mit Klebstoff bestreichen und mit fünf nach oben gerichteten Blättern bekleben, die bündig mit dem Boden des Glases abschließen sollten. Im oberen Bereich des Glases eine zweite Schicht Blätter leicht versetzt über die ersten Blätter kleben, um die Übergänge zu kaschieren.

2 Die Stiele von vier gelben Rosen vollständig abschneiden und die Blüten an vier gleich weit entfernten Punkten am oberen Glasrand ankleben. Zum Schluß ein Teelicht oder eine Kerze in das Glas stellen.

3 Die Stiele der restlichen Rosen abschneiden, etwas Klebstoff auf den Blütenboden auftragen und die Rosen dicht nebeneinander am Rand eines zweiten, bauchigen Marmeladenglases ankleben. Eine Kerze in das Glas stellen.

4 Den Klebstoff auf die Seiten des dritten Glases auftragen. Den Lavendel in einzelne Stiele teilen und vertikal auf das Marmeladenglas kleben, so daß die Blüten etwa 1 cm über den Glasrand hinausragen. Die Lavendelblüten müssen dicht nebeneinander plaziert werden, um die Seiten des Glases vollständig zu bedecken. Den unteren Bereich des Glases mit einer zweiten Lage Lavendelblüten bekleben, um die Stiele der ersten Lage zu kaschieren, und alle über den Boden hinausragenden Stiele bündig abschneiden. Ein Teelicht in das Glas stellen oder das Gefäß als kleine Vase verwenden.

Diese Dekorationen ergeben einen ungewöhnlichen Mittelpunkt für den Eßtisch.

ROTES ARRANGEMENT IN EINEM GLASWÜRFEL

PFLANZEN UND MATERIALIEN

Glaswürfel, Kantenlänge 20 cm

20 getrocknete Orangen

1 Block Steckmasse für Trockenblumen

Messer

Floristenklebeband

Gartenschere

2 Bund getrockneter Ackerschachtelhalm

2 Bund getrocknete, rotgefärbte Schafgarbe

2 Bund getrocknete, rotgefärbte Kugeldisteln

2 Bund getrocknete rote Rosen

Das Arrangement ist einfach anzufertigen, verbirgt aber auf geschickte Weise das Geheimnis seiner Herstellungsmethode.

Dieses Arrangement enthält ein farbiges »Fundament« aus getrockneten Orangen, auf denen das eigentliche Gesteck in verschiedenen Rottönen aufgebaut wird.

Die Kuppelform setzt sich aus einer Fülle von Pflanzenmaterialien mit kontrastierenden Strukturen zusammen: stachlige Kugeldisteln, samtige Blütenkissen der Schafgarbe und papierdünne Blütenblätter der Rose. Dank des ungewöhnlichen Glasgefäßes entsteht trotz der an sich klassischen Materialien und Farben ein zeitgemäßes Arrangement.

1 Den Glaswürfel zu drei Vierteln mit getrockneten Orangen füllen. Die Steckmasse so zuschneiden, daß sie oberhalb der Orangen in das Gefäß paßt, wobei etwa zwei Drittel der Steckmasse über den Rand ragen sollten. Die Steckmasse mit Floristenklebeband fixieren; das Klebeband darf vom Rand aus jedoch höchstens 2,5 cm auf die Glasflächen geklebt werden, damit es unsichtbar bleibt.

2 Die Stiele des Ackerschachtelhalms auf eine Länge von 10 cm kürzen, die Halme in die Steckmasse stecken und damit die Konturen des Arrangements festlegen.

3 Die Schafgarbenstiele auf eine Länge von 10 cm kürzen. Die Pflanzen gleichmäßig zwischen die Ackerschachtelhalme stecken.

4 Die Stiele der Kugeldisteln auf 10 cm Länge kürzen und gleichmäßig zwischen die anderen Pflanzen in die Steckmasse stecken.

5 Die Rosenstiele auf 10 cm Länge kürzen, in Dreiergruppen aufteilen und mit diesen die verbliebenen Löcher im Arrangement ausfüllen.

KAMINGESTECKE

GESTECK FÜR DEN KAMINSIMS

Ein nicht benutzter Kamin wirkt häufig recht unansehnlich, aber mit zwei aufsehenerregenden Arrangements für den Sims und den Feuerrost wird der Kamin auch im Sommer zu einem interessanten Blickfang. Die verwendeten Pflanzen für das Simsgesteck – leuchtendgelbe Sonnenblumen, grüner Fuchsschwanz, grüner Hopfen sowie Maiskolben als optischer Mittelpunkt – unterstreichen den sommerlichen Charakter.

Das Arrangement läßt sich leicht anfertigen, Sie müssen lediglich die optische Ausgewogenheit und die benötigte Standfestigkeit berücksichtigen. Damit das Gesteck nicht nach vorn umfällt, muß der Schwerpunkt weit hinten und im unteren Bereich liegen, die Steckmasse sollte – mit oder ohne Kunststoffschale – fest mit dem Kamin verbunden sein.

Pflanzen und Materialien

1 Block Steckmasse für Trockenblumen
•
Messer
•
Floristenklebeband
•
getrocknete Hopfenranken
•
5 große, mit Glyzerin konservierte Buchenzweige
•
3 getrocknete Maiskolben
•
12 getrocknete Sonnenblumen
•
12 Stiele getrockneter grüner Fuchsschwanz

Für ein solches Arrangement bietet sich die Verwendung von Trocken- statt Schnittblumen geradezu an, da ein Gesteck aus getrockneten Pflanzen länger hält und weniger Pflege benötigt.

1 Die Steckmasse halbieren, eine Hälfte in die Mitte des Kaminsimses stellen und mit Floristenklebeband fixieren. Bei Verwendung einer Kunststoffschale die Steckmasse in der Schale und diese am Sims mit Klebeband befestigen. So ist die Standfestigkeit gesichert.

2 Die Hopfenranken auf die gesamte Länge des Kaminsimses legen und über die Seiten herabhängen lassen, an den Enden des Simses mit Klebeband fixieren. Die Hopfen sollten auf der und um die Steckmasse ranken, sie aber nicht vollständig bedecken.

3 Die Buchenzweige gleichmäßig über die Steckmasse verteilen und eine kuppelförmige Kontur festlegen, die sich bis zu den Hopfenranken erstreckt. Einen Maiskolben in die Mitte des hinteren Bereichs der Steckmasse stecken und mit zwei etwas kleineren Maiskolben flankieren.

4 Die Sonnenblumen gleichmäßig über das Gesteck verteilen und die Kuppelform weiter herausarbeiten. Sonnenblumen mit längeren Stielen im Hintergrund und Blüten mit kürzeren Stielen im Vordergrund plazieren. Zum Schluß den Fuchsschwanz gleichmäßig zwischen die anderen Pflanzen stecken.

GESTECK FÜR DEN KAMINROST

PFLANZEN UND MATERIALIEN

1 ½ Blöcke Steckmasse für Trockenblumen

•

Gartenschere

•

8 große, mit Glyzerin konservierte Buchenzweige

•

10 gerade Stiele getrockneter grüner Fuchsschwanz

•

10 getrocknete Sonnenblumen

•

10 Zweige Keulenlilie

Die Verwendung von Trockenblumen hat den großen Vorteil, daß Sie dieses Gesteck zu jeder Jahreszeit anfertigen können.

Die Fröhlichkeit des Sommers strahlen die beiden Kamingestecke aus.

Füllen Sie doch einmal das gähnende schwarze Loch einer unbenutzten Feuerstelle mit einem leuchtenden Trockenblumenarrangement! Dieses Gesteck kombiniert die heitere Ausstrahlung gelber Sonnenblumen mit der weichen Struktur von leuchtendgrünem Fuchsschwanz und den zarten weißen Blütchen der Keulenlilie. Sie alle stehen vor einem Hintergrund aus rostfarbenen Buchenzweigen und sind eine sonnige Dekoration für eine kleine Feuerstelle.

Bei diesem Gesteck wurde die Steckmasse einfach nur fest in den Kaminrost gedrückt. Bei einem größeren Kamin sollte man sie zuvor in einer separaten Schale fixieren. Denken Sie daran, daß die Pflanzen aus dem Kamin herausragen sollen. Sie dürfen nicht nach vorn umkippen; und das ist das größere Problem, das Sie lösen müssen.

1 Die Steckmasse fest in den Kaminrost drücken. Einzelne Zweige von den Buchen abschneiden, in die Steckmasse stecken und eine fächerförmige Kontur festlegen, die in einer leichten Wölbung aus der Feuerstelle heraus- und im Vordergrund in den Raum hineinragt.

2 Den Fuchsschwanz gleichmäßig zwischen die Buchenzweige in die Steckmasse stecken und die Umrisse des Gestecks weiter herausarbeiten.

3 Die Sonnenblumen in die Steckmasse stecken und dabei gleichmäßig über das Arrangement verteilen.

4 Die Keulenlilienzweige so in die Steckmasse stecken, daß sie die Konturen zusätzlich betonen.

HORTENSIENKRANZ

Hortensien behalten ihre natürliche Schönheit auch nach dem Trocknen; aber sie lassen sich nicht besonders gut aufgehängt lufttrocknen. Vielmehr empfiehlt es sich, sie in einer Vase mit wenig Wasser zu trocknen. Auf diese Weise wird der Trocknungsprozeß verlangsamt und die empfindlichen Blütchen schrumpfen nicht.

Hortensien sind in einer unendlichen Farbenvielfalt erhältlich – von Weiß über Rosa, Grün, Blau und Rot bis zu Dunkelviolett. Meistens behalten sie ihre Farben und eignen sich deshalb hervorragend für Trockenblumenarrangements.

PFLANZEN UND MATERIALIEN

12 getrocknete Hortensien

•

Gartenschere

•

Steckdraht (1,2 mm)

•

Silber- oder Rosendraht

•

1 Kranz aus verholzten Weinranken, Durchmesser etwa 35 cm

1 Jede der zwölf Hortensien in je fünf kleine Blütenbüschel brechen und jedes Büschel mit Steckdraht gabeln.

2 Ein Hortensienbüschel mit Hilfe von Silberdraht am Kranz befestigen; dazu den Draht um eine Kranzranke führen, mehrmals um den Drahtstiel und die Kranzranke winden und festziehen. Den Draht nicht abschneiden! Auf die gleiche Weise weitere Büschel anbringen, die einander leicht überlappen sollten, bis die Vorderseite des Kranzes vollständig bedeckt ist.

3 Zum Schluß den Silberdraht mehrfach durch die Kranzranken führen, damit er sich nicht mehr löst.

Dieser Kranz ist ein Fest für das Auge und bildet mit seinen sanften, fast aquarellartigen Farbtönen eine perfekte Wanddekoration für ein Schlafzimmer.

ROSENSTERN MIT LAVENDEL

Dieses Arrangement mit seinen kühnen Formen sprüht vor Farben und verströmt darüber hinaus einen köstlichen Lavendelduft.

Es entstand in einer sternförmigen Backform und paßt mit seinen gelben und lavendelblauen Farbtönen gut zu einem modernen Einrichtungsstil.

PFLANZEN UND MATERIALIEN

2 Blöcke Steckmasse für Trockenblumen

•

Messer

•

Sternförmige Backform

•

Gartenschere

•

50 getrocknete Lavendelzweige

•

100 getrocknete gelbe Rosen

Obwohl das Gesteck eine große Menge Pflanzenmaterial erfordert, ist es ganz leicht anzufertigen.

1 Die Backform als Schablone ganz leicht auf die Steckmasse drücken und diese so zuschneiden, daß sie genau in die Form paßt. Ihre Oberfläche soll etwa 2 cm tiefer liegen als der Rand der Form.

2 Die Lavendelzweige auf 5 cm Länge kürzen und in Fünfergruppen zusammenfassen. Die Gruppen am Rand der Backform entlang in die Steckmasse stecken, so daß eine etwa 1 cm breite Umrandung entsteht.

3 Die Rosenstiele auf 5 cm Länge kürzen. Die Sternspitzen mit Rosen füllen und von dort aus zur Mitte weiterarbeiten. Die Rosen sollten auf gleicher Höhe mit den Lavendelblüten in die Steckmasse gesteckt werden.

KORBRAND AUS FRÜCHTEN UND PILZEN

Ein Randdekor aus getrockneten Pflanzen verhilft diesem alten, abgenutzten Weidenkorb zu neuem Leben und verwandelt ihn in einen wundervollen Obstkorb. Die Dekoration mit ihren kühnen Formen und prächtigen Farben von Sonnenblumen, Orangen, Zitronen, Äpfeln und Pilzen läßt einen überwältigenden Eindruck entstehen.

1 Die Orangenscheiben in Dreiergruppen zusammenlegen und jede Gruppe mit Steckdraht gabeln. Auf die gleiche Weise die Zitronen- und Apfelscheiben gabeln. Die Sonnenblumenstiele auf 2,5 cm Länge kürzen und jede Blüte gabeln. Auch die Pilzstücke einzeln mit Steckdraht gabeln. Anschließend alle Drahtstiele mit Blumenband umwickeln.

2 Eine Gruppe Orangenscheiben auf eine Ecke des Korbrands legen und mit Silberdraht befestigen; dazu den Draht um die Weidenruten und den Drahtstiel winden. Den Draht nicht abschneiden! Auf die gleiche Weise Apfelscheiben, Sonnenblume, Zitronenscheiben und einen Pilz befestigen und so fortfahren, bis der gesamte Korbrand bedeckt ist. Den Silberdraht mehrmals durch das Korbgeflecht stechen, damit er sich nicht mehr löst.

PFLANZEN UND MATERIALIEN

45 getrocknete Orangenscheiben
•
45 getrocknete Zitronenscheiben
•
45 getrocknete Apfelscheiben
•
Steckdraht (1,2 mm)
•
18 Sonnenblumen
•
16 kleine getrocknete Pilzstücke
•
Blumenband
•
Gartenschere
•
Alter Weidenkorb, ohne Henkel
•
Silber- oder Rosendraht

Das Herstellungsverfahren dieser Korbdekoration läßt sich auch auf jeden anderen Weidenkorb übertragen.

HERBSTGESTECK IN ORANGE

Pflanzen und Materialien

3 Blöcke Steckmasse für Trockenblumen

•

Terrakottatopf, Höhe etwa 30 cm

•

Floristenklebeband

•

10 mit Glyzerin konservierte Wedel Frauenhaarfarn

•

Steckdraht (1,4 mm)

•

9 getrocknete geschlitzte Orangen

•

Gartenschere

•

10 getrocknete Färberdisteln

•

10 getrocknete orangefarbene Kugeldisteln

•

10 Stiele getrockneter Ackerschachtelhalm

Dieses Arrangement ist als auffälliger Blickfang konzipiert. Es kommt als optischer Mittelpunkt, beispielsweise auf einem Tisch, am besten zur Geltung, da man es dort von allen Seiten betrachten kann.

Warme Herbsttöne beherrschen sowohl dieses Gesteck als auch sein Gefäß, einen attraktiven, leicht gedrungenen Terrakottatopf, dessen Rundung von der Kuppelform des Gestecks noch einmal aufgenommen wird. Um die Aufmerksamkeit noch stärker auf den Topf zu lenken, nimmt dieser etwa die Hälfte der Gesamthöhe des Arrangements ein.

Die herbstlichen Rot- und Orangetöne von Kugeldisteln, Ackerschachtelhalm, Orangen und Frauenhaarfarn bilden einen interessanten Kontrast zu den Grüntönen der Färberdisteln, deren orangefarbene Blütenbüschel als farbliches Bindeglied dienen. Darüber hinaus enthält das Gesteck die unterschiedlichsten Strukturen: weiche Blütenbüschel, spitze Blüten, fedriges Blattwerk und die ledrige Schale der tief in das Arrangement gesteckten Früchte.

Da lediglich die Orangen angedrahtet werden müssen, läßt sich das Arrangement relativ einfach anfertigen. Allerdings benötigen Sie ein gutes Auge für Proportion und Ausgewogenheit und etwas Geduld beim Arrangieren der einzelnen Pflanzen, um die Form des Gestecks richtig herauszuarbeiten.

1 Die Steckmasse fest in den Terrakottatopf stellen und mit Floristenklebeband fixieren. Die Oberfläche der Steckmasse soll etwa 4 cm über den Topfrand hinausragen.

2 Die Wedel des Frauenhaarfarns auf etwa 25 cm Länge kürzen und so in die Steckmasse stecken, daß sie eine flache Kuppelform definieren. Die Orangen mit Steckdraht andrahten. Die Drahtstiele der Orangen nach unten biegen und zusammendrehen.

3 Die Orangen mit Hilfe der Drahtstiele zwischen die Farnwedel tief in die Steckmasse stecken.

4 Die Stiele der Färberdisteln auf etwa 25 cm Länge kürzen, gleichmäßig über das Arrangement verteilen und die Höhe, Breite sowie die Gesamtform des Gestecks weiter herausarbeiten.

5 Die Stiele der Kugeldisteln auf etwa 25 cm Länge kürzen und als optischen Mittelpunkt gleichmäßig in dem Gesteck verteilen.

6 Zum Schluß die Stiele des Ackerschachtelhalms auf ebenfalls etwa 25 cm Länge kürzen und so in die Steckmasse stecken, daß sie gleichmäßig in dem Gesteck verteilt sind.

BIEDERMEIERSTRÄUSSCHEN AUS TROCKENBLUMEN

Diese Biedermeiersträußchen wurden aus verschiedenen Trockenblumen und duftendem Lavendel spiralförmig gebunden. Durch ihre Samtschleifen erhielten sie ein mittelalterliches Aussehen. Die Gebinde eignen sich hervorragend als Mitbringsel oder als Sträußchen für eine Brautjungfer.

PFLANZEN UND MATERIALIEN

BIEDERMEIERSTRÄUSSCHEN 1

Gartenschere
•
20 getrocknete rote Rosen
•
1 Bund getrocknete Nigella orientalis
•
1 Bund getrockneter Lavendel
•
Schnur
•
Band

BIEDERMEIERSTRÄUSSCHEN 2

Gartenschere
•
20 getrocknete rosa Rosen
•
½ Bund getrocknete Samenkapseln der Nigella orientalis
•
½ Bund getrockneter Lavendel
•
½ Bund getrocknetes Glanzgras
•
Schnur
•
Band

Diese Biedermeiersträußchen lassen sich leicht anfertigen, benötigen aber im Verhältnis zu ihrer Größe eine erstaunliche Menge an Pflanzenmaterial.

1 Für das Biedermeiersträußchen 1 (rechts im Bild) die Stiele aller Pflanzen auf etwa 18 cm Länge kürzen. Alles Pflanzenmaterial nach Arten sortiert auf der Arbeitsfläche ausbreiten. Das Sträußchen mit einer einzelnen Rose beginnen und nach und nach die anderen Pflanzen zufügen.

2 Die Rose mit *Nigella orientalis,* Lavendel und einer weiteren Rose umgeben. In dieser Reihenfolge weitere Pflanzen aufnehmen und das Sträußchen jeweils etwas in der Hand drehen, um einen spiralförmigen Aufbau zu erzielen. Dabei das Sträußchen im unteren Drittel halten.

3 Wenn alle Pflanzen aufgenommen sind, die Bindestelle mit Schnur umwickeln und die Stiele auf gleiche Länge kürzen. Die Bindestelle mit einem Band umwickeln und mit einer hübschen Schleife dekorieren. (Auf die gleiche Weise das Biedermeiersträußchen 2 anfertigen.)

VIER-JAHRESZEITEN-KORB

Dieses dicht mit Pflanzen gefüllte Körbchen ist in vier Bereiche unterteilt, deren Inhalt und Farben einer bestimmten Jahreszeit entsprechen. Damit der Korb besonders gut zur Geltung kommt, müssen die Pflanzen sehr dicht nebeneinander plaziert werden.

1 Die Steckmasse passend für den Korb zuschneiden, in den Korb einsetzen und mit Hilfe von Floristenklebeband über Kreuz in vier gleich große Bereiche unterteilen. Die Stiele von Glanzgras und Strohblumen auf etwa 6 cm Länge kürzen. Das Gras in Fünfergruppen zusammenfassen und gleichmäßig über ein Korbviertel verteilen. Die Strohblumen zwischen die Gräser in die Steckmasse stecken, die Blütenköpfe sollen sich auf gleicher Höhe mit den Gräsern befinden.

2 Die Rosenstiele auf 6 cm Länge und die Lavendelstiele auf 7 cm Gesamtlänge kürzen. Den Lavendel in Fünfergruppen zusammenfassen und gleichmäßig über das zweite Korbviertel verteilen. Die Rosen zwischen die Lavendelblüten in die Steckmasse stecken.

3 Die Stiele der Färberdisteln auf 6 cm Länge kürzen. Kleinere Wedel von dem Frauenhaarfarn abbrechen und auf 7 cm Gesamtlänge kürzen. Die Färberdisteln gleichmäßig über das dritte Korbviertel verteilen. Die Farnwedel dicht nebeneinander zwischen die Färberdisteln in die Steckmasse stecken.

4 Die Zimtstangen in 6 cm lange Stücke schneiden. Die Orangen mit Steckdraht andrahten und die Drähte auf 6 cm Länge kürzen. Die Orangen mit Hilfe der Drähte im vierten Korbviertel gleichmäßig über die Steckmasse verteilen und die Zimtstangen in dichten Bündeln zwischen die Orangen in die Steckmasse stecken.

PFLANZEN UND MATERIALIEN

2 Blöcke Steckmasse für Trockenblumen
•
Messer
•
Runder, flacher Korb
•
Floristenklebeband
•
Gartenschere
•
60 Halme getrocknetes Glanzgras
•
17 getrocknete cremefarbene Strohblumen
•
40 getrocknete dunkelrosa Rosen
•
160 getrocknete Lavendelstiele
•
25 getrocknete Färberdisteln
•
5 mit Glyzerin konservierte Wedel brauner Frauenhaarfarn
•
10 Zimtstangen
•
5 getrocknete geschlitzte Orangen
•
Steckdraht (1,6 mm)

Da nur wenig Material angedrahtet werden muß, läßt sich das Gesteck leicht anfertigen. Es bietet eine wunderbare Übung zum dichten Gruppieren getrockneter Pflanzen und ergibt einen betonten Mittelpunkt für einen runden Tisch.

KORBGESTECK IN ROSA

PFLANZEN UND MATERIALIEN

1 Block Steckmasse für Trockenblumen

•

Messer

•

Ovaler Korb, Länge etwa 20 cm

•

Floristenklebeband

•

Gartenschere

•

20 Zweige getrockneter roter Fuchsschwanz

•

20 getrocknete dunkelrosa Rosen

•

20 getrocknete dunkelrosa Strohblumen

Wer sich einen Vorrat an getrocknetem Pflanzenmaterial anlegt, kann für jede Gelegenheit ein passendes Gesteck anfertigen.

Die Rosen-, Strohblumen- und Fuchsschwanzblüten haben auch nach dem Trocknen ihre natürlichen dunkelrosa Farbtöne beibehalten und ergeben hier ein farbenprächtiges, strukturreiches Trockenblumengesteck.

In dem ovalen Körbchen eignet es sich mit seiner niedrigen Kuppelform als hübscher Tischschmuck, kann aber dank seines formellen Erscheinungsbildes auch als festliche Dekoration für feierliche Empfänge oder ähnliche Anlässe eingesetzt werden.

1 Die Steckmasse passend für den Korb zuschneiden, in die Mitte stellen und mit Floristenklebeband fixieren.

2 Den Fuchsschwanz auf eine Gesamtlänge von 14 cm kürzen, gleichmäßig in die Steckmasse stecken und dabei die kuppelförmige Kontur festlegen.

3 Die Rosenstiele auf 12 cm Länge kürzen und zwischen den Fuchsschwanz (unterhalb von dessen Spitzen) gleichmäßig in die Steckmasse stecken.

4 Etwa 10 Strohblumenstiele auf 12 cm Länge kürzen und gleichmäßig über das Gesteck verteilen, sie sollen auf derselben Höhe wie die Rosenblüten gesteckt sein. Die restlichen 10 Stiele auf 10 cm Länge kürzen und tiefer in das Arrangement stecken, um ihm mehr Tiefe und Struktur zu verleihen.

Die in diesem Arrangement verwendeten Pflanzen – papierartige Strohblumen, rosa Rosen und die samtigen Blütenstände des Fuchsschwanzes – zeichnen sich durch hübsch kontrastierende Strukturen aus.

KRANZ AUS ORANGEN UND ZIMTSTANGEN

Pflanzen und Materialien

Klebepistole und Heißpunktkleber

•

5 getrocknete geschlitzte Orangen

•

Ring aus Steckmasse für Trockenblumen, Durchmesser 13 cm

•

20 Zimtstangen

Dieser hübsche Kranz ergibt ein perfektes Geschenk, beispielsweise für eine Einweihungsfeier oder für einen begeisterten Hobbykoch.

Aufgrund der warmen Farben, des aromatischen Dufts und der kulinarischen Bestandteile eignet sich dieser Kranz hervorragend als Wanddekoration für eine Küche.

Das an sich leicht anzufertigende Gesteck erfordert allerdings etwas Fingerspitzengefühl beim Befestigen der winzig kleinen Zimtstangen, die in dichten Gruppen plaziert wurden, um die gewünschte Wirkung zu erzielen. Außerdem müssen Sie darauf achten, nicht zu viele Zimtstangen anzubringen, da die Steckmasse sonst bricht. Um dies zu verhindern, können Sie den Steckmassering zusätzlich auf einen gleich großen Karton kleben, bevor Sie mit der Gestaltung beginnen.

1 Den Boden der Orangen mit Klebstoff aus der Klebepistole versehen und die Orangen in gleichmäßigen Abständen auf den Steckmassering kleben. Die Zimtstangen in Stücke brechen.

2 Das untere Ende der Zimtstangen mit Klebstoff versehen und die Stangen in kleinen, dichten Gruppen zwischen die Orangen in die Steckmasse drücken.

3 Auf den Außen- und Innenrand des Steckmasserings jeweils eine Reihe Zimtstangen kleben, so daß die Steckmasse vollständig bedeckt ist.

ORANGENPOMANDER MIT GEWÜRZNELKEN

Dieser klassische Pomander wird aus frischen Früchten gefertigt und trocknet zu einem wunderschönen, altmodischen Weihnachtsdekor, dessen warmer, würziger Duft Erinnerungen an Glühwein und andere Köstlichkeiten dieser festlichen Jahreszeit weckt.

Sie können mehrere Pomander mit unterschiedlichen Bändern herstellen und sie in einer Schale präsentieren, im Haus aufhängen, als Weihnachtsdekoration verwenden oder in den Kleiderschrank hängen.

PFLANZEN UND MATERIALIEN

3 kleine, feste Orangen
•
3 verschiedene Bänder
•
Schere
•
Gewürznelken

Pomander lassen sich ganz leicht herstellen und eignen sich wunderbar als kleine Geschenke. Denken Sie daran, das Band im Laufe der Zeit mehrmals festzuziehen, da der Pomander trocknet und schrumpft.

1 Ein Band einmal um eine Orange herumführen, die Bandenden kreuzen und wieder nach oben führen.

2 Die Bandenden oben auf der Orange zu einer Schleife binden. Den Sitz der Bänder so ausrichten, daß die Orange in vier gleich große Bereiche unterteilt ist und bespickt werden kann.

3 Die Gewürznelken mit der spitzen Seite zuerst an den Bändern entlang und dann quer in die Orangenschale stecken, bis jedes Orangenviertel vollständig mit Gewürznelken bespickt ist.

KLASSISCHES URNENGESTECK

Eine attraktive flache Urnenvase aus rostendem Gußeisen inspirierte zu diesem Arrangement. Die klassische Form des Gefäßes wird durch die traditionelle Eleganz des Trockenblumengestecks noch verstärkt und übernimmt damit eine wichtige Rolle.

In dem kuppelförmigen Arrangement dominieren Weiß, Gelb und kontrastierende Grüntöne, es wurde aus Rosen, Silberlingen, Keulenlilie, Eukalyptus, Flachs und Glanzgras gefertigt.

Pflanzen und Materialien

2 Blöcke Steckmasse für Trockenblumen
•
Messer
•
Gußeiserne Urnenvase
•
Floristenklebeband
•
Gartenschere
•
10 mit Glyzerin konservierte Eukalyptuszweige
•
10 gebleichte Silberlingstiele
•
2 Bund getrockneter Flachs
•
2 Bund getrocknetes Glanzgras
•
20 getrocknete weiße Rosen
•
1 Bund Keulenlilienzweige

Silberling und Eukalyptus harmonieren besonders gut miteinander und geben einem Trockenblumengesteck Fülle und Kontur.

1 Die Steckmasse passend für die Urnenvase zuschneiden und mit Floristenklebeband fixieren.

2 Die Eukalyptuszweige auf eine Länge von 15 cm kürzen, in die Steckmasse stecken und die kuppelförmige Kontur des Gestecks festlegen.

3 Die Silberlingstiele auf etwa 20 cm Länge kürzen, zwischen die Eukalyptuszweige in die Steckmasse stecken und so verteilen, daß sich die längeren Zweige im Vordergrund befinden.

4 Den Flachs vorsichtig in 18 kleinere Bündel aufteilen, damit die kleinen gelben Kapseln nicht abfallen. Die Stiele auf etwa 15 cm Länge kürzen und die Bündel gleichmäßig über das Gesteck verteilen.

Die Leuchtkraft der zarten Farbtöne dieses Arrangements kann eine dunkle Zimmerecke wunderbar aufhellen.

5 Die Stiele des Glanzgrases auf etwa 15 cm Länge kürzen und einzeln, gleichmäßig über das Arrangement verteilt, in die Steckmasse stecken. Denselben Vorgang mit den Rosen wiederholen.

6 Die Zweige der Keulenlilie auf etwa 15 cm Länge kürzen und gleichmäßig über das Gesteck verteilen.

STEHENDE WANDGARBE IN ROT

Diese spiralförmig gebundene Garbe ergibt ein attraktives und ungezwungenes Wanddekor. Damit sich die Garbe der Wand perfekt anpaßt, benötigt sie eine flache Rückseite, während die Vorderseite für eine interessantere optische Wirkung in den Raum hineinragen sollte. Mit seinen exotischen Farben schmückt dieses Gebinde am besten einen Wohnraum mit prächtigen Möbeln und Farben.

PFLANZEN UND MATERIALIEN

50 getrocknete Lavendelzweige
•
10 Protea-compacta-*Knospen*
•
10 Zweige Keulenlilie
•
15 getrocknete rote Rosen
•
Schnur
•
Gartenschere
•
Satinband, Breite etwa 5 cm

Die größte Herausforderung bei dieser Garbe besteht darin, die Pflanzen spiralförmig zu binden; aber da es sich um ein kleines Arrangement handelt, dürfte diese Aufgabe nicht allzu schwer sein.

1 Die Pflanzen auf der Arbeitsfläche ausbreiten und den Lavendel in 10 kleine Gruppen aufteilen. Mit der längsten *Protea* beginnen, dahinter einen etwas längeren Keulenlilienzweig aufnehmen und die Knospe mit jeweils einer etwas kürzeren Rose flankieren. In derselben Reihenfolge weitere Pflanzen dazunehmen und den Strauß jeweils etwas drehen, um einen spiralförmigen Aufbau des Arrangements zu erzielen.

2 Wenn alle Pflanzen aufgenommen sind, die Bindestelle (der Punkt, an dem sich die Stiele kreuzen) mit Schnur umwickeln und die Stiele so kürzen, daß sie etwa ein Drittel der Gesamthöhe der Garbe ausmachen.

3 Zum Schluß aus Satinband eine Schleife anfertigen und diese über der Bindestelle der Garbe anbringen.

ROSENPOMANDER MIT GEWÜRZNELKEN

Bei diesem Arrangement handelt es sich um eine herrlich altmodische Duftkugel aus zahllosen roten Rosen, die jedoch ein Geheimnis birgt: Zwischen den Rosen sind duftende Gewürznelken versteckt, die dem Pomander ein würziges Aroma verleihen.

Die eindrucksvolle Wirkung beruht auf der Verwendung einer großen Anzahl gleichartiger und -farbiger Rosen, die dicht nebeneinander gesteckt wurden.

1 Für die Aufhängung der Kugel das Band in der Hälfte zusammenlegen und die beiden geschnittenen Enden mit Steckdraht gabeln. Die Drähte durch die Steckmassekugel stecken, bis sie aus der gegenüberliegenden Seite wieder herauskommen. An den Drahtenden ziehen, bis der angedrahtete Teil des Bandes fest in der Kugel verankert ist; anschließend die Drahtenden umbiegen und wieder zurück in die Steckmasse stecken.

2 Die Rosenstiele auf etwa 2,5 cm Länge kürzen. Am oberen Punkt der Kugel, wo die Aufhängung herauskommt, beginnen und die Rosen dicht nebeneinander in die Steckmasse stecken, so daß ein Kreis aus Rosen um die Aufhängung herum entsteht. Während des Feststeckens der Rosen jeweils eine Gewürznelke zwischen die Blüten in die Steckmasse drücken, sie bleiben unsichtbar. Auf die gleiche Weise fortfahren und die Kugel in konzentrischen Kreisen vollständig mit Rosen und Gewürznelken bedecken.

Pflanzen und Materialien

Band, 40 cm lang und 2,5 cm breit

Steckdraht (1,2 mm)

Kugel aus Steckmasse für Trockenblumen, Durchmesser etwa 10 cm

Gartenschere

100 getrocknete Rosen

200 Gewürznelken

Dieser in bezug auf das verwendete Material fast verschwenderische Pomander läßt sich leicht anfertigen und ergibt ein wundervolles, sehr persönliches Geschenk.

MONDSICHEL

Diese neuartige Wanddekoration wirkt in einem Kinderzimmer besonders hübsch. Die Leuchtkraft der goldgelben *Craspedia globosa* und der goldene Schimmer der Flachsblüten gefallen Kindern ganz besonders gut.

Das Arrangement wird wie ein Kranz auf einer Drahtunterlage angefertigt, die jedoch in Form einer Mondsichel gebogen ist.

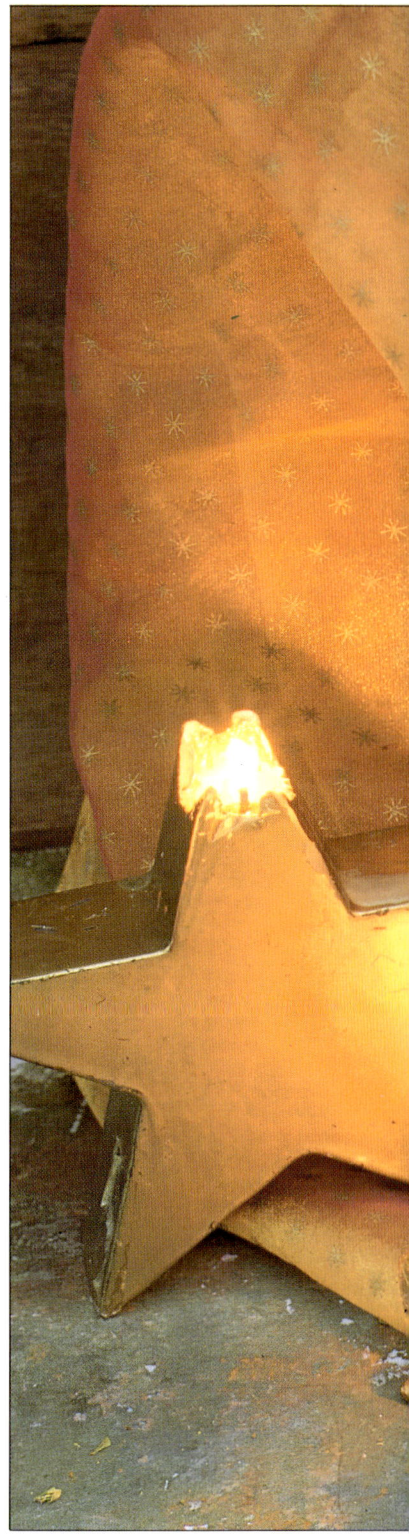

Pflanzen und Materialien

35 Craspedia-globosa-Blüten

•

Gartenschere

•

Silberdraht

•

1 Bund getrockneter Flachs

•

Blumenband

•

Steckdraht (1,2 mm)

Aus diesem Material kann zusätzlich eine Sonne angefertigt werden. Dazu eine kreisrunde Drahtunterlage mit 50 cm Durchmesser anfertigen und genauso weiterarbeiten, wie für die langen Seiten der Mondsichel beschrieben.

1 Die Stiele der *Craspedia globosa* auf etwa 2 cm Länge kürzen und mit Silberdraht gabeln. Den Flachs in sehr kleine Büschel unterteilen, anschließend deren Stiele auf etwa 4 cm Länge kürzen und mit Silberdraht gabeln. Alle Drahtstiele mit Blumenband umwickeln. Aus dem Steckdraht eine etwa 60 cm lange Drahtunterlage anfertigen.

2 Die Drahtunterlage mit Blumenband umwickeln und zu einer Sichelform mit gleichmäßig runden Bögen und spitz zulaufenden Enden biegen.

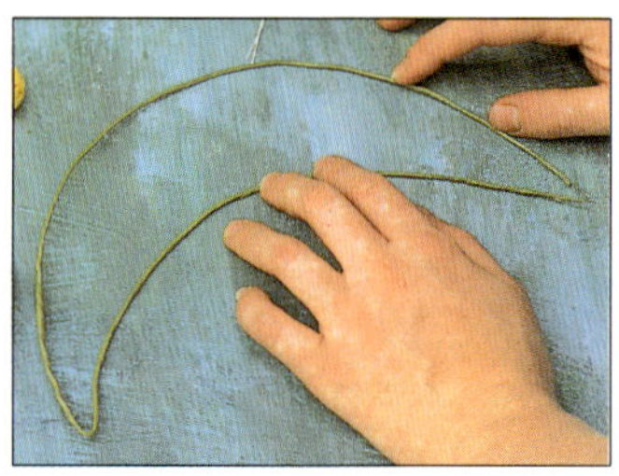

3 Am offenen Ende des äußeren Bogens der Drahtunterlage beginnen und ein Flachsbüschel mit Blumenband daran befestigen; es folgt eine kleine *Craspedia globosa,* die den Flachs leicht überlappen sollte. Die kleinen *Craspedia globosa* für die Enden, die größten für die Mitte der Sichel verwenden. Zur Mitte hin stets mehr Pflanzen an den Seiten der Drahtunterlage hinzufügen, so daß die Dekoration insgesamt breiter wird. Zur Spitze der Sichel hin wieder weniger Pflanzen anbringen.

4 Sobald der äußere Bogen der Mondsichel vollständig bedeckt ist, den inneren Bogen auf die gleiche Weise dekorieren – diesmal jedoch nicht am offenen Drahtende, sondern an der Knickstelle des Drahtes beginnen. Wenn auch der innere Bogen vollständig bedeckt ist, die beiden Enden der Drahtunterlage zusammendrehen, überstehende Drähte abschneiden und die Verbindungsstelle, die von den getrockneten Pflanzen verdeckt wird, mit Blumenband umwickeln.

Die exakte Gestaltung der Mondsichel, deren Enden sehr spitz zulaufen, erfordert etwas Erfahrung und – wie bei allen angedrahteten Dekorationen – viel Zeit und Geduld.

ARRANGEMENTS FÜR BESONDERE ANLÄSSE

Das Kalenderjahr bietet dem Floristen zahlreiche Anlässe für Arrangements – vom luxuriösen Sträußchen aus roten Rosen zum Valentinstag über einen ungewöhnlichen Weihnachtskranz aus Mandarinen und Efeu bis hin zu üppigen Blumenbouquets für Geburtstage oder Jubiläen. Für Hochzeiten, Taufen, Ostern und Weihnachten werden hinreißende Beispiele vorgestellt sowie wunderschöne florale Geschenkverpackungen für besondere Gelegenheiten.

EINSTIMMUNG

Rechts: Bouquet zur Goldenen Hochzeit (Seite 196)

Besondere Anlässe sind seit jeher eng mit Blumen verknüpft – was wäre eine Hochzeit, eine Taufe oder ein Geburtstag ohne Blumen zur Feier des Tages? Das gesamte Kalenderjahr hindurch bieten sich dem Floristen unzählige Gelegenheiten, bei denen er seine Kreativität unter Beweis stellen kann.

Meist wird aber nur ein Blumenstrauß überreicht – nicht gerade kreativ, wenn man sich vor Augen hält, von welch großer Bedeutung die Präsentation ist. Schon eine Folie oder etwas Seidenpapier verwandeln ein einfaches Sträußchen in etwas ganz Besonderes, und Details wie eine Schmuckschleife aus Band oder Bast verleihen zusätzliche Attraktivität.

Oben: Orchideenanstecker (Seite 218)

Aber es sind die großen Ereignisse wie eine Hochzeit, die für den Floristen die wahre Herausforderung darstellen. Denn er braucht nicht nur die notwendigen Fähigkeiten für den Entwurf, das Arrangieren und Andrahten der Materialien, sondern auch das Talent, den ganzen Ablauf zu organisieren und wichtige Entscheidungen richtig zu treffen, und er braucht Phantasie.

Sie müssen sich genau darüber im klaren sein, was Sie anfertigen wollen, und die dazu benötigten Mengen an Blumen und Blättern richtig abschätzen – schließlich dürfen Sie weder zuviel noch (was schlimmer wäre) zuwenig Pflanzenmaterial einkaufen. Für das Ereignis brauchen Sie einen sorgfältig ausgearbeiteten Zeitplan. Sie müssen genau wissen, wann Sie die Blumen bestellen und wie lange das Pflanzenmaterial frisch bleibt. Denken Sie daran, daß Blumen wie Lilien und Gladiolen einige Tage benötigen, bevor sich ihre Blüten vollständig öffnen. Sie müssen die Zeit abschätzen, die Sie für die Herstellung aller Arrangements, des Haarschmucks und der Ansteckstäußchen brauchen werden. Ein Zeitablaufplan wird Ihnen helfen. Legen Sie rechtzeitig fest – um zum Beispiel Nachtarbeit zu vermeiden –, wie viele Helfer Sie benötigen werden. Können die großen Arrangements an Ort und Stelle angefertigt werden, oder müssen sie an anderer Stelle vorbereitet und transportiert werden? Wenn ja, wie? Daneben stellt sich noch die Frage nach Menge, Größe und Art der Behälter, der Steckmasse und vieler anderer notwendiger Kleinigkeiten.

Mit anderen Worten: Eine sehr, sehr lange und umfassende Checkliste ist erforderlich. Und wenn die Gäste eine kleine Erinnerung an dieses Fest mit nach Hause nehmen sollen, müssen Sie berücksichtigen, daß sich das verwendete Pflanzenmaterial auch haltbar machen läßt. Vielleicht wollen Sie aber auch nur Blumen verwenden, deren symbolische Bedeutung zu dieser festlichen Gelegenheit paßt – ganz nach dem Motto: »Sag es mit Blumen.« Eine Hilfe bietet Ihnen die nebenstehende Tabelle.

Rechts: Schlichtes Oster-Arrangement (Seite 187)

DIE BEDEUTUNG VON BLUMEN- UND KRÄUTERNAMEN

Akazie	*Geheime Liebe*
Anemone	*Vergangene Hoffnung, verlassen*
Apfelblüte	*Vorliebe*
Bartnelke	*Ritterlichkeit*
Basilikum	*Gute Wünsche*
Belladonnalilie	*Stolz, strahlende Schönheit*
Edelnelke	*Göttliche Liebe*
Efeu	*Ewige Treue*
Eiche	*Vergebung, Ewigkeit*
Engelwurz	*Inspiration*
Estragon	*Anhaltendes Interesse*
Fenchel	*Schmeichelei*
Flieder (lila)	*Erste Gefühle*
Flieder (weiß)	*Jugendliche Unschuld*
Fuchsschwanz	*Unsterblichkeit*
Gardenie	*Weiblichkeit*
Gartenstief-mütterchen	*Liebe, »Ich denke an dich«*
Geißblatt	*Hingabe*
Geißklee	*Bescheidenheit*
Gladiole	*Inkarnation*
Glockenblume (blau)	*Beständigkeit*
Glockenblume (weiß)	*Dankbarkeit*
Goldlack	*Treue in der Not*

Herbstaster	*Abschied*
Hibiskus	*Zarte Schönheit*
Hyazinthe	*Lieblichkeit, Beständigkeit*
Immergrün	*Ewiges Leben*
Immergrün (blau)	*Erste Freundschaft*
Immergrün (weiß)	*Freudige Erinnerung*
Jasmin (gelb)	*Eleganz, Glück*
Jasmin (weiß)	*Liebenswürdigkeit*
Jonquille	*»Ich ersehne eine Rückkehr der Liebe«*
Kamelie	*Vortrefflichkeit*
Kapuzinerkresse	*Vaterlandsliebe*
Koriander	*Innere Werte*
Kreuzkümmel	*Treue*
Lavendel	*Hingabe, Tugend*
Levkoje	*Anhaltende Schönheit*
Lilie (gelb)	*Unehrlichkeit, Fröhlichkeit*
Lilie (weiß)	*Reinheit*
Lorbeer	*Ruhm, Triumph, Ewigkeit*
Magnolie	*Kummer, Stolz*
Maiglöckchen	*Rückkehr des Glücks*
Majoran	*Erröten*
Mandelblüte	*Freundlichkeit, Hoffnung*
Maßliebchen	*Unschuld*
Minze	*Ewige Frische*
Mistelzweig	*Liebe*
Mohn (rot)	*Trost*
Narzisse	*Falsche Hoffnungen*
Nelke	*Erste Liebe, Liebe*
Olivenzweig	*Friede*
Orangenblüte	*Reinheit, Lieblichkeit*
Oregano	*Wesen*
Petersilie	*Festtagsfreude*
Pfingstrose	*Schüchternheit*
Pfirsichblüte	*Langes Leben*
Rainfarn	*Feindliche Gedanken*
Ranunkel	*Kindheit*
Ringelblume	*Freude*
Rose (gelb)	*Eifersucht*
Rose (rot)	*Liebe*
Rosenknospe	*Reinheit und Lieblichkeit*
Rosmarin	*Erinnerung*
Salbei	*Weisheit, Unsterblichkeit*
Salvie (rot)	*»Ich denke an dich«*
Sauerampfer	*Zuneigung*
Schneeglöckchen	*Hoffnung, Trost*
Schnittlauch	*Nützlichkeit*
Silberling	*Reichtum*
Sonnenblume	*Arroganz, falsche Reichtümer*
Stabwurz	*Scherz*
Stechpalme	*Hoffnung, Göttlichkeit*
Strohblume	*Unvergängliche Erinnerung*
Thymian	*Mut, Stärke*
Tulpe (gelb)	*Hoffnungslose Liebe*

Tulpe (rot)	*Liebeserklärung*
Veilchen	*Bescheidenheit*
Vergißmeinnicht	*Treue, wahre Liebe*
Waldrebe	*Geistige Schönheit, Reinheit*
Weihnachtsstern	*Fruchtbarkeit, Ewigkeit*
Weinraute	*Anmut, Einsicht*
Weißdornblüte	*Hoffnung*
Wildes Stiefmütterchen	*Erinnerung*
Wucherblume (rot)	*»Ich liebe dich«*
Ysop	*Reinlichkeit*
Zinnie	*»Zur Erinnerung an abwesende Freunde«*
Zitronenmelisse	*Sympathie*

ROSEN IN TERRAKOTTATÖPFEN FÜR DEN VALENTINSTAG

PFLANZEN UND MATERIALIEN

½ Block Steckmasse
•
2 kleine Terrakottatöpfe von leicht unterschiedlicher Größe
•
Stabile Folie
•
Messer
•
Gartenschere
•
Ming-Farn
•
Efeublätter
•
5 Herbstastern ›Santini‹
•
6 violette Flammenblumen
•
18 dunkelrote Rosen

Die bezaubernde Schlichtheit dieser schnell und problemlos herzustellenden Dekorationen ist einfach unwiderstehlich.

Mit ein wenig Glück bringt der Valentinstag rote Rosen. Diese kleinen Arrangements präsentieren die klassischen »Blumen der Liebe« auf eine völlig andere Weise. Das dunkle Rot der Rosen verbindet beide Töpfe – als Kontrast zum Giftgrün der Herbstastern ›Santini‹ und als üppige Verbindung zum Violett der Flammenblumen.

1 Die Steckmasse mit Wasser vollsaugen lassen und beide Töpfe mit Folie auslegen. Die Steckmasse in kleine Blöcke schneiden und in die Blumentöpfe drücken. Die Folie nicht zu knapp am Rand abschneiden, sie soll etwas überstehen.

2 Mit Hilfe des Blattwerks bei beiden Töpfen kuppelförmige Konturen festlegen, wobei der Ming-Farn für den größeren und die Efeublätter für den kleineren Topf verwendet werden sollten.

3 Die Herbstastern im größeren Topf zwischen den Ming-Farn stecken. Die Flammenblumen im kleineren Topf zwischen den Efeu verteilen. Bei beiden die Kuppelform zusätzlich betonen.

4 Die Blätter der dunkelroten Rosen entfernen und die Stiele auf die erforderliche Länge kürzen und schräg anschneiden. Die Blumen gleichmäßig auf beide Arrangements verteilen.

KLEINER VALENTINSKRANZ AUS ROSEN

Obwohl sich dieser entzuckende Blütenkranz für jede Jahreszeit eignen würde, paßt er aufgrund seiner dicht an dicht gesteckten roten Rosen besonders gut zum Valentinstag. Sie können ihn an eine Wand hängen oder – mit einer Kerze in der Mitte – als Tischdekoration für ein romantisches Abendessen zu zweit verwenden.

1 Den Steckmassering mit Wasser vollsaugen lassen; anschließend einzelne, mittelgroße Efeublätter so in die Steckmasse stecken, daß eine gleichmäßige Kontur rund um den Ring entsteht.

2 Den Steckdraht haarnadelförmig umbiegen und damit das Polstermoos zwischen die Efeublätter stecken. Das Moos sollte den Ring weniger dicht bedecken als die Efeublätter.

3 Die Rosenstiele auf etwa 3,5 cm Länge kürzen und, gleichmäßig verteilt, in die Steckmasse stecken. Die Efeublätter zwischen den Rosen sollen sichtbar bleiben.

PFLANZEN UND MATERIALIEN

Ring aus Steckmasse, Durchmesser 15 cm

•

Dunkelgrüne Efeublätter

•

Steckdraht (1,2 mm)

•

Polstermoos

•

20 dunkelrote Rosen

•

Gartenschere

Warum sollten Sie Ihren Rosenstrauß vom Valentinstag nicht für ein neues Arrangement verwenden? Nachdem sich die Rosenblüten völlig geöffnet haben, kürzen Sie einfach die Stiele auf die erforderliche Länge für den Kranz, um das Leben der Blüten zu verlängern. Ein solcher Valentinskranz kann auch getrocknet und als Trockenblumenarrangement weiterverwendet werden.

GEFÜLLTES HERZ ZUM VALENTINSTAG

Dieses Gesteck in einer herzförmigen Schachtel beweist, daß Trockenblumen und Samenkapseln besonders attraktiv wirken, wenn man sie je Pflanzenart dicht gedrängt arrangiert. Sie können das mit romantischen Rosen und duftendem Lavendel gefüllte Herz ebenso als Geschenk für sich selbst anfertigen. Ein solches Arrangement ist auch – in einer anders geformten Schachtel – für andere Jahreszeiten geeignet.

Pflanzen und Materialien

1 Block Steckmasse für Trockenblumen

•

Messer

•

Herzförmige Schachtel

•

Gartenschere

•

1 Bund getrocknete rote Rosen

•

2 Bund getrockneter Lavendel

•

2 Bund getrocknete Mohnkapseln

•

1 Bund getrocknete Nigella orientalis

Dieses Arrangement ist einfach anzufertigen, aber damit es seine Wirkung voll entfalten kann, dürfen Sie mit dem Pflanzenmaterial nicht knauserig sein. Die Blütenköpfe müssen sehr dicht nebeneinander stehen, um die Steckmasse völlig zu verdecken.

1 Den Steckmasseblock auf die schmale Seite stellen und mit einem Messer der Länge nach vorsichtig durchschneiden. Beide Hälften mit der Schachtel als Schablone so zuschneiden, daß sie in je eine Hälfte der Schachtel passen. Die Hälften sollen die Herzform vollständig ausfüllen.

2 Die Herzform in Viertel aufteilen und jedes Viertel mit einer Reihe der vier Pflanzenarten abgrenzen. Die Viertel mit Rosenblüten, Lavendel, Mohnkapseln und *Nigella orientalis* auffüllen, dabei darauf achten, daß sich die Köpfe des Pflanzenmaterials alle auf gleicher Höhe befinden.

KLEINER WANDKRANZ ZUM VALENTINSTAG

Warum schenken Sie der Liebe Ihres Lebens zum Valentinstag statt eines Dutzends roter Rosen nicht einmal einen kleinen Wandschmuck?

Legen Sie Ihr Herz (hier aus Holz) in einen kleinen Kranz aus Trockenblumen, der voller romantischer Anspielungen steckt – rote Rosen der Leidenschaft, Silberling für Ihre wahren Gefühle und Lavendel, so süß wie Ihre Liebe.

1 Die Rosenstiele auf etwa 2,5 cm Länge kürzen, mit Stützdraht gabeln und die Drahtstiele mit Blumenband umwickeln. Die Rosen in Dreiergruppen aufteilen und diese Gruppen – insgesamt elf – wieder mit Stützdraht gabeln und die Drahtstiele mit Blumenband umwickeln.

Den Lavendel in Fünfergruppen aufteilen, diese Gruppen – insgesamt elf – mit Stützdraht gabeln und die Drahtstiele mit Blumenband umwickeln.

Einzelne Samenkapseln von den Stielen des getrockneten Silberlings abschneiden und in Dreiergruppen einteilen; diese Gruppen – insgesamt elf – mit Stützdraht gabeln und die Drahtstiele mit Blumenband umwickeln.

Aus Steckdraht eine Drahtunterlage anfertigen.

2 Eine Gruppe Silberlingkapseln über ein Ende der Drahtunterlage legen und mit Blumenband befestigen. Auf die gleiche Weise je eine Gruppe Lavendel und Rosen befestigen, wobei sich die Pflanzen leicht überlappen sollten. Diese Reihenfolge wiederholen, bis die Drahtunterlage völlig bedeckt ist; dabei die Unterlage in eine Kranzform biegen.

3 Wenn die Pflanzen vollständig verarbeitet sind, den überstehenden Draht der Drahtunterlage bis auf etwa 3 cm abschneiden, beide Drahtenden zwischen die Trockenblumen stecken und mit Blumenband umwickeln. Zum Schluß die Schnur des Holzherzens so an der Drahtunterlage befestigen, daß das Herz im Zentrum des Blütenkranzes hängt.

PFLANZEN UND MATERIALIEN

33 getrocknete rote Rosen
•
Gartenschere
•
Stützdraht (0,6 mm)
•
Blumenband
•
55 getrocknete Lavendelstiele
•
10 Stiele getrockneter Silberling
•
Steckdraht (1,2 mm)
•
1 kleines Holzherz an einer Schnur

Dieses Arrangement erfordert zwar etwas mehr Mühe als eine Bestellung beim Floristen, aber diese Anstrengung wird als Maß Ihrer Zuneigung gesehen werden.

ARRANGEMENT FÜR EINE KINDERPARTY

Die meisten Menschen vertreten die Ansicht, Blumen seien auf einer Kinderparty verschwendet – aber wenn sie lustig aussehen, warum nicht?

Die Gerbera in ihrer schlichten Form und den leuchtenden Farben sieht genau so aus, wie sich ein Kind eine Blume vorstellt. Deshalb wurde sie wie in einer Kinderzeichnung aufrecht und scheinbar ohne jede Unterstützung in einfache Gefäße gestellt.

PFLANZEN UND MATERIALIEN

1 Block Steckmasse

•

Messer

•

3 Emailbecher

•

Gartenschere

•

24 rosafarbene und gelbe »Mini-Gerbera«

Die zuckersüßen Farben der Gerbera haben den Vorteil, daß das Arrangement perfekt zu den Eßwaren auf dem Tisch paßt – umgeben Sie sie also ruhig mit Götterspeise und Pudding, oder lassen Sie sie aus einem Berg von Süßigkeiten herausragen!

1 Die Steckmasse mit Wasser vollsaugen lassen und anschließend mit dem Messer in kleine Stücke zerschneiden. Diese Steckmassestücke fest in die einzelnen Emailbecher pressen, so daß sie etwa ein Drittel der Höhe des Bechers füllen.

2 Die Stiele der Gerbera so zuschneiden, daß die Blume etwa 5 cm über den Becher hinausragt. Die Stiele senkrecht in die Steckmasse stecken, dabei einige Blumen etwas tiefer hineinstecken, damit sich leichte Höhenunterschiede ergeben.

SCHLICHTES OSTER-ARRANGEMENT

Ein Arrangement ohne überflüssige Verzierungen, dessen Wirkung ausschließlich auf der inneren Schönheit seiner Blumen beruht. Um diesen Eindruck noch zu verstärken, wurde für jedes Gefäß nur eine einzige Blumenart verwendet.

Die Arrangements eignen sich besonders gut für die Ostertage, da diese beliebten Frühlingsblumen zugleich als Symbol der Wiedergeburt gelten.

Pflanzen und Materialien

50 hellblaue Traubenhyazinthen
•
1 Teetasse
•
Gartenschere
•
4 zartrosa Tulpen ›Angelique‹
•
2 Krüge von unterschiedlicher Größe
•
15 malvenfarbene Krokusse
•
30 Narzissen (cremefarben und weiß)
•
2 Marmeladengläser

1 Die Traubenhyazinthen an die Teetasse halten und die Stiele so kurz schneiden, daß nur noch die Blütenköpfe über den Tassenrand hinausragen. Die Tulpenstiele so kürzen, daß nur noch die Blüten über den Rand des kleineren Krugs hinausragen (für ein Arrangement dieser Größe genügen vier Tulpenblüten). Auch die Krokusse so kürzen, daß nur noch deren Blüten über den Rand des größeren Krugs hinausragen.

2 Die Narzissen so kürzen, daß sie etwa doppelt so hoch sind wie ein Marmeladenglas. Beide Varietäten in lockerer Mischung in die Gläser verteilen. Da hier unterschiedlich hohe Gläser verwendet wurden, ergibt das fertige Arrangement reizvolle Höhenunterschiede.

Die Gefäße können zu einem Arrangement zusammengestellt oder einzeln im Haus verteilt werden. Die Herstellung ist einfach, das Ergebnis schlicht; aber vergessen Sie nicht – Einfachheit ist häufig der Ursprung guten Designs!

OSTERKRANZ

PFLANZEN UND MATERIALIEN

Ring aus Steckmasse, Durchmesser 30 cm
•
Laub der Ölweide
•
Gartenschere
•
5 verschiedenfarbige Primelpflanzen
•
8 Borkenstücke
•
Steckdraht (1,2 und 0,8 mm)
•
3 ausgeblasene Eier
•
2 Emaillöffel
•
70 Osterglocken
•
Naturbast

Ob in der Kirche oder im eigenen Haus – dieser wunderbare Osterkranz bringt allen, die ihn betrachten, Vergnügen und Freude.

Ostern ist die Zeit der Hoffnung und Erneuerung, und dieser heitere Osterkranz spiegelt diese Gefühle optisch wider. Er ist übervoll mit Osterglocken und Primeln, den floralen Symbolen des Frühlings, und enthält darüber hinaus Eier – das Symbol der Geburt. Seine kraftvollen Farben und die Blumen, die so wirken, als würden sie immer noch wachsen, verleihen diesem Kranz ein frisches, natürliches Leuchten, während die beiden Emaillöffel ihm zusätzlich einen Hauch von Humor schenken.

1 Die Steckmasse mit Wasser vollsaugen lassen und gleichmäßig mit Ölweideblättern auf etwa 7,5 cm langen Stielen bestecken. An fünf gleich weit voneinander entfernten Punkten je drei Primelblätter in den Ring stecken.

2 Die acht Borkenstücke andrahten; dazu einen Steckdraht (1,2 mm) um die Mitte der Borke biegen und die Enden zu einem Drahtstiel zusammendrehen. Die Borke in gleichen Abständen über den Ring verteilen und die Drahtstiele in die Steckmasse schieben.

3 Die Primeln der Farbe nach aufteilen und vier Gruppen so in der Steckmasse arrangieren, als würden sie aus dem Kranz herauswachsen. Dabei sollte ein Bereich des Rings für Eier und Löffel reserviert bleiben. Die Osterglocken auf etwa 7,5 cm Länge kürzen und in vier Gruppen von je 15 Stück zwischen die vier Primelgruppen in die Steckmasse schieben.

4 Steckdraht (1,2 mm) um die Löffel biegen und oben zusammendrehen. Einen Löffel in den freien Teil des Ringes plazieren, die Drahtenden um den Ring biegen und so fest zusammendrehen, daß der Löffel tief in der Steckmasse sitzt. Ebenso den anderen Löffel befestigen, beide Löffel sollen sich kreuzen. Die Eier über Kreuz mit Naturbast umwickeln und an einer Seite zusammenknoten. Vorsichtig Steckdraht (0,8 mm) um die Eier biegen, die Drahtenden sanft zusammendrehen und in den Ring stecken. Die restlichen Osterglocken und Primeln rund um Eier und Löffel arrangieren.

RUBINROTES HOCHZEITSGESTECK

Dieses formell wirkende Hochzeitsarrangement besteht aus einer üppigen Menge violetter Tulpen und samtiger roter Rosen auf einem dunkelgrünen, glänzenden Bett aus Kamelienblättern. Eine wunderschöne Papierschleife vervollständigt das Bild.

PFLANZEN UND MATERIALIEN

Schale
•
10 kurze Kamelienzweige
•
Gartenschere
•
20 rote Rosen
•
10 dunkelviolette Tulpen
•
Papierband

Als Tischgesteck entworfen, ergibt dieses Arrangement mit seinen kraftvollen, leidenschaftlichen Farben und der festlichen Schleife ein großartiges Geschenk.

1 Die Schale zu drei Vierteln mit Wasser füllen. Die Stiele der Kamelien und Rosen so kürzen, daß die Pflanzen das Gefäß etwa um 7,5 cm überragen. Die Kamelienzweige in die Schale stellen; ihre Blätter sollen eine flache Kuppelform ergeben, in der die Blumen arrangiert werden können. Die Hälfte der Rosen gleichmäßig zwischen die Kamelien verteilen.

2 Die Tulpenstiele ebenfalls kürzen, so daß die Pflanzen etwa 7,5 cm länger sind, als das Gefäß hoch ist, und alle Stiele von den Blättern befreien. Alle Tulpen gleichmäßig zwischen die Kamelienblätter und Rosen verteilen. Danach die restlichen Rosen über das Arrangement verteilen, so daß die Wirkung einer dichten Blütenmenge aus dunkelroten Farbtönen entsteht.

3 Das Papierband zu einer festlichen Schleife zusammenlegen, die zwar auffällig sein darf, aber in der Größe zum Arrangement passen muß. Das Papierband so um das Gefäß winden, daß die Schleife an der Vorderseite sitzt.

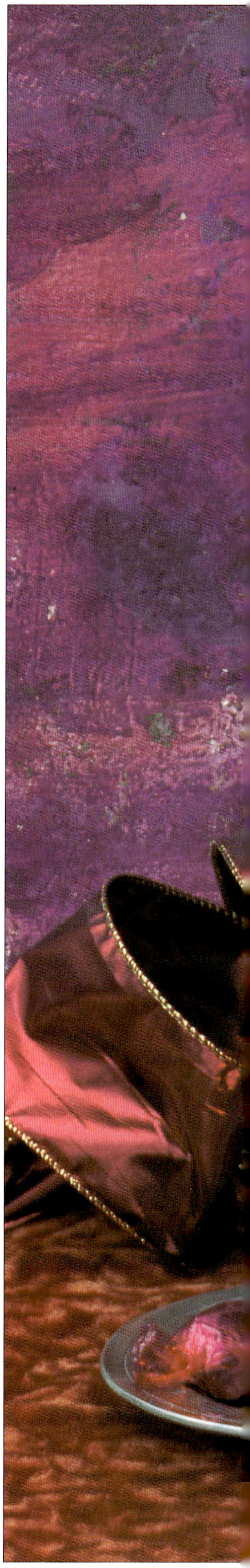

GESCHENK ZUR GEBURT

Feiern Sie doch einmal die Geburt eines Kindes mit diesem sehr hübschen Geschenk für die Eltern – ein Arrangement in einem ungewöhnlichen, aber sehr praktischen Gefäß. Das Gesteck ist aufgrund der Zartheit seiner Blüten und Blätter besonders gut für eine solche Gelegenheit geeignet.

Pflanzen und Materialien

1 Block Steckmasse

•

Gartenschere

•

Kleiner Zinkeimer

•

1 Bund Pittosporum

•

15 zartrosa Tulpen ›Angelique‹

•

5 Stiele weiße Strauchrosen

•

10 weiße Ranunkeln

•

10 weiße Flammenblumen

•

1 Bund getrockneter Lavendel

•

Blauweiß-kariertes Stoffband

Die sanften, zarten Farben eignen sich für einen Jungen wie für ein Mädchen. Ein weiteres Plus ist der herrliche Duft der Flammenblumen und des getrockneten Lavendels. In dem Gefäß läßt sich dieses Geschenk der Wöchnerin im Krankenhaus problemlos überreichen – Sie müssen nicht mehr lange nach einer Vase suchen! Und schließlich kann der kleine Eimer für spätere Arrangements weiterverwendet werden.

1 Die Steckmasse mit Wasser vollsaugen lassen, passend für den kleinen Zinkeimer zuschneiden und fest in den Eimer drücken. Den *Pittosporum* auf 12 cm Länge kürzen und alle Blätter vom unteren Teil der Stiele entfernen. Die Stiele in die Steckmasse stecken und eine Kuppelform festlegen, in der die übrigen Pflanzen arrangiert werden können.

2 Die Tulpenstiele auf eine Länge von 10 cm kürzen und gleichmäßig zwischen die *Pittosporum*-Blätter stecken. Die einzelnen Seitentriebe der Strauchrosen auf eine Länge von 10 cm abschneiden und über das Arrangement verteilen; dabei sollten die aufgeblühten Rosen in der Mitte und die Knospen am Rand des Gestecks plaziert werden.

3 Die Stiele von Ranunkeln und Flammenblumen auf 10 cm Länge kürzen und beide gleichmäßig über das Arrangement verteilen. Den Lavendel auf 12 cm Länge kürzen, in Dreiergruppen zusammenfassen und gleichmäßig zwischen Blüten und Blätter stecken. Das Band um den Eimer winden und zu einer großen Schleife binden.

BEPFLANZTER KORB FÜR EIN BABY

Dieses Arrangement aus Topfpflanzen in einem Korb ist ein bezauberndes Geschenk zur Geburt eines Kindes. Es ist einfach und schnell anzufertigen und stellt eine langlebige Alternative zu einem Arrangement aus Schnittblumen dar.

PFLANZEN UND MATERIALIEN

1 Drahtkorb
•
2 Handvoll Louisianamoos
•
Stabile Folie
•
Gartenschere
•
3 Töpfe weiße Miniatur-Alpenveilchen
•
3 Töpfe Maiglöckchen
•
Weißes Papierband

Die Kombination zweier schlichter, zarter weißer Pflanzen – Miniatur-Alpenveilchen und Maiglöckchen – verleiht diesem Arrangement Charme und Reinheit; wirklich alles an diesem Gesteck läßt an ein »Baby« denken.

1 Den Korb großzügig mit Louisianamoos auskleiden und das Moos danach sorgfältig mit Folie auslegen und bis zum Rand hochziehen. Die überstehende Folie am Korbrand entlang abschneiden.

2 Die Pflanzen vorsichtig aus ihren Töpfen nehmen, Erde und Wurzelwerk ein wenig lockern und danach in den Korb pflanzen; Alpenveilchen und Maiglöckchen immer abwechselnd einsetzen.

3 Darauf achten, daß die Pflanzen fest in den Korb eingebettet sind. Aus dem Papierband zwei Schleifen binden und auf jeder Seite des Korbes an den Handgriffen befestigen.

TROCKENBLUMEN-HUFEISEN FÜR EIN BABY

Was könnte für die frischgebackenen Eltern schöner sein als ein florales Glückssymbol zur Geburt ihres Babys?

Das Weiß und das zarte Grün dieses Hufeisens aus Trockenblumen ergibt ein perfektes Geschenk oder eine Dekoration für das Kinderzimmer.

PFLANZEN UND MATERIALIEN

14 getrocknete weiße Rosen

42 getrocknete, gebleichte Silberlingsamenkapseln

60 getrocknete Glanzgrasstiele

Gartenschere

Stützdraht (0,6 mm)

Blumenband

Steckdraht (1,2 mm)

Weißes Band

Das zarte Material in Verbindung mit dem weißen Schmuckband ist für ein Baby besonders passend. Wird das Hufeisen mit der Öffnung nach oben aufgehängt, kann alles Glück fürs Leben hineinfallen.

1 Die Stiele von Rosen, Silberling und Glanzgras auf etwa 2,5 cm Länge kürzen. Jeweils mit Stützdraht die Rosen einzeln gabeln und mit Band umwickeln, das Glanzgras in Fünfergruppen aufteilen, gabeln und mit Band umwickeln und den Silberling in Dreiergruppen aufteilen, gabeln und ebenfalls mit Band umwickeln.

2 Aus Steckdraht eine etwa 30 cm lange Drahtunterlage anfertigen, die als Basis des Hufeisens dient.

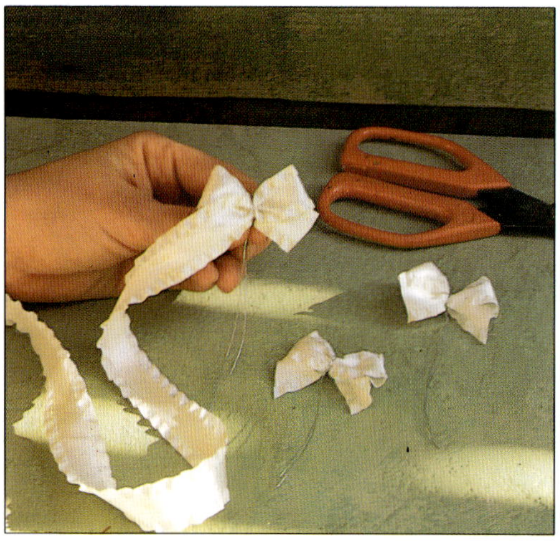

3 Aus dem Band drei kleine (etwa 4 cm breite) Schleifen formen und in der Mitte mit Stützdraht zusammenbinden. Als Handgriff für das spätere Hufeisen ein 30 cm langes Stück Band abschneiden und beide Enden mit Stützdraht gabeln.

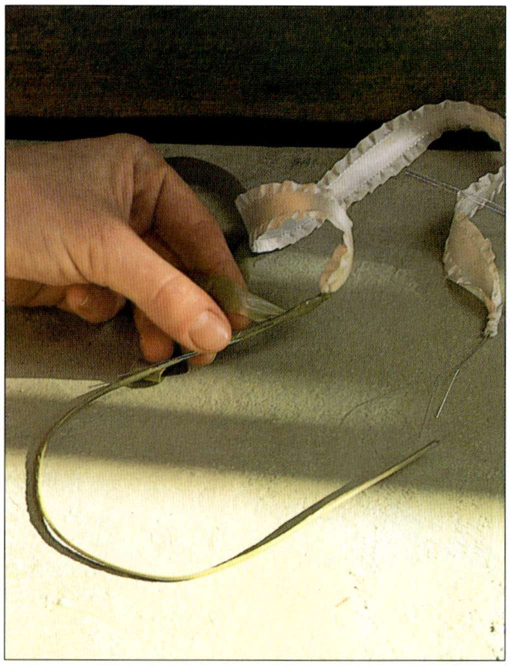

4 Die Drahtunterlage in Hufeisenform biegen. Ein Ende des angedrahteten Bandes mit Blumenband an einem Ende des Hufeisens befestigen. Auf dieser Verbindungsstelle eine kleine Schleife anbringen und mit Blumenband fest umwickeln.

5 Von der Schleife aus bis zum Mittelpunkt des Hufeisens Blumen und Blätter in folgender Reihenfolge mit Blumenband an der Drahtunterlage befestigen: Glanzgras, Rose, Silberling. Die zweite Schleife in der Mitte und die dritte Schleife sowie das andere Ende des angedrahteten Bandes am offenen Ende des Hufeisens mit Blumenband befestigen. Die restlichen Pflanzen vom anderen Ende aus an der Drahtunterlage festbinden.

Obwohl die Herstellung des Hufeisens relativ zeitaufwendig ist, schaffen Sie ein Arrangement von bleibendem Wert, das sicherlich für alle Zeiten bewahrt werden wird.

BOUQUET ZUR GOLDENEN HOCHZEIT

Pflanzen und Materialien

20 goldgelbe Ranunkeln

•

20 Mimosenzweige

•

Goldschnur

•

Gartenschere

•

2 Bögen goldfarbenes Seidenpapier, Vorder- und Rückseite unterschiedlich schattiert

•

Goldfarbenes Stoffband, 46 × 15 cm

•

Goldstaub

Dieses Bouquet ist ein luxuriöses Geschenk, und dennoch läßt es sich ganz einfach als spiralförmig gebundener Strauß anfertigen. Nach dem Auswickeln kann es sofort in eine Vase mit Wasser gestellt werden, ohne es noch einmal arrangieren zu müssen.

Dieses schimmernde Arrangement stellt einen von ganzem Herzen kommenden Glückwunsch zur Goldenen Hochzeit dar. Die fast verschwenderische Verwendung von Gelb- und Goldtönen setzt sich durch das gesamte Bouquet fort – einschließlich Einwickelpapier, Schnur, Band und einem Hauch von Goldstaub.

1 Die Ranunkeln und Mimosenzweige griffbereit auf der Arbeitsfläche ausbreiten und im unteren Drittel aller Stiele die Blätter entfernen. Einen Ranunkelstiel in die Hand nehmen und abwechselnd Mimosen und Ranunkeln hinzufügen; dabei den Strauß langsam in der Hand drehen, so daß die Stiele eine Spirale bilden.

2 Wenn alle Pflanzen aufgenommen sind, die Stiele an der Bindestelle mit Goldschnur zusammenbinden. Alle Stiele auf gleiche Länge kürzen; sie sollten etwa ein Drittel der Gesamthöhe des Bouquets ausmachen.

3 Zum Einwickeln des Bouquets die beiden Bögen Seidenpapier mit den rechten Seiten aufeinander- und den Strauß diagonal darauflegen. Zunächst die beiden Seiten, dann den unteren Teil des Papiers über die Seiten nach oben klappen und mit Goldschnur über der Bindestelle zusammenbinden. Mit dem goldenen Stoffband umwickeln und zu einer Schleife binden. Ein wenig Goldstaub über die Blumen streuen. Die Papierbögen auffächern, um ein üppigeres Erscheinungsbild zu erzielen.

GESCHENK AUS SCHNITTBLUMEN

PFLANZEN UND MATERIALIEN

10 cremefarbene Französische Tulpen
•
6 mit Flechten bedeckte Lärchenzweige
•
Gartenschere
•
10 Zimmerkalla
•
Naturbast
•
Einwickelfolie

Dieser spiralförmig gebundene Strauß kann ohne weiteres Arrangieren sofort in ein Gefäß gestellt werden.

Dieses elegante, langstielige Bouquet eignet sich als Geschenk für ganz besondere Anlässe – ein Arrangement, bei dem die groben Strukturen und unregelmäßigen Formen der mit Flechten bedeckten Lärchenzweige im Hintergrund den Blick auf die Cremetöne und glatten Oberflächen der Zimmerkalla und der Französischen Tulpen lenken. Die Folie und eine Schleife aus Naturbast bringen den letzten Schliff.

1 Alle Materialien griffbereit ausbreiten. Im unteren Drittel aller Tulpenstiele die Blätter entfernen und die Lärchenzweige auf passende Länge kürzen. Eine Zimmerkalla in die Hand nehmen, abwechselnd Zweige und Tulpen hinzufügen und dabei den Strauß langsam drehen, so daß die Stiele eine Spirale bilden.

2 Wenn alle Pflanzen aufgenommen sind, die Bindestelle fest mit Naturbast zusammenbinden. Anschließend die Stengel auf gleiche Länge kürzen (mit der Schere abschneiden, dann mit dem Messer schräg anschneiden), aber nicht zu stark kürzen.

3 Ein großes, viereckiges Stück Folie zuschneiden und den Strauß diagonal darauflegen. Die beiden Seiten der Folie hochnehmen, auf der Vorderseite des Bouquets übereinanderschlagen und an der Bindestelle zusammenhalten und mit Naturbast umwickeln. Mit einer großen Schleife verzieren.

GESCHENKDEKORATION AUS FRISCHEN BLUMEN

Eigentlich ist dies ein Ansteckstäußchen, das zur Dekoration eines eingepackten Präsents verwendet wird. Es gibt dem Geschenk eine besondere Note und ist zusätzlich ein Blumenstrauß. Farben und Formen von Gerbera und ›Mona Lisa‹-Lilie sind sehr kräftig und heben sich reizvoll ab von den zarten Maiglöckchen und den spitzenartigen Flechten auf den Lärchenzweigen.

1 Aus dem Lilienzweig einen 20 cm langen Stiel mit einer Knospe und einer offenen Blüte sowie eine Einzelblüte auf einem 8 cm langen Stiel schneiden. Den Lärchenzweig in 6 etwa 25 cm lange Zweige schneiden. Drei etwa 15 cm lange Maiglöckchenstiele, jeden mit einem Blatt, aus dem Topf schneiden.

Eine Gerbera auf 18 cm Länge, die zweite auf 14 cm Länge kürzen. Mit den Lärchenzweigen eine flache, fächerförmige Grundform festlegen. Den längeren Lilienzweig in die Mitte des Fächers, die einzelne Lilienblüte direkt darunterlegen.

Die Maiglöckchen und die Gerbera rund um die beiden Lilien arrangieren und die Stiele an der Bindestelle (dem Punkt, an dem sie sich kreuzen) mit Naturbast fest zusammenbinden.

2 Das fertige Sträußchen diagonal auf das eingepackte Geschenk legen. Einen langen Baststrang um Gesteck und Geschenk legen, unter dem Päckchen durchführen, dort kreuzen und den Bast oben auf den Stengeln zusammenbinden. Das Band um die Bindestelle der Dekoration winden und zu einer Schleife binden.

Pflanzen und Materialien

1 Lilie ›Mona Lisa‹

Gartenschere

1 mit Flechten bedeckter Lärchenzweig

1 kleiner Topf Maiglöckchen

2 rosa Gerbera

Naturbast

Geschenk, in Geschenkpapier eingewickelt

Band

Die Dekoration wurde als kleine Garbe mit abgeflachter Rückseite gebunden. Sie benötigt kein Andrahten und ist daher einfach anzufertigen; allerdings muß genau auf die optische Ausgewogenheit zwischen den kräftigen und den zarten Elementen geachtet werden.

GESCHENKDEKORATION AUS TROCKENBLUMEN

PFLANZEN UND MATERIALIEN

1 getrocknete Sonnenblume
•
Gartenschere
•
Steckdraht (1,2 mm)
•
1 kleiner getrockneter Granatapfel
•
3 kleine getrocknete Pilzstücke (in unterschiedlicher Größe)
•
3 getrocknete Orangenscheiben (in unterschiedlicher Größe)
•
Stützdraht (0,6 mm)
•
Blumenband
•
Silber- oder Rosendraht
•
Geschenk, in Geschenkpapier eingewickelt
•
Naturbast

Auch wenn die Herstellung etwas Zeit benötigt, sind die natürlichen, warmen Erdfarben dieses wunderschönen Arrangements die Mühe wert – es lohnt sich, ein solches Gesteck aufzubewahren.

Wenn Sie ein ganz besonderes Geschenk überreichen wollen, machen Sie doch mal die Verpackung zum Teil des Geschenks. Die hier gezeigte Dekoration ist im Grunde ein Ansteckstäußchen, mit dem die Verpackung geschmückt wurde.

1 Den Stengel der Sonnenblume auf 2,5 cm Länge kürzen und mit Steckdraht gabeln. Den Granatapfel mit Steckdraht andrahten; die Pilzstücke mit Steckdraht und die Orangenscheiben mit Stützdraht (oder auch mit Silberdraht) gabeln.

2 Alle Drahtstiele mit Blumenband umwickeln. Auf einer Seite der Sonnenblume den Granatapfel und auf der anderen Seite die Orangenscheiben sowie die drei Pilzstücke anbringen. Die einzelnen Teile mit Silberdraht zusammenbinden.

3 Die Drahtstiele auf 5 cm Länge kürzen und mit Blumenband zu einem Stiel umwickeln. Den Bast in einem dicken Strang über Kreuz um das Geschenkpaket binden, den Drahtstiel des Sträußchens unter den Bastknoten schieben und dort mit Steckdraht befestigen.

GESCHENK AUS TROCKENBLUMEN

Dies ist eine großartige Möglichkeit, Trockenblumen zu verschenken. Behandeln Sie sie einfach wie frische Schnittblumen, und fertigen Sie ein in der Hand arrangiertes, spiralförmig gebundenes Bouquet an, das sofort in eine Vase gestellt werden kann.

1 Die getrockneten Pflanzenmaterialien griffbereit auf der Arbeitsfläche ausbreiten. Eine getrocknete *Protea* in die Hand nehmen und nacheinander je einen Zweig Ackerrittersporn, Pfingstrose und Fuchsschwanz hinzufügen; dabei den Strauß langsam in der Hand drehen.

2 So weiterarbeiten, bis alle getrockneten Pflanzen aufgenommen sind. Die Bindestelle – der Punkt, an dem sich alle Stiele kreuzen – mit Naturbast zusammenbinden. Die Stiele auf gleiche Länge kürzen; sie sollten etwa ein Drittel der Gesamthöhe des Straußes ausmachen.

3 Die beiden Bögen Seidenpapier übereinanderlegen und den Strauß diagonal darauflegen. Die beiden Seiten des Papiers nach innen, den unteren Teil nach oben schlagen, sie sollen sich vorn überlappen. Das Band um die Bindestelle winden und zu einer Schleife binden.

Pflanzen und Materialien

10 kleine getrocknete rosa Protea-compacta-*Knospen*

10 Stiele getrockneter rosa Ackerrittersporn

10 getrocknete rosa Pfingstrosen

10 Stiele getrockneter grüner Fuchsschwanz

Naturbast

Gartenschere

2 Bögen blaues Seidenpapier

Rosafarbenes Band

Die rosa Mischung aus exotischen und Gartenblumen – Protea *und Fuchsschwanz mit Ackerrittersporn und Pfingstrosen – ergibt ein Blumenarrangement, das sich wohl jeder als Geschenk wünscht.*

NOSTALGISCHES BRAUTJUNGFERNSTRÄUSSCHEN

Dieses kleine, handgebundene Sträußchen aus voll aufgeblühten roten und apricotfarbenen Rosen und Minze wurde passend zum Kopfschmuck der Brautjungfer angefertigt. Die samtige Schönheit der Materialien verleiht ihm Charme und Ausdruckskraft.

Pflanzen und Materialien

5 dunkelrote Rosen
•
5 apricotfarbene Rosen
•
Gartenschere
•
20 Zweige Minze
•
6 Weinblätter
•
Schnur
•
Naturbast

Mit einer Schleife aus Naturbast geschmückt, wirkt dieses Sträußchen so frisch, als ob es gerade erst gepflückt worden sei. Glücklicherweise läßt es sich sehr einfach anfertigen.

1 Alle Dornen und unteren Blätter von den Rosenstielen entfernen. Eine Rose in die Hand nehmen und nacheinander zwei Minzezweige und eine Rose hinzufügen, bis alle Materialien aufgenommen sind; dabei das Sträußchen langsam in der Hand drehen, so daß die Stiele eine Spirale bilden. Zum Schluß das Sträußchen mit den Weinblättern umgeben und mit Schnur an der Bindestelle zusammenbinden.

2 Die Stiele auf gleiche Länge kürzen; sie sollten etwa ein Drittel der Gesamthöhe des Sträußchens ausmachen. Den Bast um die Bindestelle winden und zu einer festen Schleife binden.

KOPFSCHMUCK FÜR EINE BRAUTJUNGFER

Ein klassisches Design für ein Kopfschmuck-Kränzchen. Durch die Verwendung relativ untypischer Hochzeitsblumen in einer prächtigen Farbkombination erhält es dennoch ein zeitgemäßes Flair.

PFLANZEN UND MATERIALIEN

9 dunkelrote Rosen
•
9 kleine Stiele apricotfarbene Strauchrosen
•
8 kleine Büschel Hagebutten
•
9 kleine Büschel Minze
•
Gartenschere
•
Steckdraht (1,2 mm)
•
9 kleine Weinblätter
•
Stützdraht (0,6 mm)
•
Blumenband

Die kleinen Büschel aus je drei orangefarbenen Hagebutten verleihen der stoffähnlichen Oberfläche der roten und apricotfarbenen Rosen zusätzliche Struktur.

1 Alle Pflanzenstiele auf etwa 2,5 cm Länge kürzen. Die Rosen sowie die Hagebutten- und die Minzebüschel mit Steckdraht andrahten, die Weinblätter mit Stützdraht verstärken. Alle Drahtstiele mit Blumenband umwickeln.

2 Aus Steckdraht eine Drahtunterlage anfertigen, etwa 4 cm länger als der Umfang des Kopfes. Das angedrahtete Material mit Blumenband an der Drahtunterlage in folgender Reihenfolge befestigen: rote Rose, Minzebüschel, Strauchrose, Weinblatt, Hagebuttenbüschel; während des Umwickelns die Unterlage in Kranzform biegen. Das Ende der Drahtunterlage 4 cm unbedeckt lassen und über den Anfang schieben; zwischen den Blumen mit Blumenband umwickeln.

GEBUNDENES BRAUTBOUQUET

Dieses klassische Brautbouquet »mit Schleppe«, bei dem *Lilium longiflorum* den optischen Mittelpunkt bilden, besitzt eine großzügige, rankende Form und ist in den traditionellen, frischen Brautfarben Weiß, Creme und Grün gehalten.

Da die Blüten auf ihren Stielen belassen wurden, handelt es sich um ein sehr schweres Arrangement, das allerdings aufgrund der langen, eleganten Stiele der *Euphorbia fulgens* und der Astern sehr natürlich, ungezwungen und fließend wirkt.

Pflanzen und Materialien

10 Lilium longiflorum

•

10 cremefarbene Eustoma grandiflorum

•

10 weiße Euphorbia fulgens

•

5 Moluccella laevis

•

10 weiße Astern ›Monte Cassino‹

•

10 Dillzweige

•

10 Efeuranken

•

Schnur

•

Gartenschere

•

Naturbast

Für ein Bouquet dieser Größe benötigen Sie große Mengen an Pflanzenmaterial, was kostspielig sein kann. Doch läßt sich das Arrangement auch in einem kleineren Maßstab anfertigen, wobei mit geringeren Mengen des gleichen Pflanzenmaterials gearbeitet wird.

1 Alle Materialien griffbereit auf der Arbeitsfläche ausbreiten. Eine *Lilium longiflorum* in die Hand nehmen und den Stiel etwa 25 cm unterhalb der Blüte fassen. In einer regelmäßigen Reihenfolge die anderen Blumen, die Dillzweige und die Efeuranken hinzufügen, um eine gleichmäßige Verteilung aller Materialien zu erreichen. Während des Arrangierens das Bouquet langsam in der Hand drehen, so daß die Stiele eine Spirale bilden.

2 Auf einer Seite des Bouquets Pflanzen hinzufügen, deren Stiele länger sind als die zentrale Blüte – auf diese Weise entsteht die »Schleppe«. Die Stiele auf der anderen Seite sollten kürzer als die Zentralblüte sein, sie bilden die Oberseite des Bouquets. Durch das spiralförmige Drehen der Stiele wird der kurze, obere Teil des Straußes beim Tragen sicher in der Hand liegen. Auf diese Weise behält das Arrangement seine fließenden Konturen.

3 Wenn Sie das Bouquet fertiggestellt haben und mit der Form zufrieden sind, binden Sie es mit Schnur an der Bindestelle zusammen – aber nicht zu fest. Die Stiele so kürzen, daß sie etwa 12 cm unterhalb der Bindestelle enden. Bei zu kurzen Stielen ist das Gewicht ungleichmäßig verteilt, so daß sich das Bouquet nur sehr schwer tragen läßt.

4 Die Bindestelle mit Bast umwickeln und eine Schleife binden, die fest auf den Stielen sitzt und nach oben zur Trägerin weist.

DUFTENDES KÖRBCHEN FÜR DIE BRAUTJUNGFER

PFLANZEN UND MATERIALIEN

Kleiner Korb
•
Stabile Folie
•
Gartenschere
•
¼ Block Steckmasse
•
Messer
•
Floristenklebeband
•
Band
•
Stützdraht (0,6 mm)
•
20 Zweige Gefleckter Liguster, je 10 cm lang
•
6 Tuberosen
•
20 Freesien ›Grace‹

In einem flachen Körbchen mit geschwungenem Rand läßt sich der Liguster breit ausladend arrangieren.

Für eine sehr junge Brautjungfer ist es viel einfacher, einen Korb zu tragen als ein Sträußchen zu umklammern. Für dieses Körbchen wurden schlichte Blumen in einer schlichten Farbkombination zu einem schlichten Arrangement zusammengestellt. Das Ergebnis ist ein wunderschönes Gesteck, das zu einem Kind paßt.

1 Den Korb mit stabiler Folie auslegen, damit er wasserdicht ist, und die Folie entlang der Außenkante des Korbrandes abschneiden. Die Steckmasse mit kaltem Wasser vollsaugen lassen, passend für den Korb zuschneiden, in die Korbmitte setzen und mit Floristenklebeband befestigen.

2 Aus dem Band zwei kleine Schleifen formen und in der Mitte mit Stützdraht zusammenbinden, die Drahtenden auf der Rückseite überstehen lassen. Den Griff des Korbs mit Band umwickeln und das Band an jedem Ende mit den Drahtenden der Schleifen fixieren.

3 Den Gefleckten Liguster passend zuschneiden und damit die kuppelförmigen Konturen des Arrangements festlegen.

4 Die Stiele der Tuberosen auf etwa 9 cm Länge kürzen und in einer gedachten Diagonale über den Korb verteilen.

5 Die Freesien auf eine Länge von etwa 9 cm kürzen und damit die Lücken des Arrangements füllen. Dabei einige Blüten weiter als die anderen in die Steckmasse stecken, um dem Gesteck mehr Tiefe zu verleihen.

Der wundervolle Duft der Tuberosen und Freesien läßt dieses herrliche Arrangement noch attraktiver erscheinen.

DUFTENDER KOPFSCHMUCK

Dieser Kopfschmuck verströmt geradezu die Farben und den Duft des Sommers: Gelb- und Cremetöne mischen sich mit dem Duft der Tuberosen, Freesien und Mimosen. Aufgrund seines Designs muß dieser hübsche Kranz der Braut oder der Brautjungfer einfach nur aufgesetzt werden, er hält ohne jede Haarnadel.

PFLANZEN UND MATERIALIEN

12 kleine Zweige Gefleckter Liguster
•
Stützdraht (0,6 mm)
•
Gartenschere
•
12 kleine Mimosenzweige
•
12 kleine Holzapfelzweige
•
12 Freesien ›Grace‹
•
12 Tuberosen
•
Blumenband
•
Steckdraht (1,2 mm)

Die Herstellung eines solchen Kopfschmucks ist zeitaufwendig und erfordert einige Kenntnisse des Andrahtens, aber das Ergebnis lohnt die Mühe. Natürlich kann das Kränzchen nach dem großen Ereignis aufbewahrt werden; aber da die Pflanzen sehr fleischig sind, müssen Sie das Arrangement mit Hilfe von Silikagel trocknen.

1 Die Ligusterzweige auf eine Länge von 5 cm kürzen und mit Stützdraht gabeln. Die Zweige der Mimosen und Holzäpfel auf 5 cm Länge kürzen, in kleine Büschel aufteilen und mit Stützdraht gabeln. Die Blüten der Freesien und Tuberosen mit Stützdraht nach der Methode des Andrahtens verstärken und danach mit Stützdraht gabeln. Sämtliche Drahtstiele mit Blumenband umwickeln.

2 Aus Steckdraht eine Drahtunterlage anfertigen, die etwa 4 cm länger sein sollte als der Kopfumfang der Braut oder Brautjungfer – dieses Drahtstück bleibt unbedeckt.

3 Blumen und Blätter an der Drahtunterlage mit Blumenband in folgender Reihenfolge befestigen: Liguster, Tuberose, Mimose, Holzapfel und Freesie. Dabei die Unterlage in eine Kranzform biegen.

4 Zum Schluß das unbedeckte Ende der Drahtunterlage zwischen die Blumen am anderen Ende der Unterlage schieben und beide Drahtenden zwischen den Blumen fest mit Blumenband umwickeln.

KNOPFLOCHSTRÄUSSCHEN MIT GELBER ROSE

Die mutige Wahl leuchtender Farben ist charakteristisch für dieses eindrucksvolle Knopflochsträußchen. Das Gelb der Rosen und Ölweideblätter, die orangeroten Hagebutten und das Limonengrün des Fenchels verbinden sich zu einem schlichten, aber sehr extravaganten Gesteck, daß sich sowohl für einen Mann als auch für eine Frau eignet.

PFLANZEN UND MATERIALIEN

Gartenschere
•
1 gelbe Rose
•
Steckdraht (1,2 mm)
•
5 Ölweideblätter in unterschiedlicher Größe
•
Stützdraht (0,6 mm)
•
15 Hagebutten mit Blättern
•
1 Fenchel-Blütenstand
•
Blumenband
•
Silber- oder Rosendraht
•
Anstecker

Bei allen Knopflochsträußchen müssen die einzelnen Elemente angedrahtet werden, das ist recht zeitaufwendig. Daher sollten Sie sich am Morgen der Hochzeit genügend Zeit zum Anfertigen dieser Sträußchen reservieren.

1 Den Rosenstiel auf 4 cm Länge kürzen und mit Steckdraht andrahten. Die Ölweideblätter mit Stützdraht verstärken. Die Stiele der Hagebutten auf 4 cm Länge kürzen und in Fünfergruppen mit Stützdraht andrahten. Den Fenchel-Blütenstand teilen und gruppenweise mit Stützdraht andrahten. Alle Drahtstiele mit Blumenband umwickeln.

2 Die Rosenblüte als optischen Mittelpunkt in eine Hand nehmen und mit Silberdraht die Fenchel- und die Hagebuttengruppen daran befestigen. Die Ölweideblätter ebenfalls mit Silberdraht am Arrangement befestigen; dabei das größte Blatt hinter der Rose, die beiden kleinsten Blätter vor der Rose und die beiden mittleren Blätter an den Seiten arrangieren.

3 Die Drahtenden auf eine Länge von etwa 7 cm kürzen und mit Blumenband umwickeln. Das fertige Knopflochsträußchen von allen Seiten genau betrachten und – falls nötig – einige Blätter nach unten biegen, sie sollen die Rose gleichmäßig umgeben. Die Gesamtform des Sträußchens muß flach genug sein, um es an ein Revers stecken zu können.

HAARKAMM MIT NERINEN

PFLANZEN UND MATERIALIEN

Gartenschere
•
9 Nerinenblüten (6 offene Blüten, 3 Knospen)
•
10 Hortensienblütchen
•
Stützdraht (0,6 mm)
•
4 kleine Beerenbüschel
•
Silber- oder Rosendraht
•
Blumenband
•
Haarkamm aus Kunststoff

Die Anfertigung dieses recht komplizierten Haarschmucks erfordert etwas Übung und Geduld.

Dieser wunderschöne Haarschmuck, auf einen Haarkamm gebunden, eignet sich besonders für Bräute, denen ein Kranz zu umständlich ist. Neben seinen zarten Formen, aber kräftigen Farben, zeichnet er sich durch Struktur- und Farbvarianten aus – leuchtendrosa Nerinen, zartrosa Hortensien und Beeren in verschiedenen Rosatönen.

1 Die Blüten und Knospen der Nerine vom Hauptstiel abknipsen. Die offenen Blüten mit Draht verstärken; dazu einen haarnadelförmigen Stützdraht von oben durch den Blütenkopf schieben, bis die Drahtenden wie ein Stiel aus dem Blütenboden herausragen. Diese Blüten sowie die Knospen und die Hortensienblütchen mit Stützdraht gabeln und alle Drahtstiele mit Blumenband umwickeln.

2 Zwei Nerinen-Blütenelemente aus je einer Knospe und einer leicht versetzten Blüte sowie zwei Hortensienelemente aus je zwei Blütchen anfertigen.

3 Die beiden Nerinen-Blütenelemente ungefähr 2 cm unterhalb der zusammengefügten Drähte mit Silberdraht zusammenbinden. Die beiden Hortensienelemente mit Silberdraht an den Nerinen befestigen und alle Blütenelemente so umbiegen, daß sie horizontal eine Linie bilden. Dabei sollen die Nerinen etwas länger und die Hortensien etwas kürzer als der Kamm sein.

4 Eine offene Nerinenblüte so in der Mitte der Blütenelemente befestigen, daß sich die Blütenspitze etwa 5 cm oberhalb der Bindestelle befindet und als optischer Mittelpunkt dient. Die anderen Blüten und die verbliebene Knospe hinzufügen und die Konturen weiter herausarbeiten. Alle Blüten sowie die Beeren mit Silberdraht an der Bindestelle andrahten.

Dieser dekorative, nicht zu wuchtige Haarkamm eignet sich hervorragend als hübscher Kopfschmuck für eine Braut.

5 Sobald alle Blüten verarbeitet sind, die Drahtstiele unterhalb der Bindestelle in zwei Gruppen teilen und parallel zu den Hauptstielen oberhalb der Bindestelle auseinanderbiegen. Die Drahtenden staffelartig kürzen, damit sie spitz zulaufen, und mit Blumenband umwickeln.

6 Die beiden umwickelten Drahtstiele parallel an die flache Rückseite des Kamms anlegen und mit Blumenband befestigen. Dazu das Band ordentlich zwischen allen Zinken des Kamms hindurch- und um die Drahtstiele herumführen und so das Sträußchen sorgfältig am Kamm befestigen.

HAARKAMM MIT TROCKENBLUMEN

Pflanzen und Materialien

Gartenschere

•

7 getrocknete gelbe Rosen

•

9 getrocknete Glanzgrasstiele

•

Stützdraht (0,6 mm)

•

3 kleine getrocknete Seesterne

•

9 kurze Eukalyptuszweige

•

5 getrocknete, gebleichte Silberlingsamenkapseln

•

Blumenband

•

Haarkamm aus Kunststoff

Von dem Kamm bleibt immer ein Stückchen sichtbar. Deshalb sollte er farblich zum Pflanzenmaterial passen.

Als Alternative zu einem schweren Haarkranz bietet sich ein dekorativer Haarkamm an, der besonders in hochgestecktem Haar schön zur Geltung kommt. Dieser Kopfschmuck besteht aus getrockneten Pflanzen von fast einheitlichem Farbschema – cremeweiße Rosen, silbergrauer Eukalyptus, silberweißer Silberling und zartgrünes Glanzgras – sowie aus apricotfarbenen getrockneten Seesternen. Diese sorgen nicht nur für Farbe, sondern auch für kräftige geometrische Formen und einen schönen Kontrast.

1 Die Stiele der Rosen auf 2 cm Länge kürzen und mit Stützdraht gabeln. Die Glanzgrasstiele ebenfalls auf 2 cm Länge zurückschneiden und mit Stützdraht gabeln. Die Seesterne am jeweils längsten Arm mit Stützdraht gabeln. Zwei Eukalyptuszweige auf 6 cm Länge und die restlichen sieben Zweige auf etwa 4 cm Länge kürzen und alle Zweige mit Stützdraht gabeln. Auch die Samenkapseln des Silberlings mit Stützdraht gabeln und sämtliche Drahtstiele mit Blumenband umwickeln. Dann sechs Einheiten arbeiten: zwei Blütenelemente aus je zwei Rosen, zwei Elemente aus je zwei Glanzgrasstielen und zwei Elemente aus je zwei Eukalyptuszweigen, wovon einer 4 cm und einer 6 cm lang ist.

2 Die beiden Eukalyptuselemente 2 cm unterhalb der zusammengefügten Drähte mit Stützdraht zusammenbinden. Die Elemente an der Bindestelle so auseinanderbiegen, daß sie eine parallele Linie bilden, die den Kamm auf beiden Seiten etwas überragt. Die Rosen- und Glanzgraselemente einzeln mit Stützdraht an der Bindestelle der Eukalyptuszweige befestigen und ebenfalls so umbiegen, daß sie mit letzteren eine Linie bilden. Dabei sollten diese Elemente etwas kürzer sein als die Eukalyptuselemente.

3 Je eine einzelne Rose so in der Mitte und den seitlichen Elementen befestigen, daß sich die Blütenspitzen etwa 5 cm oberhalb der Bindestelle befinden. Die Seesterne und Silberlingkapseln um diesen optischen Mittelpunkt herum arrangieren und mit Stützdraht an der Bindestelle fixieren. Das Glanzgras sowie die kurzen Eukalyptuszweige einzeln hinzufügen und mit Stützdraht befestigen, dabei die Konturen des Haarschmucks weiter herausarbeiten.

Die Anfertigung dieses Haarkamms erfordert zwar etwas Geschick, aber Sie können ihn lange vor dem geplanten Ereignis aus ganzjährig erhältlichen Materialien herstellen.

4 Die Drahtstiele unterhalb der Bindestelle in zwei Gruppen teilen und parallel zu den Hauptstielen oberhalb der Bindestelle auseinanderbiegen. Die Drahtenden staffelartig kürzen, damit sie spitz zulaufen, und mit Blumenband umwickeln.

5 Die beiden umwickelten Drahtstiele parallel an die flache Rückseite des Kamms anlegen und mit Blumenband befestigen. Dazu das Band ordentlich zwischen allen Zinken des Kamms hindurch- und um die Drahtstiele herumführen und so das Arrangement sorgfältig am Kamm befestigen.

DEKORATION FÜR EIN KIRCHENPORTAL

Pflanzen und Materialien

Gartenhandschuhe

•

Gartenschere

•

20 Bündel lange Efeuranken

•

Schnur

•

6 lange Rosenzweige mit Hagebutten

•

Naturbast

Hinter dieser Art von Dekoration steckt viel Arbeit, aber mit Mühe erzielen Sie ein wirklich aufsehenerregendes Arrangement.

Hochzeiten, Taufen und andere Kirchenfeiern bieten dem Floristen genügend Gelegenheit, durch großformatige Arrangements zum Dekor des Kirchenportals beizutragen. Obwohl dafür durchaus schlichtes Pflanzenmaterial verwendet werden kann, sollte das Arrangement insgesamt eine aufsehenerregende Wirkung erzielen.

Dieses Kirchenportal wurde mit einer natürlich anmutenden Dekoration versehen, die fast aus dem Gebäude herauszuwachsen scheint. Da die meisten Blumen in dieser Fülle aus grünem Efeu optisch untergehen, sorgen Zweige mit roten Hagebutten für einen ausreichenden farblichen Kontrast.

1 Die Efeuranken üppig über den Querbalken des Portals drapieren, dabei von den Außenseiten zur Mitte hin arbeiten und die Ranken in regelmäßigen Abständen mit Schnur fixieren.

2 Auf diese Weise den gesamten Querbalken mit Efeuranken bedecken. Anschließend – wieder zur Mitte hin – die Hagebuttenzweige so über den Efeuranken anbringen, daß sie gut sichtbar nach unten hängen.

3 Die Hagebuttenzweige sorgfältig mit Schnur befestigen. Zum Schluß eine große Schleife aus Naturbast anfertigen und diese oberhalb der Efeuranken und Hagebuttenzweige am mittleren Stützbalken befestigen.

ANSTECKBOUQUET AUS NOSTALGISCHEN ROSEN

Dieses hübsche Ansteckbouquet mit zarten Rosen verleiht einem Brautkleid oder dem Anzug des Bräutigams den letzten Schliff. Allerdings eignet es sich nur für Sommerhochzeiten, da die alten Rosen lediglich während dieser Jahreszeit erhältlich sind.

PFLANZEN UND MATERIALIEN

8 Rosenstiele mit Blättern (ohne Blüten)
•
Gartenschere
•
3 unterschiedlich erblühte Rosen (Knospe, halb geöffnete Blüte und voll aufgeblühte Rose)
•
3 kleine Weinblätter
•
Stützdraht (0,6 mm)
•
Blumenband, Anstecker

1 Zwei Rosenstiele mit Blättern auf 6 cm, zwei auf 4 cm und vier auf 3 cm Länge kürzen. Die Rosenstiele mit Blüten auf 4 cm, die Stiele der Weinblätter auf 2,5 cm Länge kürzen. Die Blätter mit Stützdraht verstärken.

2 Zwei Rosenblattelemente aus je einem 6 cm und einem 4 cm langen Stiel sowie ein Rosenblütenelement aus den beiden geschlosseneren Rosenblüten anfertigen.

3 Ein Rosenblattelement in die Hand nehmen und das Rosenblütenelement so darüberlegen, daß die Blätter etwas über die oberste Blüte hinausragen. Beide Elemente etwa 6 cm unterhalb der unteren Rose mit Stützdraht zusammenbinden.

4 Das zweite Rosenblattelement leicht nach unten versetzt auf der linken Seite des ersten anbringen. Die voll aufgeblühte Rose als optischen Mittelpunkt kurz unterhalb der zweiten Rose arrangieren. Das Ganze am Anstecker befestigen.

5 Die Weinblätter um die Mittelpunktblüte arrangieren und befestigen. Die restlichen Rosenblattstiele ebenfalls um diese Blüte gruppieren und fixieren.

6 Die Drahtstiele unterhalb der voll erblühten Rose auf etwa 5 cm Länge kürzen, mit Blumenband umwickeln und die Blüten nach Wunsch zurechtrücken.

Durch die Beschränkung auf eine Blumenart mit Blättern und drei einzelne Weinblätter entstand ein schlichtes, aber elegantes Ansteckbouquet.

HOCHZEITSKÖRBCHEN FÜR PRÄSENTE ZUM MITNEHMEN

Einer alten englischen Tradition zufolge erhalten alle weiblichen Gäste einer Hochzeitsfeier ein kleines Präsent für zu Hause. Häufig ist dies ein seidenes Tüllsäckchen, gefüllt mit pastellfarbenen Zuckermandeln.

Dieses romantische herzförmige Körbchen wurde mit frischen Schnittblumen verziert und ist als Behälter für diese kleinen Präsente gedacht.

Pflanzen und Materialien

Gartenschere
•
10 weiße Inkalilien ›Ice cream‹
•
10 weiße Ranunkeln
•
10 weiße Sprayrosen ›Princess‹
•
10 kleine Knospenbüschel der weißen Flammenblume ›Rembrandt‹
•
Stützdraht (0,6 mm)
•
1 Bund Klebsame
•
Blumenband
•
1 herzförmiger Korb, grob geflochten
•
Silber- oder Rosendraht

1 Alle Stiele auf etwa 2,5 cm Länge kürzen. Die Blüten und Blätter jeweils mit einem oder zwei Stützdrähten gabeln, das hängt von deren Gewicht ab. Es werden etwa 25 kleine, angedrahtete Klebsamenstiele benötigt. Alle Drahtstiele mit Blumenband umwickeln und das gesamte Pflanzenmaterial auf der Arbeitsfläche griffbereit ausbreiten.

2 Einen Klebsamenstiel an die obere Mitte des Herzens anlegen und mit Silberdraht, der durch das Korbgeflecht gestochen wird, befestigen. Darauf eine Inkalilie, eine Rose, einen weiteren Stiel Klebsame, eine Ranunkelblüte und ein Büschel Flammenblumen mit Silberdraht anbringen.

3 Auf diese Weise eine gesamte Herzhälfte bedecken und mit Silberdraht an dem Korbgeflecht befestigen. Die linke Korbhälfte genauso dekorieren, jedoch in entgegengesetzter Richtung. Den Silberdraht mehrmals durch das Korbgeflecht stecken, damit er sich nicht mehr löst.

Solche mit Zuckermandeln gefüllten Körbchen bilden auf jedem Hochzeitstisch einen attraktiven Blickfang.

ORCHIDEENANSTECKER

Pflanzen und Materialien

7 Orchideenblüten (Zweigorchideen)

Stützdraht (0,6 mm)

5 kleine Blätter der Jungfernrebe

10 Halme Bärengras

Steckdraht (1,2 mm)

Blumenband

Gartenschere

Silber- oder Rosendraht

Die Anfertigung dieses Ansteckers erfordert zwar etwas Geschick, aber das ausgesprochen stilvolle Accessoire lohnt jede Mühe.

Da Orchideen von Natur aus meist sehr auffällig sind, bieten sie sich als Hochzeitsanstecker geradezu an. Sie eignen sich aufgrund ihrer Pracht ganz besonders für die beiden Mütter von Braut und Bräutigam.

1 Die Orchideenblüten einzeln mit Stützdraht gabeln. Die Blätter der Jungfernrebe mit Stützdraht verstärken, indem der Draht durch die Hauptblattader gestochen und nach unten zu einem falschen Stiel als Gabel umgebogen wird. Diese Drähte zusammen mit dem restlichen natürlichen Stiel mit Stützdraht gabeln.

Zwei Grashalme zusammen in der Mitte knicken, die eine Hälfte zu einer Schlaufe formen, während die andere Hälfte gerade nach oben ragt; mit Steckdraht gabeln. Auf diese Weise insgesamt fünf doppelte Grasschlaufen anfertigen. Alles angedrahtete Material mit Blumenband umwickeln.

2 Eine angedrahtete Orchidee zwischen Daumen und Zeigefinger halten, ein angedrahtetes Blatt hinzufügen und beide Drahtstiele etwa 4 cm unterhalb der Blüte mit Silberdraht zusammenbinden. Die restlichen Pflanzen stets an der Bindestelle hinzufügen und auf diese Weise ein winzig kleines Biedermeiersträußchen anfertigen. Jeweils mit Silberdraht befestigen.

3 Beim Arrangieren der Pflanzen besonders sorgfältig darauf achten, daß die Bärengrasschlaufen und die Blätter gleichmäßig verteilt sind, so daß ein ausgewogenes Bouquet entsteht.

4 Wenn alle Pflanzen eingearbeitet sind, die Drahtstiele auf etwa 5 cm Länge kürzen und mit Blumenband umwickeln. Die Pflanzen des fertigen Ansteckbouquets können nach Wunsch vorsichtig zurechtgerückt und arrangiert werden.

Das aufsehenerregende Ansteckbouquet verzaubert selbst das schlichteste Kleidungsstück.

BRAUTJUNGFERNKÖRBCHEN MIT GELBEN ROSEN

PFLANZEN UND MATERIALIEN

PRO KORB BENÖTIGEN SIE:

½ Block Steckmasse
•
Messer
•
1 kleiner Korb (mit Folie ausgekleidet)
•
Gartenschere
•
30 Birkenzweige, Länge etwa 10 cm
•
10 gelbe Rosen
•
5 Fenchelblütenstände
•
Naturbast

Die Blüten erhalten durch die Steckmasse nicht nur sicheren Halt, sondern bleiben auch länger frisch, so daß die Brautjungfern ihre Körbchen mit nach Hause nehmen können.

Diese Arrangements lassen die Herzen der kleinen Brautjungfern höher schlagen; denn die Körbchen sind leichter zu tragen als ein Sträußchen. Die maisgelben Rosen und der limonengrüne Fenchel in dem roten Körbchen stimmen einfach fröhlich.

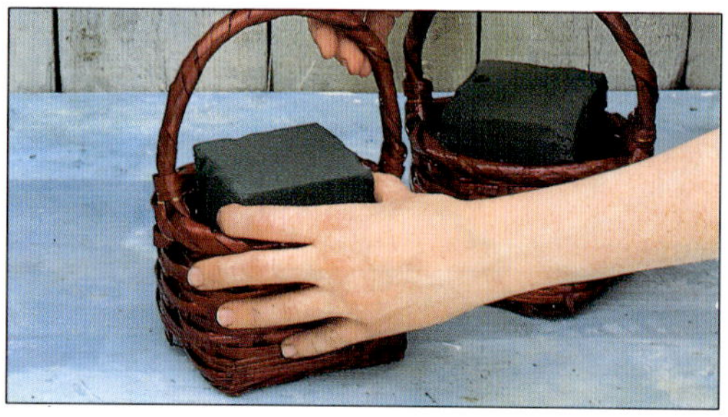

1 Die Steckmasse mit Wasser vollsaugen lassen, passend zuschneiden und fest in den Korb drücken. (Bei flachen Körben muß sie gegebenenfalls mit Floristenklebeband fixiert werden.)

2 Alle Blätter von den unteren 3 cm der Birkenzweige entfernen und die Zweige so in die Steckmasse stecken, daß eine gleichmäßige Kuppelform entsteht.

3 Die Stiele von Rosen und Fenchel auf eine Länge von 8 cm kürzen, die Blüten gleichmäßig zwischen die Birkenzweige stecken.

4 An beiden Seiten des Körbchengriffs ganz unten aus Naturbast eine Schleife binden und die Enden abschneiden.

BRAUTJUNGFERNSTRÄUSSCHEN MIT GELBEN ROSEN

Da dieses Sträußchen aus Pflanzen mit langen, dünnen Stielen eine schmale Bindestelle besitzt, läßt es sich besonders gut tragen. Wie bei dem Körbchen wurde auch hier auf die schlichte, aber fröhliche Kombination aus Gelb- und Grüntönen zurückgegriffen.

1 Alle Rosenstiele bis auf die letzten 15 cm unterhalb der Blüte von sämtlichen Blättern und Dornen befreien. Die kleinen Dolden der Fenchelblüten abtrennen, bis jeder Stiel nur noch eine Dolde trägt; so sind sie leichter zu arrangieren und optisch wirkungsvoller. Die Blätter der Birkenzweige bis auf die oberen 15 cm entfernen.

2 Eine Rose in die Hand nehmen und mit einer Fenchelblüte, einem Birkenzweig und einer weiteren Rose umgeben. In dieser Reihenfolge weitere Pflanzen aufnehmen und dabei die Stiele spiralförmig anordnen. Alles Material verarbeiten.

3 Wenn alle Pflanzen aufgenommen sind, die Bindestelle – die Stelle, an der sich alle Stiele kreuzen – mit Schnur umwickeln. Die Stiele auf eine Länge kürzen; sie sollen etwa ein Drittel der Gesamthöhe des Sträußchens einnehmen.

4 Zum Schluß Naturbast um die Bindestelle wickeln, zu einer dekorativen Schleife binden und die Enden abschneiden.

PFLANZEN UND MATERIALIEN

20 gelbe Rosen
•
5 Fenchelblütenstände
•
15 Birkenzweige
•
Schnur
•
Gartenschere
•
Naturbast

Das spiralförmig gebundene Sträußchen ist mit einer Schleife aus Naturbast harmonisch abgerundet – und wird bei den kleinen Brautjungfern bestimmt auf Begeisterung stoßen.

TISCHDEKORATION FÜR EINEN FESTTAG

Pflanzen und Materialien

Ring aus Steckmasse, Durchmesser 40 cm

•

Gartenschere

•

12 Zweige Senecio laxifolius

•

15 Ölweidezweige

•

3 Gruppen mit je 2 Kastanien in ihrer stacheligen Schale

•

Steckdraht (1,2 mm)

•

Garten- oder Gummihandschuhe

•

18 gelbe Rosen

•

10 cremefarbene Eustoma grandiflorum

•

10 Goldraute

•

10 Fenchelblütenstände

Das Arrangement beruht auf einem Steckmassering, in dessen Mitte der Sektkübel plaziert wird. Die elegante Ausstrahlung dieses silbernen Kübels wird von der Schönheit der Blüten noch betont, während diese sich umgekehrt in dessen glänzender Oberfläche spiegeln und dadurch noch besser zur Geltung kommen.

Da ein festlich gedeckter Tisch meist nur noch über wenig Stellfläche verfügt, empfiehlt es sich, wichtige Serviergegenstände und Behälter – wie etwa diesen Sektkübel – in die florale Tischdekoration zu integrieren.

Bei diesem Tischgesteck handelt es sich um ein üppiges, strukturreiches Arrangement aus gelben, goldfarbenen und weißen Blüten mit grünem und grauem Blattwerk. Die spitzen Stacheln der Kastanienschalen, die besonders wirken, wenn sie ein wenig aufgeplatzt sind, bilden einen schönen Kontrast zu den zarten Blumen.

1 Den Steckmassering mit Wasser vollsaugen lassen. Die *Senecio-laxifolius*-Zweige auf etwa 14 cm Länge kürzen, gleichmäßig auf dem Ring und entlang der Außenkante (nicht im Ringinneren) verteilen und so in die Steckmasse stecken, daß die Blätter die Kontur bilden, die Mitte jedoch frei lassen.

2 Die Ölweidezweige auf etwa 14 cm Länge kürzen, gleichmäßig zwischen die anderen Zweige in die Steckmasse stecken und die Konturen des Arrangements weiter herausarbeiten. Die Mitte muß für den Sektkübel nach wie vor frei bleiben.

3 Die drei Kastaniengruppen mit den zwei Samenkapseln mit Steckdraht gabeln und die Drahtstiele auf etwa 6 cm Länge kürzen. Dabei am besten dicke Gummihandschuhe tragen, um sich an den sehr spitzen Stacheln nicht zu verletzen.

4 Die drei Kastaniengruppen an drei gleich weit voneinander entfernten Stellen des Rings zwischen die Blätter in die Steckmasse stecken; dabei am besten immer noch Handschuhe tragen.

5 Die Rosenstiele auf etwa 14 cm Länge kürzen und die Blüten in gestaffelten Gruppen aus je drei Rosen an sechs gleich weit voneinander entfernten Stellen über das Arrangement verteilen.

6 Die Stiele der einzelnen *Eustoma-grandiflorum*-Blüten auf etwa 12 cm Länge kürzen und die Blüten gleichmäßig in den Steckmassering verteilen. Die Goldrautenzweige auf 14 cm, die Stiele der Fenchelblüten auf 12 cm Länge kürzen, gleichmäßig zwischen die anderen Pflanzen verteilen und dabei sorgfältig in die Steckmasse stecken.

Dieses bezaubernde Arrangement ergibt einen eleganten, aufsehenerregenden Tischschmuck, zum Beispiel für eine Hochzeitstafel.

KOPFSCHMUCK AUS TROCKENBLUMEN

Dieser Hochzeitsschmuck wurde aus getrockneten Pflanzen in sanften Farbtönen – blasses Rosa, Grün und Lila – angefertigt und mit interessant wirkenden Apfelscheiben ergänzt. Er sieht nicht nur schön aus, sondern kann auch nicht verwelken und ist daher noch lange nach der Hochzeit haltbar.

PFLANZEN UND MATERIALIEN

Gartenschere
•
9 getrocknete Pfingstrosen mit Blättern
•
27 getrocknete rote Rosen
•
Steckdraht (1,2 mm)
•
Stützdraht (0,6 mm)
•
Silber- oder Rosendraht
•
27 getrocknete Apfelscheiben
•
18 kurze Zweige getrocknete Keulenlilien
•
9 kleine Büschel getrocknete Hortensienblüten
•
18 kurze Eukalyptuszweige
•
Blumenband

Der große Vorteil bei der Verwendung von Trockenblumen besteht darin, daß der Kranz lange vor dem Hochzeitstag angefertigt werden kann – was für den großen Tag eine Sorge weniger bedeutet. Obwohl sehr viele Pflanzen angedrahtet werden müssen, wirkt der Kopfschmuck sehr natürlich. Beträufeln Sie ihn mit etwas Duftöl.

1 Die Stiele der Pfingstrosen und Rosen auf eine Länge von 2,5 cm kürzen. Die Pfingstrosen mit Steckdraht, die Rosen mit Stützdraht gabeln. Die Rosen in Dreiergruppen aufteilen und jede Gruppe mit Silberdraht zusammenbinden. Die Apfelscheiben ebenfalls in Dreiergruppen zusammenstellen und mit Steckdraht gabeln. Die Zweige der Keulenlilien, die Hortensienstiele sowie die Eukalyptuszweige auf 5 cm Länge kürzen und mit Stützdraht gabeln, wobei die Keulenlilien und die Eukalyptuszweige in Zweiergruppen zusammengefaßt werden. Alle Drahtstiele mit Blumenband umwickeln.

2 Den Kopfumfang der Braut messen. Aus Steckdraht eine Drahtunterlage anfertigen, auf die der Kopfschmuck gearbeitet wird. Sie soll etwa 4 cm länger sein als der Kopfumfang.

3 Ein angedrahtetes Eukalyptuselement auf ein Ende der Drahtunterlage legen und den Drahtstiel mit der Drahtunterlage mit Hilfe von Blumenband verbinden. Auf die gleiche Weise ein Hortensienbüschel, eine Rosengruppe, eine Apfelscheibengruppe, eine Pfingstrose und eine Gruppe Keulenlilien anbringen. Diese Reihenfolge wiederholen, bis die gesamte Drahtunterlage (bis auf die letzten 4 cm) vollständig mit Pflanzen bedeckt ist.

4 Die Drahtunterlage zu einem Kranz biegen. Das unbedeckte Drahtende über den Anfang der Drahtunterlage schieben und beide Enden durch die Blüten und Früchte hindurch mit Blumenband zusammenfügen.

Die hinreißende Natürlichkeit dieses Haarkranzes paßt besonders gut zu einer Braut.

POMANDER AUS TROCKENBLUMEN

Pomander werden als eine Kugel mit verschiedenen aromatisch duftenden Bestandteilen definiert. Dieser Pomander überzeugt dagegen mehr durch seine optische Ausdruckskraft als durch seinen Wohlgeruch. Besonders schön kommt er an der Hand einer Brautjungfer zur Geltung. Man kann ihn natürlich auch im Schlafzimmer aufhängen.

Pflanzen und Materialien

Gartenschere

10 mit Glyzerin konservierte Eukalyptuszweige

Kugel aus Steckmasse für Trockenblumen, Durchmesser 15 cm

3,5 cm breites Band

Steckdraht (1,2 mm)

30 getrocknete rosa Rosen

Stützdraht (0,6 mm)

Blumenband

12 getrocknete zartrosa Pfingstrosen

12 getrocknete Apfelscheiben

1 getrockneter Keulenlilienzweig

Die Anfertigung dieses Pomanders ist zwar zeitaufwendig, dafür hält er aber auch besonders lange. Und wenn Sie ihn rundum mit Potpourri-Aromaöl besprühen, duftet er wunderbar.

1 Die Eukalyptuszweige auf 10 cm Länge kürzen. Die unteren Bereiche dieser kleinen Zweige von allen Blättern befreien, anspitzen und tief in die Steckmasse drücken; dabei auf eine gleichmäßige Verteilung rund um die Kugel achten.

2 Das Band doppelt legen, die beiden Enden mit Steckdraht gabeln und durch die Steckmassekugel schieben. An den Drahtenden ziehen, bis der angedrahtete Teil des Bandes fest in der Kugel verankert ist. Die Drahtenden umbiegen und in die Steckmasse stecken.

3 Die Stiele der Rosen auf etwa 4 cm Länge kürzen und mit Steckdraht andrahten. In Dreiergruppen zusammenfassen und mit Stützdraht zusammenbinden. Alle Drahtstiele mit Blumenband umwickeln. Mit den Pfingstrosen genauso verfahren. Die Apfelscheiben einzeln mit Steckdraht gabeln und ebenfalls mit Blumenband umwickeln.

4 Die Pfingstrosen gleichmäßig über die Steckmassekugel verteilen. Die Apfelscheiben gleichmäßig verteilt dazwischen stecken.

5 Die zehn Rosengruppen gleichmäßig über den Pomander verteilen. Von dem Keulenlilienzweig 9 cm lange Einzelzweige abschneiden und mit diesen die verbliebenen Löcher im Arrangement schließen. Sobald der Pomander vollständig gefüllt ist, können die einzelnen Pflanzen nach Wunsch noch etwas zurechtgerückt werden.

Ganz jungen Brautjungfern fällt es wahrscheinlich leichter, einen solch zauberhaften Pomander zu tragen als ein Sträußchen.

ANSTECKBOUQUET AUS TROCKENBLUMEN

PFLANZEN UND MATERIALIEN

Gartenschere
•
2 getrocknete Pfingstrosen
•
3 getrocknete Pfingstrosenblätter
•
Steckdraht (1,2 mm)
•
Stützdraht (0,6 mm)
•
3 getrocknete Apfelscheiben
•
3 getrocknete Keulenlilienzweige
•
3 kleine Büschel getrocknete Hortensien
•
8 getrocknete Rosen
•
3 kurze getrocknete Eukalyptuszweige
•
Naturbast
•
Blumenband
•
Silber- oder Rosendraht

Dieses Bouquet muß nicht unbedingt am Revers angesteckt werden, es läßt sich auch an der Handtasche oder am Gebetbuch befestigen – und hält sich natürlich noch lange nach der Hochzeit. Dann sollten Sie seinen zarten Duft jedoch mit ein paar Tropfen ätherischen Öls auffrischen.

Wenn Trockenblumen als Hochzeitsschmuck dienen, eignet sich dieser wunderschöne Anstecker, der sich durch sanfte Töne und vielfältige Strukturen auszeichnet, hervorragend für die Mutter der Braut. Den optischen Mittelpunkt bilden getrocknete Pfingstrosen, umgeben von Hortensien, Rosen, Keulenlilien- und Eukalyptuszweigen. Etwas ungewöhnlich bilden getrocknete Apfelscheiben einen interessanten Kontrast.

1 Die Stiele der Pfingstrosen auf 4 cm, die drei Pfingstrosenblätter auf 10 cm, 8 cm und 6 cm Länge kürzen. Blüten und Blätter mit Steckdraht gabeln; lediglich für das kürzeste Blatt Stützdraht verwenden.

Die Apfelscheiben mit Steckdraht gabeln. Aus den Zweigen der Keulenlilie 5 cm lange Zweiglein herausschneiden und zu je drei kleinen Gruppen zusammenstellen. Mit den Hortensienblüten genauso verfahren. Alle Gruppen mit Stützdraht gabeln.

Die Stiele der Rosen auf 2,5 cm, die Eukalyptuszweige auf 4 cm Länge kürzen und alle einzeln mit Stützdraht gabeln. Die Drahtstiele aller vorbereiteten Elemente möglichst dünn mit Blumenband umwickeln.

Aus Naturbast eine Schleife legen, um die Mitte herum mit Stützdraht fest zusammenbinden, so daß sich zu den Seiten die typischen Schlaufen ergeben. Die Schleife gabeln.

2 Aus Pfingstrosen, Rosen, Apfelscheiben und Pfingstrosenblättern nach und nach das Arrangement aufbauen und jede Pflanze mit Silberdraht sorgfältig befestigen.

3 Die restlichen Pflanzen anbringen und mit Silberdraht befestigen. Die Bastschleife am unteren Ende des Bouquets mit ihren Drahtenden befestigen.

4 Die Enden der Drahtstiele auf 6 cm Länge kürzen und mit Blumenband umwickeln. Nach Wunsch die Blüten ein wenig zurechtrücken.

KNOPFLOCHSTRÄUSSCHEN AUS GETROCKNETEN ROSEN

Für die Verwendung von Trockenblumen als Hochzeitsschmuck spricht zum einen der Wunsch der Braut, daß die Arrangements noch lange nach der Hochzeit haltbar sind, zum anderen können frische Blumen im Winter sehr teuer oder schwer erhältlich sein.

Dieses Knopflochsträußchen wurde für den Bräutigam oder den Trauzeugen entworfen. Es besteht aus einer ungewöhnlichen Kombination von Blumen, Blättern und Früchten.

1 Die drei Apfelscheiben zusammen mit Steckdraht gabeln. Die auf 2,5 cm Länge gekürzten Rosenstiele einzeln mit Steckdraht andrahten und je drei Rosen mit Stützdraht gabeln. Die Eukalyptuszweige sowie das Hortensienbüschel auf 5 cm Länge kürzen und mit Stützdraht gabeln. Alle Drahtstiele mit Blumenband umwickeln.

2 Die beiden Rosen-Dreiergruppen in einer Hand halten, die Apfelscheiben dahinterlegen und das Hortensienbüschel links davon plazieren; alle Stiele mit Silberdraht zusammenbinden. Die Eukalyptuszweige so arrangieren, daß sie einen lockeren Rahmen für das Sträußchen bilden, und mit Silberdraht befestigen.

3 Wenn alle Pflanzen zusammengebunden sind, die Drahtstiele auf 5 cm Länge kürzen und mit Blumenband umwickeln. Die einzelnen angedrahteten Elemente nach Wunsch zurechtrücken, dabei aber die Grundform des Sträußchens beachten.

Pflanzen und Materialien

3 getrocknete Apfelscheiben
•
Steckdraht (1,2 mm)
•
Gartenschere
•
6 getrocknete Rosen
•
Stützdraht (0,6 mm)
•
6 kurze, mit Glyzerin konservierte Eukalyptuszweige
•
1 kleines Büschel getrocknete Hortensien
•
Blumenband
•
Silber- oder Rosendraht

Die Apfelscheiben verleihen diesem Sträußchen zusätzliche Struktur und eine heitere Note, während es seinen zarten Duft von ein paar Tropfen Rosenöl erhält.

BRAUTSTRÄUSSCHEN AUS TROCKENBLUMEN

Pflanzen und Materialien

Gartenschere

11 getrocknete weiße Rosen

18 getrocknete rosa Rosen

3 getrocknete rosa Pfingstrosen

Steckdraht (1,2 mm)

12 mit Glyzerin konservierte Eukalyptuszweige, Länge etwa 10 cm

Stützdraht (0,6 mm)

70 getrocknete Glanzgrasköpfchen

12 getrocknete Silberlingstiele mit je 5 Samenkapseln

12 kleine Büschel getrockneter Flachs

10 kleine Büschel getrocknete Hortensien

Blumenband

Silber- oder Rosendraht

Band

Viktorianische Sträußchen – getrocknet oder frisch – bestehen traditionell aus einer Reihe von konzentrischen Blumenkreisen. Jeder Kreis enthält nur eine bestimmte Pflanzensorte, die aber von Kreis zu Kreis wechselt. Diese streng geometrische Aufteilung erzeugt ein ausgesprochen formelles Arrangement, das gut zu einer Hochzeit paßt.

1 Die Stiele der Rosen und Pfingstrosen auf ungefähr 3 cm Länge kürzen und einzeln mit Steckdraht andrahten. Die Eukalyptuszweige auf 10 cm Länge kürzen, alle Blätter von den unteren 3 cm des Stiels entfernen und wie die Rosen andrahten.

Glanzgrasköpfchen und Silberlingkapseln in Fünfergruppen mit Stützdraht gabeln und die Drahtstiele dieser Gruppen mit Steckdraht auf 25 cm Länge verlängern. Auf die gleiche Weise Flachs- und Hortensiengruppen anfertigen und mit Steckdraht verlängern.

Die Drahtstiele aller einzelnen Elemente mit Blumenband umwickeln.

2 Für den optischen Mittelpunkt eine einzelne weiße Rose in die Hand nehmen, mit drei Pfingstrosen umgeben und mit Silberdraht etwa 10 cm unterhalb der Blüten zusammenbinden. (Denken Sie daran, daß die Position dieser Bindestelle die Größe des fertigen Sträußchens bestimmt und alle folgenden Blütenkreise an der gleichen Stelle befestigt werden.)

3 Die Pfingstrosen dicht an dicht mit einem Kreis aus rosa Rosen umgeben, dabei das Sträußchen jeweils etwas drehen; am Hauptstiel festbinden. Diese Rosen mit einem Kreis aus weißen Rosen im Wechsel mit Hortensienbüscheln umgeben und sorgfältig befestigen. Durch jeden zugefügten Blütenkreis erhält das Sträußchen langsam seine Kuppelform.

4 Das Sträußchen mit einem Kreis aus Glanzgras und danach mit einem Kreis aus Silberlingkapseln und Flachs umgeben. Jeden Kreis mit Silberdraht an der Bindestelle befestigen.

5 Zum Schluß einen fächerähnlichen Kreis aus Eukalyptuszweigen anbringen und als Umrandung um das Sträußchen arrangieren, damit gleichzeitig sichtbare Drahtstiele verdecken. Festbinden.

6 Das Sträußchen diagonal auf die Handfläche legen und die überstehenden Drahtstiele abschneiden. Die Stiele mit Blumenband umwickeln und mit Band in einen dekorativen Handgriff verwandeln.

Die Gestaltung dieses Brautsträußchens orientiert sich am Aufbau viktorianischer Sträuße, ließ aber der Floristin bei einigen Kreisen etwas Spielraum. Natürlich ist die Herstellung sehr zeitaufwendig, aber die Braut erhält dafür ein zauberhaftes Sträußchen, das sie noch Jahre als Andenken aufbewahren kann.

ERNTEGIRLANDE AUS GETROCKNETEN GRÄSERN

PFLANZEN UND MATERIALIEN

1 Bund getrocknete Weizenähren
•
1 Bund getrockneter Flachs
•
1 Bund getrocknete Nigella orientalis
•
1 Bund getrocknetes Glanzgras
•
Gartenschere
•
Steckdraht
•
1 Strohzopf, Länge etwa 60 cm
•
Schnur
•
Naturbast

Obwohl für die Herstellung dieser Girlande zahlreiche Pflanzen angedrahtet werden müssen, läßt sie sich problemlos anfertigen und wirkt sehr natürlich.

Die natürliche und zugleich eindrucksvolle Wirkung dieser symbolischen, aus getrocknetem Getreide und dekorativen Gräsern hergestellten Erntegirlande beruht auf ihren subtilen Farb- und Strukturvariationen.

Die Girlande könnte zur Erntezeit an einer Wand in der Kirche aufgehängt oder – in mehrfacher Anfertigung – über das Kirchengestühl drapiert werden. Im Haus ließe sich auch ein Kaminsims damit schmücken.

1 Alle Gras- und Getreidebündel in je 8 kleine Büschel unterteilen, so daß 32 einzelne Büschel entstehen. Die Stiele auf 6 cm Länge kürzen und jedes Büschel mit Steckdraht gabeln.

2 Ein Büschel Weizen am unteren Ende des Zopfes mit Schnur befestigen (das Getreide weist dabei nach unten). Darüber, leicht nach links versetzt, mit Schnur ein Büschel Flachs anbringen. Auf gleicher Höhe, aber nach rechts versetzt, ein Büschel *Nigella orientalis* mit Schnur befestigen. Beide Pflanzenarten sollen den Weizen leicht überlappen. Abschließend direkt oberhalb des Weizens und wiederum überlappend ein Büschel Glanzgras mit Schnur festbinden.

3 Diese Reihenfolge achtmal wiederholen und jedes Büschel am Strohzopf mit Schnur befestigen.

4 Am oberen Ende des Zopfes die Schnur sorgfältig verknoten und überstehende Drahtstiele abschneiden.

5 Darüber eine Schleife aus Naturbast so befestigen, daß sie Drähte und Schnur vollständig verdeckt.

ERNTEKRANZ

Pflanzen und Materialien

27 getrocknete Sonnenblumen
•
Steckdraht (1,2 mm)
•
Blumenband
•
Gartenschere
•
30 getrocknete Pilze (unterschiedliche Größen)
•
3 getrocknete Maiskolben auf ihren Stielen
•
Großer Kranz aus Weinranken
•
Naturbast

Die verholzten Ranken der Weinrebe sind sehr gut geeignet, daraus einen Kranz zu winden. Gerade bei nicht vollständig mit Pflanzen bedeckten Kränzen sind Weinranken dekorativer als zum Beispiel Weidenzweige.

Die Erntezeit erweckt Bilder von reifen Früchten, prallem Gemüse und üppigen Getreidegarben. Bei diesem Kranz aus Trockenblumen übernehmen Maiskolben und Pilze – als weniger auffällige »Herbstfrüchte« – stellvertretend die Rolle der Erntezeit, während die Sonnenblumen an die goldenen Tage des vergangenen Sommers erinnern.

1 Die Sonnenblumen mit Steckdraht andrahten, mit Blumenband umwickeln und zu Dreiergruppen zusammenfügen. Diese Gruppen mit Steckdraht gabeln und wiederum mit Blumenband umwickeln. Die Pilze mit Steckdraht gabeln. Den Draht dafür gegebenenfalls spitz anschneiden, durch den Pilz stechen und die beiden Drahtenden zusammendrehen, jedoch nicht mit Blumenband umwickeln.

2 Die Maiskolben im unteren Bereich des Kranzes arrangieren; dabei ihre Stiele zwischen den Ranken hindurchschieben und kreuzförmig übereinanderlegen, so daß eine Fächerform entsteht. Die Maiskolben untereinander und an den Ranken mit Steckdraht befestigen.

3 Die Sonnenblumengruppen mit großen Zwischenräumen, aber gleichmäßig über den Kranz verteilen. Ihre Drahtstiele durch den Kranz führen und – unsichtbar unter den Blüten – fest um die Ranken wickeln. Dabei jeweils abwechselnd eine Gruppe am äußeren und eine am inneren Rand des Kranzes anbringen.

4 Die Pilze in Zweier- und Dreiergruppen gleichmäßig zwischen den Sonnenblumen und um die Maiskolben herum am Kranz befestigen. Die größten Pilze im unteren Bereich, nach oben hin immer kleinere Exemplare anbringen. Dazu die jeweiligen Drahtenden durch die Ranken stechen und auf der Rückseite fest zusammendrehen.

5 Zum Schluß aus Naturbast eine große Schleife anfertigen und diese auf den Stielen der Maiskolben befestigen, um eventuell noch sichtbare Drähte zu verdecken.

Die beeindruckende Größe dieser schlichten, aber ungewöhnlichen Pflanzenkombination verleiht dem Kranz seine überwältigende Ausdruckskraft.

HALLOWEEN-ARRANGEMENT

Pflanzen und Materialien

Gartenschere
•
15 schlanke Zweige buntes Herbstlaub
•
Große Keramikvase
•
10 Lampionblumen
•
10 Fackellilien
•
10 orangefarbene Lilien ›Avignon‹
•
20 Löwenmäulchen in zwei verschiedenen Rottönen

Ein schönes Beispiel für ein großes Arrangement von vollendeter Form, das ohne Steckmasse oder Maschendraht auskommt und den natürlichen Wuchs der Pflanzen hervorhebt. Die besondere Halloween-Stimmung wird durch einige Kürbisse und Kerzen am Fuß der Vase zusätzlich betont.

Halloween ist der Abend vor Allerheiligen, der in England gern festlich begangen wird. Dieses eindrucksvolle freistehende Arrangement ist dafür eine passende Dekoration, die im Eingangsbereich oder in einem großen Wohnzimmer am besten zur Geltung kommt. Die faszinierende Mischung aus verschiedenen Pflanzen in prächtigen Herbstfarben zieht bestimmt alle Blicke auf sich.

1 Die Herbstlaubzweige schräg (in einem Winkel von 45 Grad) anschneiden, am unteren Zweigende etwa 5 cm Rinde entfernen und die Zweige 5 cm tief einschneiden (oder mit einem nicht zu schweren Hammer klopfen, so daß sich die Enden spalten). Die Vase mit Wasser füllen, die Zweige hineinstellen und zu einer fächerförmigen Kontur arrangieren. Zusätzlich einige kürzere Zweige von hinten nach vorn in die Grundform stecken, damit der Fächer nicht flach wirkt, sondern Tiefe bekommt.

2 Die unteren Stiele der Lampionblumen von den Blättern befreien und die Blumen zwischen die Zweige stellen; dabei die Kontur weiter herausarbeiten. Die Fackellilien über das Arrangement verteilen – die längsten Stiele im Hintergrund, die kürzeren vorn.

3 Die orangefarbenen Lilien sind der optische Mittelpunkt dieses Arrangements. Die unteren Blätter entfernen und die Blütenstiele in dem Strauß verteilen; dabei die noch geschlossenen Lilien mit langen Stielen im hinteren Bereich und die aufgeblühten Lilien im Vordergrund plazieren. Die unteren Blätter der Löwenmäulchen entfernen und die Blüten, gleichmäßig verteilt, arrangieren.

ADVENTSKERZE IN EINER ZIMTSTANGENSPIRALE

PFLANZEN UND MATERIALIEN

25 Zimtstangen
•
1 Kerze, 23 × 7,5 cm
•
Naturbast
•
Gartenschere
•
Ring aus Steckmasse für Trockenblumen, Durchmesser 10 cm
•
Steckdraht (1,2 mm)
•
Rentierflechte
•
20 getrocknete rote Rosen
•
Oasis-Kleber

Dieses Adventsgesteck besitzt den zusätzlichen Vorteil, daß die Wärme der Kerzenflamme das würzige Aroma der Zimtstangen freisetzt, während die roten Rosen das feierliche Aussehen der Kerze unterstreichen. Die Kerze nie unbeobachtet brennen lassen.

Manche Adventskerzen besitzen 24 Einkerbungen, an denen man ablesen kann, wie viele Tage es noch bis zum Weihnachtsfest sind – vorausgesetzt, man läßt die Kerze jeden Tag bis zur nächsten Einkerbung herunterbrennen. Diese Adventskerze hilft Ihnen auf andere Weise, die Zeit des Wartens abzuzählen: Sie ist mit einer Spirale aus 25 unterschiedlich hohen Zimtstangen umgeben, auf die die Kerze jeweils herabbrennt.

1 Die 25 Zimtstangen mit Hilfe von Naturbast rund um die Kerze legen und zusammenbinden.

2 Die Zimtstangen so zurechtschieben, daß sie die Kerze mit einer gleichmäßig nach unten abgestuften Spirale umgeben; die letzte Zimtstange sollte etwa 6 cm lang sein. Die überschüssigen Längen ragen über den Kerzenboden hinaus. Die Zimtstangen mit Hilfe von Bast an zwei Stellen auf der Kerze festbinden und die hinausragenden Enden abschneiden, so daß die Stangen bündig mit der Kerze abschließen.

3 Die von Zimtstangen umgebene Kerze in die Mitte des Steckmasserings stellen. Den Steckdraht in etwa 5 cm lange Stücke schneiden, haarnadelförmig umbiegen und mit diesen Haarnadeln die Rentierflechte auf dem Ring feststecken.

4 Die Rosenstiele auf etwa 2,5 cm Länge kürzen, mit etwas Klebstoff bestreichen und durch die Rentierflechte hindurch dicht nebeneinander in die Steckmasse drücken. Auf diese Weise schmückt ein geschlossener Kreis aus Rosen den Fuß der Kerze.

WEIHNACHTSURNE MIT ANEMONEN

Für dieses lebendige Arrangement wurden statt der traditionellen Rot- und Grüntöne Pflanzen in anderen leuchtenden Farben verwendet. Die verwegene Kombination von orangefarbenen Rosen, blauvioletten Anemonen und metallisch blau schimmernden Beeren des Schneeballs schafft einen unvergeßlichen Anblick.

Pflanzen und Materialien

1 kleine, gußeiserne Urnenvase

Stabile Folie

1 Block Steckmasse

Floristenklebeband

Gartenschere

1 Bund Schneeballzweige (Viburnum tinus) *mit Beeren*

10 Rosen in leuchtendem Orange

20 blauviolette Anemonen ›Mona Lisa‹

Die klassische Ausstrahlung eines Weihnachtsarrangements blieb durch die Verwendung der rostigen Gußeisenvase erhalten, die als Gefäß für dieses aufsehenerregende Gesteck dient.

1 Die Urnenvase mit Folie auskleiden. Die Steckmasse mit Wasser vollsaugen lassen, in die Vase drücken und mit Floristenklebeband fixieren. Überstehende Folie entlang dem Vasenrand abschneiden.

2 Die unteren Blätter der Schneeballzweige entfernen und die Zweige rundum gleichmäßig über die Steckmasse verteilen. Die Kontur so festlegen, daß eine hohe, breite Kuppelform entsteht.

3 Die Rosen als optischen Mittelpunkt zwischen die Zweige stecken. Dabei die geöffneten Blüten vom unteren Bereich des oberen Drittels an abwärts, die Knospen im oberen Drittel anbringen.

4 Die Anemonen zwischen die Rosen und etwas tiefer als die Rosen in die Steckmasse stecken und die kuppelförmige, möglichst ebenmäßige Kontur des Arrangements weiter herausarbeiten.

KRANZ AUS TULPEN UND STECHPALME

PFLANZEN UND MATERIALIEN

Ring aus Steckmasse, Durchmesser 25 cm

•

100 weiße Tulpen

•

Gartenschere

•

Stechpalmenzweige mit Beeren

Weiße Tulpen verleihen dieser Weihnachtsdekoration eine Ausstrahlung edler Reinheit und Kühle.

Die Stiele der dichtgedrängten Tulpen werden tief in die Steckmasse gesteckt, damit nur noch die Blüten sichtbar sind.

Eine verschwenderische Anzahl weißer Tulpen wurde mit glänzenden dunkelgrünen Blättern und leuchtendroten Beeren zu einem Kranz gearbeitet, der entweder an die Tür gehängt oder – mit langen weißen Kerzen versehen – als weihnachtliches Tischgesteck verwendet werden kann.

1 Den Steckmassering mit Wasser vollsaugen lassen. Die Tulpenstiele auf etwa 3 cm Länge kürzen und die Blüten vom inneren Rand des Rings aus in Kreisen in die Steckmasse stecken, bis sie vollständig bedeckt ist.

2 Noch sichtbare Steckmasse sowie den äußeren Rand des Rings mit Stechpalmenblättern bedecken, wobei die am Rand einander flach überlappen sollen (die Blätter gegebenenfalls mit Steckdraht andrahten).

3 Von den Stechpalmenzweigen 12 kleine Beerenbüschel mit etwa 4 cm langen Stielen abschneiden und in zwei konzentrischen Kreisen entlang dem äußeren und dem inneren Rand des Steckmasserings in die Steckmasse drücken; sie darf nicht mehr sichtbar sein.

DEKORATION FÜR DIE WEIHNACHTLICHE KAFFEETAFEL

Wenn Sie Ihre weihnachtlich gedeckte Kaffeetafel einmal völlig anders dekorieren möchten, versuchen Sie es doch einfach mit einer Dekoration aus natürlichen Materialien. In Kombination mit einigen Teelichtern entsteht so ein unvergeßliches Tischgesteck, das als Behältnis für die Weihnachtsbäckerei dient.

1 Die Bänder um die Kuchen wickeln und mit Tesafilm befestigen. Anschließend ein Stück Goldschnur um die Mitte der Kuchen binden und mit einer dekorativen Schleife versehen, die nicht nur hübsch aussieht, sondern auch die Bänder zusätzlich sichert, solange die Kuchen noch nicht angeschnitten sind.

2 Die Kuchen auf einen Tortenständer stellen und dazwischen Tannenzapfen und Kronsbeeren verteilen. Die Blütenblätter der Rosen und Tulpen sowie die Kamelienblätter gleichmäßig über den Ständer verteilen. Zum Schluß die Blütenblätter mit etwas Goldstaub bestreuen und die Teelichter einsetzen.

Pflanzen und Materialien

2 verschieden gemusterte Bänder, etwa 7,5 cm breit

•

3 Weihnachtskuchen, Durchmesser etwa 10 cm

•

Transparentes Klebeband (Tesafilm)

•

Gartenschere

•

Goldschnur

•

1 Tortenständer aus Glas

•

1 Handvoll Kronsbeeren

•

1 Handvoll kleine Tannenzapfen

•

4 violette Tulpen

•

7 rote Rosen

•

1 Zweig kleine Kamelienblätter

•

Goldstaub

•

3 Teelichter

Statt eines großen Kuchens laden hier drei kleinere Weihnachtstorten – selbst Teil der Dekoration – zum Kaffee ein. Die prächtigen Rot- und Violettöne der Blüten und Früchte sowie das grüne und goldene Dekor ergeben mit den Teelichtern ein üppiges Tischgesteck. Lassen Sie die Kerzen nie unbeobachtet brennen.

MANDARINENKRANZ

PFLANZEN UND MATERIALIEN

Steckdraht (1,4 mm)

•

27 Mandarinen

•

Ring aus Steckmasse, Durchmesser etwa 30 cm

•

Feuerdornzweige mit Beeren und Blättern

•

Efeublätter

Dieser aufsehenerregende Kranz kommt an einer Wand oder Tür besonders gut zur Geltung, aber Sie können ihn natürlich auch als Tischdekoration verwenden und eine große Kerze oder eine Reihe unterschiedlich hoher Kerzen in die Mitte stellen. Da diese im Grunde leicht anzufertigende Weihnachtsdekoration ein beträchtliches Gewicht aufweist, muß sie sehr sorgfältig befestigt werden, falls Sie den Kranz an eine Wand oder Tür hängen wollen.

Dieser festliche Kranz wirkt durch seine geometrische Form, seine Farben und Materialien sehr zeitgemäß: Statt der traditionellen Dekoration aus Stechpalme, Mistel- und Tannenzweig fanden hier dichtgedrängte Mandarinen, Feuerdornbeeren und Efeublätter Verwendung. Trotz des Zitrusdufts läßt sich der Kranz mit Lorbeerblättern und Kräutern anstelle des Efeus noch aromatischer gestalten.

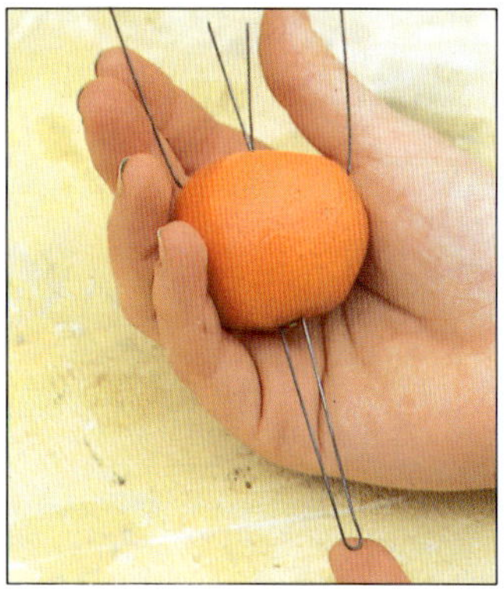

1 Einen Steckdraht durch den Boden der Mandarine stechen und die herausstehenden Enden nach unten biegen. Einen weiteren Draht haarnadelförmig umbiegen und von oben vollständig durch die Mandarine hindurchschieben, so daß der Knick des Drahtes genau auf dem Blütenansatz sitzt. Auf diese Weise alle Mandarinen andrahten und die Drahtstiele auf etwa 4 cm Länge kürzen.

2 Den Steckmassering mit Wasser vollsaugen lassen. Die Mandarinen in einem dichten Kreis auf der Oberfläche des Rings anbringen und einen zweiten Mandarinenkreis auf der Innenseite des Rings in die Steckmasse stecken.

3 Die Feuerdornzweige in kleine Beerenbüschel mit etwa 6 cm langen Stielen unterteilen und diese entlang dem äußeren Ringrand sowie zwischen die Mandarinenringe in die Steckmasse stecken.

4 Die Stiele der einzelnen Efeublätter auf etwa 7 cm Länge kürzen und je ein Efeublatt zwischen die Mandarinen beider Kreise in die Steckmasse stecken.

MISTELZWEIGKRANZ

Fertigen Sie statt der üblichen Mistelzweige doch einmal einen Mistelzweigkranz an, dem ein Ring aus Peddigrohr als Unterlage dient. Er ist nicht nur Weihnachtsdekoration, sondern lädt auch zum Küssen ein!

PFLANZEN UND MATERIALIEN

Gartenschere

•

7 Beerenzweige der Stechpalme (Ilex verticillata)

•

1 großes Büschel Mistelzweige

•

Schnur

•

1 in sich gedrehter Kranz aus dunklem Peddigrohr

•

Kariertes Schmuckband

Dieser ausgesprochen leicht anzufertigende Kranz benötigt eine beträchtliche Menge an besten, frischen Mistelzweigen, damit er sich während der gesamten Weihnachtszeit hält.

1 Die Beerenzweige auf etwa 18 cm Länge kürzen. Die Mistelzweige in 14 Hauptzweige unterteilen und die kleineren Mistelzweige mit Schnur zu Bündeln zusammenfassen. Einen Beerenzweig mit Schnur an der Außenseite des Kranzes befestigen. Einen Mistelzweig oder ein Mistelbündel so am Kranz festbinden, daß er die Beeren um etwa ein Drittel überlappt. Einen weiteren Beerenzweig anbringen, der die Misteln überlappt.

2 Auf diese Weise die gesamte Außenseite des Kranzes bedecken. Vier etwa 60 cm lange Bänder zuschneiden. Je ein Bandende an vier gleich weit voneinander entfernten Punkten rund um den Körper des geschmückten Kranzes festknoten. Die vier Bandenden nach oben führen, verknoten und zu einer Schleife zusammenbinden. Daran kann der Kranz unter die Decke gehängt oder an einem Ständer befestigt werden.

WEIHNACHTS-TISCHSCHMUCK MIT KERZEN

Was gibt es Schöneres als eine Weihnachtstafel, die unter dem Gewicht der aufgefahrenen Köstlichkeiten fast zusammenbricht und von diesem Weihnachtskranz feierlich beleuchtet wird? Das üppige Arrangement ist mit seinen weihnachtlichen Rot- und Grüntönen der Anemonen, Ranunkeln und Stechpalmenzweige sowie seinen zartgrauen Lärchenzweigen und dem aromatischen Rosmarin ein Fest für das Auge. Die schlichten weißen Kerzen mit den roten Schleifen wirken besonders feierlich.

1 Den Steckmassering mit Wasser vollsaugen lassen und in den Drahtkorb einsetzen. Möglicherweise muß die Steckmasse für Ihren Drahtkorb paßgenau zugeschnitten werden; aber Vorsicht dabei, schneiden Sie auf keinen Fall zuviel weg!

2 Mit Rosmarin-, Lärchen- und Stechpalmenzweigen eine gleichmäßige, aber strukturierte Kontur festlegen. Die Zweige so über die Steckmasse verteilen, daß sich die jeweils kürzeren am Rand und die längeren in der Mitte des Arrangements befinden.

3 Die Stiele der Anemonen und Ranunkeln ungefähr auf 7,5 cm Länge kürzen und die Blüten gleichmäßig über das Arrangement verteilen; dabei um die Kerzenhalter herum etwas Platz lassen.

Jede der vier Kerzen mit einer Schleife aus rotem Papierband verzieren und in die Kerzenhalter stecken.

Pflanzen und Materialien

Ring aus Steckmasse, Durchmesser 25 cm

Drahtkorb mit Kerzenhaltern, Durchmesser 25 cm

10 Rosmarinzweige

10 kleine, mit Flechten bewachsene Lärchenzweige

10 kleine Stechpalmenzweige

Gartenschere

30 rote Anemonen ›Mona Lisa‹

30 rote Ranunkeln

Rotes Papierband

4 Kerzen

Der Bereich in der Mitte des Arrangements eignet sich perfekt zum Verstecken kleiner Überraschungspräsente! Die Kerzen nie unbeobachtet und höchstens bis auf eine Länge von etwa 5 cm oberhalb des Gestecks herabbrennen lassen.

CHRISTBAUMSCHMUCK

Pflanzen und Materialien

Sterne und Tannenbäume

1 Block Steckmasse für Trockenblumen
•
Messer
•
Plätzchenausstecher
•
Plastiktüte
•
Getrocknete lose Lavendelblütchen
•
Goldstaub
•
Oasis-Kleber
•
Getrocknete Tulpen- und Rosenblütenblätter
•
Kronsbeeren
•
Goldkordel
•
Gartenschere

Getrocknete Früchte

Goldkordel
•
Getrocknete Orangen und Limonen
•
Oasis-Kleber
•
Getrocknete rote und gelbe Rosen
•
Zimtstangen

Selbst gefertigter Baumschmuck ist die beste Alternative zu im Handel erhältlichem Weihnachtsdekor. Die hier gezeigten Tannenbäume, Sterne und Früchte bestehen aus Materialien für die Gestaltung mit Trockenblumen, etwas Goldstaub und feiner Goldkordel. Sie sind so leicht herzustellen, daß sogar Kinder mithelfen können.

1 Die Steckmasse in etwa 3 cm dicke Scheiben schneiden und mit Hilfe der Plätzchenausstecher mehrere Sterne und Tannenbäumchen ausstechen. Die Lavendelblütchen mit zwei Eßlöffeln Goldstaub in einer Plastiktüte vermischen (die Tüte darf keine Löcher aufweisen!). Sämtliche Oberflächen der Steckmassesterne und -tannenbäumchen mit Oasis-Kleber bestreichen.

2 Die Steckmasseformen in die Tüte geben und kräftig durchschütteln, bis sie gleichmäßig mit Lavendelblütchen und Goldstaub bedeckt sind. Als Variante können Sie die Figuren aber auch zuerst mit einigen Tulpen- oder Rosenblättern bekleben, bevor Sie sie in die Tüte geben; nur auf den verbliebenen Klebeflächen haften dann Lavendelblütchen und Goldstaub. Oder Sie kleben eine Kronsbeere in die Mitte einiger Sterne. Ein kleines Loch in jede Form bohren, ein Stück Goldkordel hindurchziehen und zu einer Schlaufe zum Aufhängen binden.

3 Für die getrockneten Früchte ein Stück Kordel einmal um jede Frucht herumführen, die Kordelenden auf dem Boden kreuzen, wieder nach oben führen, dort fest zusammenknoten und eine Schlaufe binden. Den Boden einer Rose mit etwas Oasis-Kleber bestreichen und die Rose direkt über dem Kordelknoten auf die Frucht kleben. Zwei bis drei kurze Zimtstangenstücke mit Klebstoff versehen und als Gruppe neben die Rose auf die getrocknete Frucht kleben.

WEIHNACHTLICH DEKORIERTE MASCHENDRAHTURNE

PFLANZEN UND MATERIALIEN

Gartenschere
•
15 getrocknete rote Rosen
•
Stützdraht (0,6 mm)
•
15 Blüten Nigella orientalis
•
15 kleine, mit Glyzerin konservierte Buchenblätter
•
75 kleine Zimtstangenstücke, etwa 5 cm lang
•
Goldkordel
•
15 kleine Büschel getrockneter Flachs
•
Steckdraht (1,0 mm)
•
Blumenband
•
1 Urne aus Maschendraht
•
Silber- oder Rosendraht
•
Getrocknete Orangen und Limonen
•
Goldstaub

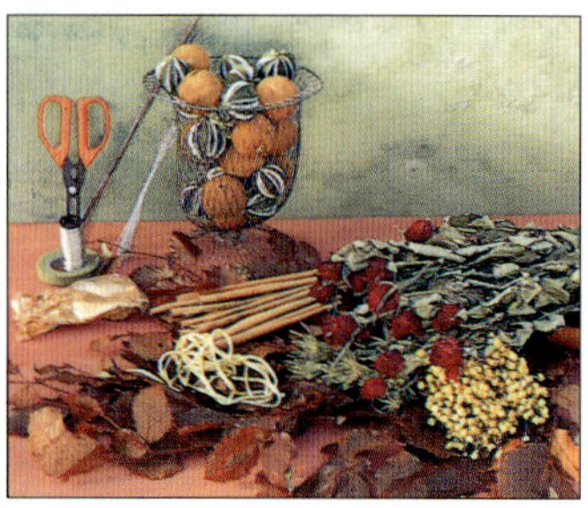

Die Urne kann auch mit Plätzchen gefüllt und während der Weihnachtszeit aufgestellt werden.

Manchmal stößt man selbst im eigenen Haushalt auf seltsame Gegenstände, denen man mit etwas Phantasie neues Leben geben kann. Hier wurde eine alte Urne aus Maschendraht in einen weihnachtlichen Behälter für getrocknete Früchte verwandelt.

1 Die Stiele der Rosen und der *Nigella* auf 2,5 cm Länge kürzen und jeweils mit Stützdraht gabeln. Die Buchenblätter mit Stützdraht verstärken. Die Zimtstangen in Fünfergruppen mit der Goldkordel zusammenbinden, anschließend Stützdraht um die Stangen winden und unter die Kordel schieben. Die Flachsbüschel mit Steckdraht gabeln. Alle Drahtstiele mit Blumenband umwickeln.

2 Ein Flachsbüschel auf den Rand der Urne legen und mit Silberdraht befestigen; dazu den Draht durch die Maschen führen, um den Drahtstiel des Büschels winden und wieder durch die Maschen führen. Auf die gleiche Weise zuerst eine Rose befestigen, die den Flachs leicht überlappen sollte. Den Vorgang mit einer *Nigella,* einem Buchenblatt und einem Bündel Zimtstangen wiederholen.

3 Auf diese Weise den Rand der Urne vollständig und dicht an dicht bedecken, bis alles Material aufgebraucht ist. Keine Zwischenräume lassen. Den Silberdraht mehrmals durch die Maschen stecken, damit er sich nicht mehr löst. Die Urne mit den getrockneten Orangen und Limonen füllen und die gesamte Dekoration mit ein wenig Goldstaub bestreuen.

ADVENTSKRANZ

Adventskränze tragen vier Kerzen, von denen an jedem Adventssonntag eine mehr angezündet wird, bis am Sonntag vor Weihnachten alle vier brennen. Dieser Adventskranz besteht aus Tannenzweigen und ist mit Früchten und Gewürzen dekoriert.

1 Die vier Kerzen in gleichmäßigen Abständen auf dem Kranz befestigen; dazu ein paar Tannenzweige wegschneiden, etwas Heißpunktkleber auf den Boden der Kerzen sowie auf den Kranz geben und die Kerzen einige Sekunden fest auf den Kranz pressen. Den Fuß jeder Kerze mit verschiedenen aufgeklebten Pflanzenmaterialien verzieren, wobei die Orangenscheiben und die Zimtstangen in kleinen Gruppen am besten zur Geltung kommen.

2 Jede Kerze soll von allen aufgeführten Materialien umgeben sein; auch zwischen den Kerzen Dekorationen anbringen.

3 Aus Band vier Schleifen anfertigen und die Schleifenmitten mit je einem Steckdraht gabeln. Die Schleifen genau zwischen die Kerzen plazieren – sie dürfen die Kerzen nicht berühren. Die Drahtenden, versteckt unter den Zweigen, um den Kranz winden, unter dem Kranz zusammendrehen, in den Kranz stecken.

Pflanzen und Materialien

Kranz aus Blautanne, Durchmesser 30 cm
•
4 Kerzen, 30 × 4 cm
•
Gartenschere
•
Klebepistole, Heißpunktkleber
•
12 getrocknete Orangenscheiben
•
4 frische Mandarinen
•
6 getrocknete geschlitzte Zitronen
•
5 getrocknete Orangen
•
4 Tannenzapfen
•
4 Lampionblumen
•
16 kurze Zimtstangenstücke
•
Band
•
Steckdraht (1,6 mm)

Dieser Kranz ist schnell und einfach dekoriert. Er kann entweder als Tischschmuck dienen oder mit Hilfe von Bändern aufgehängt werden. Lassen Sie die Kerzen nie unbeobachtet brennen.

FEIGENPYRAMIDE

PFLANZEN UND MATERIALIEN

Vergoldeter Terrakottatopf

•

Kegel aus Steckmasse für Trockenblumen, Höhe etwa 25 cm

•

Oasis-Kleber

•

40 schwarzviolette Feigen

•

Goldfarbe

•

Steckdraht (1,4 und 1,2 mm)

•

Gartenschere

•

50 Efeublätter

Dieses Arrangement besitzt eine bemerkenswerte Ausdruckskraft. Es sieht aufwendig und kompliziert aus und ist doch ganz einfach herzustellen.

Hier entstand durch die üppige Verwendung von Feigen eine herrlich dekadent wirkende Dekoration für eine festlich gedeckte Tafel. Diese Pyramide aus dunkelvioletten Feigen mit ihrem goldenen Schimmer bildet aufgrund ihres streng geometrischen Aufbaus einen opulenten, nahezu architektonisch anmutenden Blickfang für das Fest der Feste.

1 Der Steckmassekegel muß absolut fest in dem Topf sitzen. Dafür den Rand des Kegelbodens mit Oasis-Kleber bestreichen und den Kegel in den Topf drücken.

Die Feigen nur auf einer Seite vergolden; dazu mit den Fingern etwas Farbe auf die Früchte auftragen und ein wenig verstreichen.

2 Jeweils einen 1,4 mm starken Steckdraht etwa 2,5 cm oberhalb des Fruchtbodens waagerecht durch die Feigen stechen und die herausragenden Drahtenden nach unten umbiegen; dabei sehr vorsichtig vorgehen, um die nicht sehr widerstandsfähige Haut der Feigen nicht zu beschädigen.

3 Am Topfrand beginnend, die Feigen in konzentrischen Kreisen in den Steckmassekegel stecken. Die Stiele zeigen waagerecht nach außen.

4 Sobald die Steckmasse bedeckt ist, die letzte Feige so auf die Spitze des Kegels setzen, daß ihr Stiel senkrecht nach oben aufragt.

5 Den 1,2 mm starken Steckdraht haarnadelförmig umbiegen, damit die Efeublätter verstärken und zwischen die Feigen stecken.

REGISTER